Inhaltsverzeichnis

Schwerpunktthema:

Adoleszenz und Rechtsextremismus 3

Editorial von LUDGER VAN GISTEREN 5

HANS-JÜRGEN WIRTH:
Adoleszenz als Chance und Risiko 9

ANGELIKA EBRECHT:
Hunger nach Männlichkeit?
Die intergenerative Vermittlung von Schuldgefühlen im Körperselbst und im Ichideal rechtsextremer Jugendlicher 29

ROBERT HEIM:
„Das Ich ist vor allem ein körperliches."
Jugendliche Gewalt und fragmentiertes Körper-Ich 43

ANNETTE STREECK-FISCHER:
Über „Mutanten-Mentalität" oder die verschiedenen Leben des ausländerfeindlichen jugendlichen Skinhead Bernd 67

HANS-DIETER KÖNIG:
Arbeitslosigkeit, Adoleszenskrise und Rechtsextremismus. Eine Kritik der Heitmeyerschen Sozialisationstheorie auf-grund einer tiefenhermeneutischen Sekundäranalyse. 77

LUDGER VAN GISTEREN:
Jugendlicher Rechtsextremismus:
Ein Folge der Unfähigkeit zu trauern? 103

Aus Forschung und Praxis 109

ELMAR BRÄHLER, MICHAEL GEYER, AIKE HESSEL UND YVONNE RICHTER:
Soziale Befindlichkeiten in Ost und West 111

HORST-EBERHARD RICHTER:
100 Jahre Psychoanalyse 119

ANDREA HIMMELREICH:
Familiale Reaktionsformen auf die Frühgeburt von Kindern und auf ihre intensivmedizinische Betreuung 123

Die AutorInnen 143

psychosozial

Psychosozial-Verlag

Herausgeber: Hellmut Becker†, Dieter Beckmann, Iring Fetscher, Hannes Friedrich, Albrecht Köhl, Annegret Overbeck, Horst-Eberhard Richter, Hans Strotzka†, Ambros Uchtenhagen, Eberhard Ulich, Jürg Willi, Hans-Jürgen Wirth und Jürgen Zimmer.

Redaktion: Dr. Hans-Jürgen Wirth, Friedrichstr. 35, 35392 Gießen, Telefon 0641/77819, Telefax 0641/77742.

Redaktionelle Bearbeitung dieser Ausgabe: Dr. Barbara Wirth, Dr. Hans-JürgenWirth, Anette Noack M.A.

Sekretariat: Bettina Knöß, Telefon 0641/77819.

Verlag: Psychosozial-Verlag, Dr. Hans-Jürgen Wirth, Friedrichstraße 35, 35392 Gießen, Telefon 0641/77819, Telefax 0641/77742.

Umschlagsgestaltung: Till Wirth nach Entwürfen des Ateliers Warminski, Büdingen.

Fotos im Text: Die Abbildungen in den Beiträgen zum Schwerpunktthema wurden von der Redaktion ausgewählt und plaziert. Das Foto auf Seite 3 ist entnommen aus: *Georg Biemann, Joachim Krischka (Hg.):Nazis, Skins und alte Kameraden. Dortmund 1986 (Weltkreis).* Das Foto auf Seite 9 von Helmut Schmitz ist entnommen aus: *Detlef Michel (Autor) u. Helmut Schmitz (Fotograf):Spray Athen. Graffiti in Berlin. Berlin 1982 (Rixdorfer Verlagsanstalt) S.95.* Die Fotografie auf Seite 9 ist entnommen aus: *Ausstellungskatalog Deutscher Werkbund e.V. und Württembergischer Kunstverein Stuttgart, Willi Bucher u. Klaus Pohl (Hg.): Schock und Schöpfung. Jugendästhetik im 20. Jahrhundert. Darmstadt u. Neuwied 1986 (Luchterhand) S.88.* Die Fotos auf den Seiten 15, 19 und 21von Wolfgang Krolow sind entnommen aus: *Wolfgang Krolow, Werner Orlowsky u.a.: Seiltänze. Ein Fotobuch aus Kreuzberg. Berlin 1982 (LitPol).* Das Foto auf Seite 29 ist entnommen aus: *Der Spiegel. Augstein, Rudolf (Hg.), Hamburg 1995 Heft 9. (Spiegel) S.41.*

Umschlagabbildung: entnommen aus: *Der Spiegel. Augstein, Rudolf (Hg.), Hamburg 1992, Heft 50. (Spiegel) S. 33.*

Druck und Bindung: Fritz Steinmeier, Nördlingen.

Bezugsgebühren: Für das Jahresabonnement DM 98,- (incl. MwSt.) zuzüglich Versandkosten. Studentenabonnement DM 49,- (incl. MwSt.) zuzüglich Versandkosten. Lieferungen ins Ausland zuzüglich Mehrporto. Das Abonnement verlängert sich jeweils um ein Jahr, sofern nicht eine Abbestellung bis zum 15. November erfolgt. Preis des Einzelheftes DM 32,-.

Bestellungen richten Sie bitte direkt an den Psychosozial-Verlag, oder wenden Sie sich an Ihre Buchhandlung.

Anzeigen: Zur Zeit gilt die Anzeigenpreisliste Nr. 1/1996. Anfragen bitte an den Verlag richten.

Manuskripte: Die Redaktion lädt zur Einsendung von Manuskripten (in zweifacher Ausfertigung) ein. Mit der Annahme des Manuskriptes erwirbt der Verlag das ausschließliche Verlagsrecht auch für etwaige spätere Veröffentlichungen.

Datenbanken: Die Zeitschrift *psychosozial* wird regelmäßig im *Sozialwissenschaftlichen Literaturinformationssystem SOLIS* des Informationszentrums Sozialwissenschaften (Bonn) und in der Literaturdatenbank *PSYNDEX* der *Zentralstelle für psychologische Information und Dokumentation* (ZPID), Universität Trier, Postfach 3825, 54286 Trier erfaßt.

CIP-Einheitsaufnahme der Deutschen Bibliothek: Psychosozial. - Gießen : Psychosozial-Verl. Erscheint jährlich viermal - Früher im Rowohlt-Taschenbuch Verl., Reinbek bei Hamburg, danach in der Psychologie Verl. Union, Beltz Weinheim.- Erhielt früher Einzelbd.- Aufnahme.- Aufnahme nach 53= Jg. 16, H. 1 (1993).

ISSN 0171-3434 **ISBN 3-930096-62-5**

Abonnement-Verwaltung: Bitte teilen Sie dem Verlag bei Adreßänderungen unbedingt Ihre neue Anschrift mit.

Schwerpunktthema:

Adoleszenz und Rechtsextremismus

herausgegeben von
Ludger van Gisteren

...wenn ein neues Super-Virus die Medien infiziert ...
...wenn ein schwuler Aidskranker im Knast sterben muß ...
...wenn Marihuana zum Heilmittel wird ...
...dann lesen Sie darüber in aktuell – das Magazin der Deutschen Aids-Hilfe.
Nachrichten, Meinungen, Hintergründe aus der Szene, aus Politik, Wissenschaft und Kultur – informativ und unbequem.
Kostenloses Probeheft anfordern:
Deutsche Aids-Hilfe
– Redaktion aktuell –
Dieffenbachstraße 33
10967 Berlin

Editorial

Die Wiederkehr rechtsextremer Einstellungen und Gewalttaten in der Bundesrepublik nach der Wiedervereinigung hat, nach einem Blick auf die Alterstruktur der Täter, auch die Frage nach einem Zusammenhang zwischen Adoleszenz und Rechtsextremismus aufgeworfen. Diese bildet deshalb auch den Themenschwerpunkt des vorliegenden psychosozial-Heftes, dessen Beiträge aus einer von H. J. Busch, Soziologe und Sozialpsychologe am Sigmund-Freud-Institut in Frankfurt, und mir durchgeführten Tagung des Arbeitskreises „Politische Psychologie" (DVPW) hervorgegangen sind.

In den drei Abhandlungen zur Sexualtheorie hatte Freud die Adoleszenz im Rahmen seiner Theorie der Zweizeitigkeit des menschlichen Sexuallebens und der Nachträglichkeit umittelbar mit der menschlichen Kulturentwicklung verknüpft und damit eine bis heute gültige Herausforderung für die Psychoanalyse und die Sozialwissenschaften formuliert. Die Adoleszenz vollzieht sich demnach als ein krisenhafter psychophysicher Entwicklungsprozeß, indem vom Heranwachsenden neuartige Lösungen infantiler Konflikte im Übergang von der Familie zur Kultur gefunden werden müssen und durch den „erst der für den Kulturfortschritt so wichtige Gegensatz der neuen Generation zur alten geschaffen wird" (Freud).

Der von Freud hier anvisierten Interdisziplinarität zwischen Kulturwissenschaften und Psychoanalyse sind alle in diesem Heft versammelten Beiträge verpflichtet.

Hans-Jürgen Wirth stellt in seinem Aufsatz „Adoleszenz als Chance und Risiko" Jugendprotest und seine Bedeutung für Jugend und Gesellschaft" die Psychodynamik der Adoleszenz und die im Einzelnen doch überraschenden Ergebnisse der Jugendforschung der 80er und 90er Jahre im Überblick dar. Er unterscheidet zwischen einer optimistisch idealisierenden und einer pessimistisch dramatisierenden Sichtweise von Jugend, die nach seinem Eindruck das Befangensein der JugendforscherInnen durch ihren Untersuchungsgegenstand spiegele und er plädiert sowohl für eine Verbindung beider Positionen, als auch für weiterführende empirische Untersuchungen. Verschiedenen repräsentativen Studien zufolge, lebe der größte Teil der Jugendlichen auch heute noch in der elterlichen Familie. Seit den 60er Jahren habe sich jedoch ein tiefgreifender Wandel der Familienstruktur vollzogen: Neben einer Schwächung der Autorität der Eltern, insbesondere einer Entwertung der traditionellen väterlichen Rolle, einer Neuorientierung in den innerfamilären Aufgabenverteilung und Veränderungen in den Geschlechterbeziehungen seien Erziehungsfunktionen verstärkt von außerfamilären Institutionen übernommen worden. Vergleichende Erhebungen mit dem „Gießen-Test" ergaben weiter, daß sich das Selbstbild der Frauen stärker veränderte, sich als wandlungsfähiger und flexiber erwies als das der Männer. Insgesamt war in der Prosperitäts- und Liberalisierungsphase der alten Bundesrepublik mit der allgemeinen Pluralisierung und Individualisierung von Lebensstilen ein Wandel in Richtung einer Destandardisierung und Biographisierung der Jugendphase verbunden. Trendanalysen der Jugendstudien zum Thema Autoritarismus und Gesellschaft zwischen 1945 und 1993 belegen eine demokratische Entwicklung mit einem starken Rückgang autoritärer Einstellungen bis 1979. Den neokonservativen Gegenwartsinterpreten von Bude bis Leggewie sollte deshalb in der öffentlichen Debatte um das Geschichtsbewußtsein und normative Selbstverständnis der Deutschen in Erinnerung gerufen werden, daß sich die Jugend- und Protestbewegung der 60er Jahre als Träger des Mentalitätswandels und der soziokulturellen Erneuerung der erstarrten, die Vergangenheit verleugnenden Gesellschaft der 50er Jahre behauptet hatte. Die Jugend fungierte nach Wirth als Vorreiter des gesellschaftlichen Wandels. Dagegen ist von 1979 bis 1991 ein Wertewandel in Richtung einer Ellenbogengesellschaft mit größerer Leistungsbezogenheit, wachsendem Ergeiz und Zynismus unter den Jugendlichen zu verzeichnen.

Dennoch haben sich teils liberale, teils antiautoritäre Grundmuster als dauerhaft und kulturell anerkannt erwiesen. Der Autor hält deshalb eine kulturpessimistische Einschätzung der Veränderung im Jugendlichenverhalten der letzen Jahre für einseitig und verfehlt.

Im Ost-West-Vergleich nach der 89er Wende zeigten die Jugendlichen nur geringfügig stärkere autoritäre Haltungen in der ehemaligen DDR als in Westdeutschland. Diesen Untersuchungsbefund deutet Wirth mit H. E. Richter als „Identifikation mit dem Agressor", wonach in allen Teilen der DDR-Bevölkerung ein rascher Identitätswandel durch bloße Anpassung an die Werte und Normen des Westens stattgefunden habe. Nicht nur der Treuhand-Vollzug der Wiedervereinigung und der DM-Nationalismus sprechen für diese These. Wirth gibt jedoch zu bedenken, daß die DDR-Jugend auch eigene Werte und Lebensentwürfe in Opposition gegen das DDR-Regime noch vor der Wende entwickelt habe. Rechtsextremismus und Gewalt begreift er schließlich als Risikoverhalten in der Adoleszenz, das soziale Unrechtserfahrungen wie das Gefühl des „Betrogen-worden-seins" von DDR-Jugendlichen in projektiver Umkehr von der Passivität in die Aktivität gegen sozial Schwächere wende.

Ebrecht, Heim und Streeck-Fischer vertreten die These eines frühgestörten Selbst von rechtsextremen Jugendlichen. Das fragmentierte Selbst vor allem männlicher Jugendlicher werde durch Männlichkeitsmythen plombenartig geschlossen. Ebrecht spricht in Analogie zur weiblichen Anorexia nervosa und Bulimie von dem psychischen Syndrom einer „männlichen Hungerkrankheit" und zugleich eines kulturellen Überich-Defekts der Deutschen.

Die historische Schuld des Nationalsozialismus sei, so die Autorin, in Deutschland nicht betrauert, sondern lediglich auf die nachfolgende Generation übertragen worden und führe noch in der dritten Generation dazu, wieder real schuldig zu werden. In ihren Enblemen und Symbolen, in Habitus und Körperbildern repräsentierten die jugendlichen Gewaltäter die Ichideale ihrer Großvätergeneration. Das politische Bewußtsein, die rechte Ideologie und Moral blieben ihnen deshalb eher äußerlich und sie zeigten in den vorliegenden Fallstudien und Interviews weder ein Bewußtsein noch ein Gefühl ihrer Schuld. In den rechten Verbindungen suchten sie stattdessen Schutz vor den eigenen destruktiven Impulsen durch wechselseitige Identifikation und Kontrolle. Nach außen auf das Fremde projizierte Aggressionen kehrten als vermeintliche Verfolger, gegen den sich der gemeinsame Kampf richte, wieder.

Nach Robert Heim weist eine Adoleszenzkrise, die zum Durchbruch physischer Gewalt führt, auf ein von Fragmentierung bedrohtes Körper-Ich der jugendlichen Gewalttäter hin. Aufgrund der Fragmentierung drohe eine Überschwemmung des Ichs mit agressiven und destruktiven Triebimpulsen, die in den Ritualen der rechtsextremen Körperschaften im Dienst von Hörigkeitsverhältnissen und zur Durchsetzung der rechten Ideologie reaktiviert und mißbraucht werden. Anhand der Konzepte so unterschiedlicher Autoren wie Freud, Klein, Bion, Winnicott und Kohut erläutert Heim die Psychodynamik der Fragmentierung des Körper-Ichs und rekonstruiert die „Fallstrukturgesetzlichkeit" einer rechtsextremen Gewalttat nach der objektiven Hermeneutik Oevermanns.

Daß sich auch hinter einem vordergründig gut angepassten Verhalten antisoziale und rechtsextreme Einstellungen verbergen können, beschreibt Annette Streeck-Fischer in ihrem Aufsatz über „Mutanten-Mentalität - oder die verschiedenen Leben des ausländerfeindlichen jugendlichen Skinhead B". Einem Begriff von Enzensberger, der Personen, die als Normalbürger ein Doppelleben führen, als Mutanten bezeichnet, aufgreifend, untersucht die Autorin am Beispiel eines ausländerfeindlichen Skinheads, aufgrund welcher lebensgeschichtlicher Bedinungen Jugendliche als Mutanten in der Erwachsenenwelt und der Rechtsextremenszene leben. Die Jugendlichen identifizierten sich nicht mit dem Angreifer, sondern imitierten Entwicklungen, die sie bei Abwesenheit des Objekts, an das sie sich anglichen, wieder aufgegeben würden. Traumatisierende Mangelerfahrungen in der Kindheit führten zu einer absoluten Anpassung an die Umgebung und - nach Winnicott - zur Entwicklung einer Als-ob-Persönlichkeit im Sinne eines falschen Selbst. Es entwickelten sich Mitläufer, die aufgrund eigener defizitärer früher Sozialisationserfahrungen leicht manipulierbar seien und ideologische Klischees zur Bildung einer Ersatz-Identität in Randgruppen zur eigenen seelischen Stabilisierung benötigen. Der Begriff des Mutanten wird in einem Exkurs erweitert bezogen auf die von Hannah Arendt vertretene Diagnose eines in der modernen Gesellschaft um sich greifenden Betrugs- bzw. Täuschungscharackters des sozialen Lebens.

Im Rahmen einer Soziologisierung der von A. Lorenzer ursprünglich im Methodentransfer der Anwendung des psychoanalytischen Verfahrens auf soziale Phänomene entwickelten „tiefenhermeneutischen Kulturanalyse" diskutiert H. D. König in einer Sekundäranalyse des „Fallbeispiels Charly" die Ergebnisse der Rechtsextremismus-Studie von Heitmeyer. Nach der Heitmeyer'schen Konzeption ist der Rechtsextremismus die Folgeerscheinung gesellschaftlicher Modernisierungsprozesse und bietet eine Normalarbeitsbiographie den geeignetsten Schutz vor rechtsextremen Einflüssen. Die Einbeziehung „persönlichkeitspsychologischer Defekte" in die Analyse würde für Heitmeyer das gesellschaftliche Problem des Rechtsextremismus nur „klinifizieren". Dem gegenüber zeigt König am Beispiel Charly, wie ein Jugendlicher seine durch Arbeitslosigkeit verschärfte Adoleszenzkrise durch eine Flucht in autoritäre Verhaltensweisen zu lösen versucht und familiäre Beziehungserfahrungen einen entscheidenden Einfluß auf rechtsextremistische Orientierungen haben.

In einem eigenen Beitrag stelle ich im Anschluß eine kurze Darstellung der psychoanalytischen Adoleszenzforschung die intergenerative Reproduktion einer bestimmten Ich-Ideal und Über-Ich- Pathologie in Deutschland nach der Wiedervereinigung dar. Denn jene Mentalitäten, die wir in den letzten Jahren der alten Bundesrepublik bereits für überwunden hielten, kehren in den rechten Subkulturen und dem gesellschaftlichen Trend hin zum autoritären und fremdenfeindlichen Denken wieder.

Ludger van Gisteren

Bildunterschrift:
Karikaturenwettbewerb „Gewalt in der Schule" 1995/96
Initiatoren: STUDIENKREIS® und DEUTSCHE JUGENDPRESSE
Bernd Kissel, 17 Jahre
1. Preisträger der Altersklasse 15 - 22 Jahre

Adoleszenz als Chance und Risiko

Hans-Jürgen Wirth

Jugend im Spiegel der Forschung

Auf den allgegenwärtigen Jugendkonferenzen pflegen häufig zwei Parteien gegeneinander anzutreten: Die Dramatisierer auf der einen und die Verharmloser auf der anderen Seite. Diese Polarisierung wird zunächst einmal dadurch hervorgerufen, daß das Thema Jugend so brisant ist, daß es zu wertenden und parteiergreifenden Stellungnahmen geradezu herausfordert. Mal wollen die „for ever young" gebliebenen Wissenschaft-lerinnen und Wissenschaftler die Jugend vor – ihrer Meinung nach – ungerechtfertigten Angriffen schützen und betonen mit Anna Freud (1936, S. 125) „voll Respekt" die „Weite und Uneingeschränktheit des jugendlichen Denkens, (...) das Maß an Einfühlung und Verständnis, die scheinbare Überlegenheit und gelegentlich fast Weisheit in der Behandlung schwieriger Probleme", die den jugendlichen Menschen auszeichne. Ein ander' Mal wollen sie die soziale Notlage von randständigen Jugendlichen dramatisch unterstreichen und um Verständnis für die Belange der Jugend werben. In dieser Dynamik spielt eine nicht zu unterschätzende Rolle, daß die Jugendforscherinnen und Forscher durch ihr Forschungsobjekt auch an ihre eigene Jugend erinnert werden, was sehr unterschiedliche Empfindungen auslösen oder reaktivieren kann: das Bedürfnis, selbst noch einmal jung zu sein, Neid, Wut, Wehmut, nostalgische Sehnsucht, Scham ob der eigenen Jugendferne usw.

Schon die methodische Herangehensweise begünstigt bestimmte Sichtweisen und schließt andere tendenziell aus: Zu einer eher optimistisch-verharmlosenden Sichtweise von Jugend und ihren Problemen gelangt man dann, wenn man erstens mittelschichtsorientiert vorgeht, zweitens wenn man das Augenmerk auf Mittelwerte im statistischen Sinne richtet und wenn man drittens die Veränderungen innerhalb der Jugend über große Zeiträume unter-

Graffiti am Kaiser-Wilhelm-Platz, Berlin - Schöneberg, 1981

sucht. Zu pessimistisch-dramatisierenden Einschätzungen kommt man eher dann, wenn man gesellschaftlich benachteiligte und randständige Jugendlichengruppen in den Blick nimmt. Ich glaube, daß beide Vorgehensweisen notwendig und sinnvoll sind und man zu einer realistischeren Beurteilung kommt, wenn man beide Ansätze verfolgt.

Ich werde im folgenden zunächst einige allgemeine Aspekte zur Psychodynamik der Adoleszenz ausführen, dann einen Überblick geben über das Bild von Jugend, wie es sich in den empirischen Studien der letzten Jahre darstellt und schließlich zu den Risiken der Adoleszenz Stellung nehmen.

Zur Psychodynamik der Adoleszenz

Dichter und Wissenschaftler, aber auch Jugendliche selbst haben immer wieder in bunten Farben die tiefgreifenden Veränderungen im seelischen und sozialen Leben ausgemalt, die mit der Pubertät und der Adoleszenz in Gang gesetzt werden (vgl. Wirth 1985). Mit der biologisch bedingten krisenhaften Veränderung seiner Persönlichkeit, der Ablösung von seinen Eltern und der in Aussicht stehenden Teilhabe an der Erwachsenenwelt geht für den Adoleszenten eine Verflüssigung seiner Persönlichkeitsstrukturen einher.

Unter Hinweis auf Freuds Konzept vom „zweizeitigen Ansatz der Sexualentwicklung" hat Mario Erdheim den spezifischen Unterschied zwischen Kindheit und Adoleszenz herausgearbeitet: Während das Kind im Ödipuskomplex – außer durch Rückzug in Krankheit – keine Möglichkeit hat, sich der Übermacht der elterlichen und in deren Gefolge der gesellschaftlichen Normen zu entziehen, und diese introjizieren muß, liegen die Dinge beim Adoleszenten grundsätzlich anders. Der Identifikation mit den Eltern kann er jetzt ausweichen und seine aggressiven Impulse als Kritik an Familie und Gesellschaft nach außen richten und in der Entwicklung eigener jugendspezifischer Ausdrucksformen und Lebensstile oder auch in kultureller und politischer Arbeit, d. h. als innovative Kraft, binden.

An Eissler (1958) und Blos (1962) anknüpfend spricht Erdheim (1982; 1993) von der Adoleszenz als einer „zweiten Chance":

> „Der erste Triebschub, der von der ödipalen Phase aufgefangen wird, führt zur Anpassung an die stabile, konservative Familienstruktur, der zweite, der in der Pubertät anfängt, zur Anpassung an die dynamische, expansive Kulturstruktur. Die beiden Anpassungsvorgänge sind grundsätzlich voneinander verschieden. Beim ersten geht es vor allem um die Aneignung vorgegebener Verhältnisse: Dem Kind sind z.B. die Liebesobjekte vorgegeben. Beim zweiten Anpassungsprozeß jedoch steht das innovative Moment im Vordergrund. (...) Anpassung bedeutet hier Mitarbeit des Individuums an den sich verändernden Strukturen der Gesellschaft" (Erdheim 1982, S. 277f.).

Das labile adoleszente Ich erträgt keine Grautöne. Es will scharf unterscheiden zwischen gut und böse, schwarz und weiß, Liebe und Haß, Freund und Feind. Dies verleiht der adoleszenten Kritik an gesellschaftlichen Mißständen zwar oft eine hellsichtige, häufig aber doch auch einseitige und holzschnittartige Qualität (vgl. Leuzinger-Bohleber, Mahler 1993, S. 25). Zu dieser adoleszenten Radikalität des Denkens und Fühlens gehören typischerweise ausgeprägte Omnipotenzphantasien. Der Jugendliche wehrt sich mit ihrer Hilfe gegen schwere Insuffizienzgefühle, die daher rühren, daß er die elterlichen Wertsysteme und sein bisheriges von den Eltern übernommenes Ichideal hinterfragt und teilweise aufgibt, jedoch noch um eine eigene persönliche Welt- und Selbst-Interpretation ringen muß. Er erlebt sich in dieser Phase des Übergangs als labil, geschwächt und unsicher. Hier helfen ihm die Größenphantasien, in denen sich der Adoleszente als der Größte, der Klügste und als Retter der Menschheit phantasiert. Für den adoleszenten Entwicklungsprozeß sind diese Tagträume wichtig, geben sie ihm doch den Elan und den Mut, alles bisherige in Frage zu stellen. Wichtig ist, daß es zu einem spielerisch-kreativen Umgang mit solchen Omnipotenzphantasien kommt. So können sie als eine Art Probehandeln, in dem der Adoleszente neue Rollen und Identitäten ausprobiert, genutzt werden. Besteht wenig innerer oder äußerer Spielraum zum Entwickeln solcher Omnipotenzphantasien oder erfolgt eine zu schnelle Desillusionierung, so kommt es zu Enttäuschungsreaktionen und narzißtischer Wut.

In der Adoleszenz wiederholen sich nicht einfach die Kindheitskonflikte, sondern durch das zwischenzeitlich gestärkte adoleszente Ich, durch veränderte Beziehungspersonen, andere Lebenskonstellationen, die über die Familie hinausreichen, verfügt der Adoleszente über gänzlich andere und im Prinzip bessere Voraussetzungen, um mit den ungelöst gebliebenen infantilen Konflikten in einem erneuten Anlauf besser fertig zu werden. Die Adoleszenz eröffnet somit neue Erfahrungs-, Handlungs- und sonstige Spielräume. Geronnene Strukturen gewinnen eine neue Beweglichkeit, und im spielerischen Probehandeln können seelische Umwandlungen und neue Verbindungen seelischer Inhalte und Neuschöpfungen ermöglicht werden (vgl. Bohleber 1993).

Je nach dem Standpunkt der Kommentatoren werden die psychosozialen Besonderheiten der Adoleszenz eher als psychische Auffälligkeit, Abweichung von der Norm, Pathologie oder eher als Chance zur Neuorientierung gesehen. Wie klinische Erfahrungen zeigen, bewirkt der emotionale Aufruhr der Adoleszenz häufig Spontanheilungen oder einen Symptomwandel. Dies bestätigen auch empirische Untersuchungen, die eine geringe Stabilität von Diagnosen in der Adoleszenz feststellen (vgl. Remschmidt 1975; Seiffge-Krenke 1986).

Die Frage, ob Jugendliche stärker als andere Altersgruppen klinisch auffällig werden, wird in der Literatur kontrovers diskutiert. Epidemiologische Untersuchungen wie die von Rutter u.a. (1977) belegen, daß das Jugendalter sich nicht durch eine Häufung psychischer Störungen auszeichnet. Sehr deutlich läßt sich jedoch beobachten, daß spezifische Störungen und Symptome gehäuft in der Adoleszenz auftreten und zudem geschlechtsspezifisch verteilt sind. Männliche Jugendliche tendieren mehr dazu, ihre Konflikte aggressiv auszuagieren und sozial auffällig zu werden. Mädchen leiden stärker unter psychosomatischen und neurotischen Störungen. Magersucht und Bulimie treten bei Mädchen besonders häufig auf. Außerdem neigen sie mehr zu Depressionen und Ängsten als Jungen (vgl. Petri 1979, S. 56). Seit den 80er Jahren werden die psychosozialen Belastungen im Kindes und Jugendalter auch unter der globalen Perspektive diskutiert, wie sich ökologische Krisen, internationale Konflikte, Kriege und politische Umbrüche auf das psychische, soziale und körperliche Befinden von Kindern und Jugendlichen auswirken (vgl. Petri 1985; 1992; Bock u.a. 1989). Der stark verbreitete Zukunftspessimismus, der unter Jugendlichen vor allem in den 70er und 80er Jahren festgestellt wurde, ihre Angst, daß „Technik und Chemie die Umwelt zerstören werden" (71 %) und daß „die Welt in einem Atomkrieg untergehen" wird (50 %), sind als Indikatoren für kindliche Ängste und depressive Verstimmungen anzusehen, die einen gesundheitsbeeinträchtigenden Charakter annehmen können (vgl. Petri 1992; Richter 1994 Jugendwerk der deutschen Shell 1981; Wirth 1984). Die jugendspezifische Sensibilität stellt für die Adoleszenten insofern ein Gesundheitsrisiko dar, während die Gesellschaft die Möglichkeit erhält, diese besondere Empfindlichkeit als Seismograph zu benutzen (vgl. Wirth 1986).

Wie Seiffge-Krenke (1986) feststellt, liegt bei Jugendlichen eine „Beratungsaversion" vor. Jugendliche werden von allen Altersgruppen am seltensten psychotherapeutisch behandelt, wohl deshalb, weil ihr ganzes Bestreben dahin geht, sich von den Erwachsenen abzusetzen (vgl. Bock, Wirth 1992): Dies gilt allerdings nicht für die Phase der Post-Adoleszenz, die vom 20. bis ca. 30. Lebensjahr reicht. In dieser Lebensphase wird Psychotherapie sogar relativ häufig gesucht, z. B. wenn der Post-Adoleszente merkt, daß ihm der Übergang zur Erwachsenen-Rolle nicht gelingt. Die Einstellung zur Psychotherapie hängt auch damit zusammen, wie die Selbstdefinition des Jugendlichen ist: Ob er sich als „Berufs-Jugendlicher" fühlt und (noch) gar nicht erwachsen werden will – in dem Fall wird er Psychotherapie als eine Veranstaltung unter Erwachsenen eher meiden – oder ob er unter seinen Schwierigkeiten erwachsen zu werden leidet, aber den Wunsch nach Erwachsenheit hat. In dem Fall wird er Psychotherapie eher suchen.

Die Wiederbelebung ödipaler Konflikte in der Adoleszenz bei Kindern und Eltern

Während die Probleme, die sich dem Jugendlichen in der Lebensphase der Adoleszenz stellen, in der psychoanalytischen Literatur vielfältige Beachtung gefunden haben (vgl. u. a. A. Freud 1958; Jacobson 1964; Blos 1962; Bernfeld 1969-70; Erdheim 1982; 1983), wurde der Tatsache nur wenig Aufmerksamkeit geschenkt, daß der Prozeß der Ablösung des Jugendlichen nicht nur für ihn selbst, sondern auch für seine Eltern eine einschneidende Veränderung in ihrem Leben darstellt. Nicht nur der Jugendliche, auch seine Eltern empfinden bei der Abnabelung Gefühle von Trauer, Verlassensein, Einsamkeit und das Bedürfnis, den Jugendlichen festzuhalten oder auch, ihn in einer wütenden Reaktionsbildung auf die eigenen depressiven Gefühle rauszuschmeißen. Alles, was die Psychodynamik der Adoleszenz charakterisiert, findet seine Entsprechung im Gefühlsleben der Eltern. Auch sie müssen schmerzlich Abschied nehmen vom gemeinsamen Leben mit ihren Kindern; auch sie müssen sich von ihren emotionalen Bindungen an ihre erwachsen gewordenen Kinder freimachen; auch sie müssen auf gewohnte Befriedigungsformen und Strebungen verzichten (vgl. Wirth 1985).

So wie es beim Jugendlichen zu einer Wiederbelebung frühkindlicher und ödipaler Konflikte kommt, so kann die Konfrontation der Eltern mit der regressiven Labilisierung ihres adoleszenten Kindes bei ihnen selbst zu einer Reaktivierung längst überwunden geglaubter unbewußter Konflikte führen. Manche Eltern erleben die körperliche, sexuelle und geistige Reifung ihrer Kinder, die ihnen in vielerlei Hinsicht immer gleichgestellter werden, als Verunsicherung ihrer eigenen Identität, ihrer Autorität oder auch ihrer Position in der Generationenfolge. Manche Eltern können nicht akzeptieren, daß aus ihrem „kleinen, unschuldigen Kind" plötzlich ein kräftiger und gewandter erfolgreicher junger Mann oder auch eine selbstbewußte, erfolgreiche und attraktive junge Frau geworden ist. Die adoleszente Entwicklungskrise der Kinder reaktiviert den Ödipuskomplex und die pubertären Ablösungskonflikte ihrer Eltern. Dies kann sich beispielsweise bei den Eltern in Schamgefühlen äußern angesichts der Sexualität ihrer Kinder.

Verschiedene Psychoanalytikerinnen wie Rohde-Dachser (1990) und Poluda-Korte (1992) haben sich neuerdings mit der Vater-Tochter-Beziehung eingehend beschäftigt. Nach Auffassung von Rohde-Dachser (1990, S. 312) kommt es bei weiblichen Adoleszenten oft zu einer „Fixierung der töchterlichen Existenz". Häufig richte der Vater die doppelbödige Botschaft an seine Tochter: „Sei wie ich, sei stärker, klüger, tüchtiger als ich! Und bleibe immer meine Tochter! Verzichte auf eigene Lebensziele! Werde nie wie ein Sohn!". Wird die Tochter durch diese unbewußte Rollenzuweisung gebunden, gerät sie später leicht in die Gefahr, sich als Selbstobjekt für väterliche Ersatzpersonen anzubieten oder die geschlechtslose Abgeschiedenheit töchterlicher Existenz als Daseinsmodus zu wählen (vgl. Mertens 1994, S. 138). Sehr oft kommt es auch vor, daß Väter ausgesprochen eifersüchtig darauf reagieren, wenn ihre Töchter sich für Männer zu interessieren beginnen. „Viel stärker, als dies Mütter von ihren Söhnen erwarten, haben nicht wenige Väter die Vorstellung, daß ihre Tochter ihr sexueller Besitz sei" (Mertens 1994, S. 138). Nach Poluda-Korte (1992) hängt die väterliche Eifersucht damit zusammen, daß im Vater die alte ödipale Wut reaktiviert wird, die Mutter als sexuelle Frau des Vaters anerkennen zu müssen.

Interessanterweise gibt es empirische Studien, die zu ganz anderen Ergebnissen über die Vater-Tochter-Beziehung kommen. So schreibt Schütze (1992, S. 346) in ihrer Zusammenfassung dieser Studien, daß zwischen Vätern und ihren adoleszenten Töchtern „eine Art Nicht-Beziehung" existiere. Im Unterschied dazu wird die Mutter-Tochter-Beziehung sowohl in positiver als auch in negativer Hinsicht als die intensivste Eltern-Kind-Beziehung geschildert. Von der Vater-Tochter-Beziehung dagegen heißt es, sie sei „flach und arm an Interaktion". Der Vater gerate bei den Mädchen in eine „Randposition", heißt es bei Tillmann (1991, S. 98) und „Mädchen haben ein distanzierteres Verhältnis zu ihrem Vater als Jungen", so eine Studie des Deutschen Jugendinstituts (1989, S. 125).

Wie ist dieser Widerspruch zwischen den psychoanalytischen Studien einerseits und den empirischen Untersuchungen andererseits zu verstehen? Vermutlich erfassen die psychoanalytischen Autorinnen schwerpunktmäßig die unbewußten Aspekte der Vater-Tochter-Beziehung, während von den empirischen Erhebungen, die mit Fragebögen arbeiten, das manifeste Verhalten abgefragt wird. Die Psychoanalytikerinnen diagnostizieren die unbewußte Dynamik, die Fragebogenerhebungen erfassen hingegen die Abwehr. Insofern können sich beide Forschungsansätze ergänzen. Die empirisch ermittelte Tatsache, daß die Vater-Tochter-Beziehung in der Adoleszenz „arm an Interaktion" sei, ließe sich dahingehend interpretieren, daß die Väter aus Angst vor inzestuösen Verstrickungen mit ihren Töchtern auf Distanz gehen. Tatsächlich sprechen auch klinische Erfahrungen dafür, daß sich der Vater häufig abrupt von seiner adoleszenten Tochter abwendet, wenn sie in die Pubertät eintritt.

Natürlich findet sich eine ähnliche Beziehungsdynamik auch im Mutter-Sohn-Verhältnis. Jeder Psychotherapeut kennt solche Söhne, die von ihren Müttern als Partnerersatz gebunden werden. Doch im Unterschied zur Vater-Tochter-Beziehung kommt es zwischen Mutter und Sohn nur selten zum realen Inzest, so daß diese Bindung eher einen nichtsexuellen Charakter behält und leichter von allen Beteiligten offen gelebt werden kann.

Wie verschiedene Untersuchungen zeigen, werden trotz aller Liberalisierung des Familienklimas und der Sexualmoral Jungen und Mädchen – was ihre erwachende Sexualität anbelangt – nach wie vor ungleich behandelt: Die Mädchen werden stärker kontrolliert und eingeschränkt, und insbesondere die Väter schalten sich bei diesem Thema wieder kontrollierend in die Erziehung ihrer Töchter ein (vgl. Tillmann 1991; 1992).

Wie ein Befund der Shell-Studie von 1992 zeigt, erhalten außerdem die Söhne durchschnittlich mehr Aufmerksamkeit und Zuwendung von ihren Müttern als die Töchter (Jugendwerk der Deutschen Shell 1992). Dies bedeutet, daß auch in heutigen Familien es Jungen insgesamt leichter und besser haben als Mädchen.

Die kulturelle Chance der Adoleszenz

Wie soziologische Untersuchungen zeigen, hat seit den 60er Jahren in der Bundesrepublik ein Wandel der Familienstrukturen stattgefunden: Es wird seltener und später geheiratet. Zugleich werden Ehen häufiger geschieden, inzwischen nahezu jede dritte Ehe, in Großstädten bereits jede zweite. Ulrich Beck schreibt: „Bis 1984 konnte der Scheidungsbilanz eine positive Wiederverheiratungsbilanz entgegengehalten werden. Inzwischen entschließen sich immer weniger Geschiedene zu einer neuen Heirat. Dies liegt im allgemeinen Trend sinkender Heiratszahlen" (Beck 1986, S. 163). Dementsprechend leben immer mehr Erwachsene als Singles, und der Anteil alleinerziehender Eltern ist erheblich gewachsen. Außerdem sind die Familien kleiner als früher: Ein- und Zwei-Kind-Familien überwiegen bei weitem (vgl. Nave-Herz 1988, S. 73 ff.). Es kommt immer seltener vor, daß Ehefrauen nur Hausfrauen sind. Auch Mütter sind inzwischen zu mehr als 40 % berufstätig, meist in Teilzeitbeschäftigung (vgl. 7. Jugendbericht 1986, S. 10 ff.; Klemm u.a. 1990, S. 46 ff.).

Wenn man sich jedoch aufgrund dieser Entwicklungstendenzen die Vorstellung von einer sich langsam auflösenden „traditionellen Familie" macht, wird man durch die Ergebnisse der Jugendforschung der 80er und 90er Jahre einigermaßen überrascht sein: Wie verschiedene repräsentative Studien zeigen, lebt der übergroße Teil der Jugendlichen auch heute noch in der elterlichen Familie. Die meisten Jugendlichen leben mit Vater und Mutter in einer Familie, wobei der Anteil der vollständigen „Ursprungsfamilien" unerwartet hoch ist. So kommt eine Studie aus Nordrhein-Westfalen (vgl. Utzmann-Krombholz 1994), die 1994 veröffentlicht wurde, zu dem Ergebnis: „Die Familienverhältnisse der Jugendlichen sind 'normaler' als gemeinhin angenommen wird: 90 % der heute 14-24 jährigen haben bis zum 14. Lebensjahr immer mit beiden Eltern zusammengelebt." Und weiter wird unterstrichen: „Die Familien erscheinen nicht nur nach außen hin als weitgehend intakt, den Einschätzungen der Jugendlichen zufolge scheinen sie auch nach innen gut zu funktionieren: Mehr als 80 % der Jugendlichen hatten nach eigenen Angaben eine 'glückliche Kindheit'." Dies bedeute „für die Jugendlichen in erster Linie, daß die Eltern ihnen Verläßlichkeit und Vertrauen vermitteln konnten" (Utzmann-Krombholz 1994, S. 11). Auch nach den Ergebnissen der Shell-Studie von 1992 liegt der Anteil der Jugendlichen, die bis zum 16. Lebensjahr im Elternhaus wohnen, bei ca. 96 %. Der Auszug aus dem Elternhaus, der sich zwischen dem 13. und 29. Lebensjahr vollzieht, unterscheidet sich bei männlichen und weiblichen Jugendlichen und auch zwischen Ost- und Westdeutschland zum Teil erheblich. Westdeutsche Jungen gehören am häufigsten zu den in den letzten Jahren oft beschworenen „Nesthockern", ostdeutsche Mädchen lassen sich hingegen als „Nestflüchter" charakterisieren (Jugendwerk der Deutschen Shell 1992, Band I, S. 278 f.). Diese Ergebnisse sind zumindest eine Warnung davor, allzu kulturpessimistischen Einschätzungen über den Zerfall der Familie, den Verlust an familiärer Geborgenheit und über eine bis in die Primärbeziehungen hineinreichende emotionale Kälte, wie sie Eisenberg (1994) in seinem *psychosozial* - Beitrag konstatiert hat, vorschnell Glauben zu schenken. Ganz abgesehen davon dürfen Scheidung und Alleinerziehung nicht umstandslos mit dem Verlust an Geborgenheit und mit kindlichem Unglück gleichgesetzt werden (vgl. Steffens 1994, S. 489).

Gleichwohl hat seit den 60er Jahren ein tiefgehender Strukturwandel der Jugendphase stattgefunden. Er läßt sich durch folgende Stichpunkte charakterisieren:

- verstärkte Übernahme von Erziehungsfunktionen durch außerfamiliale Institutionen,
- Wandel der familialen Machtballance zwischen Männern und Frauen und zwischen Eltern und Kindern,
- Verlängerung der Ausbildungsphase, verbunden mit der Anforderung zur Individualisierung,
- Pluralisierung von Lebensstilen und Lebensentwürfen und Destandardisierung und Biographisierung der Jugendphase.

Diese Stichpunkte will ich jetzt im einzelnen erläutern.

Außerfamiliale Sozialisation

Die Sozialisation der Jugendlichen wird mehr und mehr aus der unmittelbaren Lebenswelt der Familie, der Nachbarschaft, der Arbeit verlagert in eigens geschaffene Institutionen, Kindergärten, Schulen, Hochschulen usw., (vgl. Baethge 1991; Baethge u. a. 1988). Diese Entwicklung hat zwei Seiten: Einerseits wird die Autorität der Eltern geschwächt. Insbesondere das Orientierungswissen des Vaters wird durch die Konkurrenz der außerfamilialen Sozialisationsagenturen, insbesondere auch durch die Medien, geschwächt. Besonders Max Horkheimer (1936) hat auf die Gefahren dieser Entwertung der väterlichen Autorität hingewiesen. Der kulturpessimistische Ton, der manche Analysen der Frankfurter Schule auszeichnet, hängt mit dieser Einschätzung zusammen.

Die andere Seite dieses Prozesses wird dabei leicht unterschlagen: diese Entwicklung bewirkt nämlich auch, daß die Eltern von Erziehungsaufgaben und den damit verbundenen Disziplinierungsmaßnahmen entlastet werden. Die Eltern müssen sich nicht mehr als Stellvertreter übergeordneter Kontrollinstanzen verstehen (vgl. Zinnecker 1985, S. 254). „Der Weg wird frei für partnerschaftlich orientierte Beziehungen zwischen Eltern und Kindern und den damit verbundenen liberaleren Umgangsformen" (Neuhäuser 1993, S. 23)

Wenn die Autorität des Vaters durch gesellschaftliche Prozesse geschwächt wird, so hat dies im konkreten Fall ganz spezifische Auswirkungen: Ein Vater, der über genügend Selbstbewußtsein verfügt, wird die Aufweichung seiner Autoritätsrolle als Befreiung erleben und z.B. seine weiblichen, mütterlichen und kindlichen Anteile mehr leben und erleben können. Ein Vater hingegen, der nur über ein unsicheres Selbstwertgefühl verfügt, wird sich durch den gleichen gesellschaftlichen Prozeß der Infragestellung seiner väterlichen Autorität tief verunsichert und seines letzten Halts beraubt fühlen und sich deshalb entweder ganz aus der Familie verabschieden oder auch mit einem besonders autoritären bis gewalttätigen Gebahren seine Autorität zu bekräftigen versuchen. Der gleiche gesellschaftliche Prozeß, in diesem Fall die Veränderung der väterlichen Autoritätsrolle kann für Menschen in unterschiedlichen psychosozialen Situationen ganz unterschiedliche Auswirkungen haben. Was für den einen Entwicklungschancen eröffnet, birgt für den anderen Risiken und Leid.

Wandel familiärer Strukturen

Der Mann hat seine unbestrittene Position als Autoritäts- und Respektsperson und auch als alleiniger Ernährer der Familie verloren. Die Frau hat eine bis dahin nie gekannte Selbständigkeit erreicht und gleichzeitig an innerfamiliärer Autorität gewonnen. Das Bildungsniveau der jungen Frauen ist enorm gestiegen. Seit Beginn der fünfziger Jahre hat sich die Zahl derer, die eine höhere Schulausbildung absolviert haben, bei den Jungen fast verdoppelt und bei den Mädchen fast verdreifacht (vgl. Beck 1986, S. 128). Ein ähnliches Bild ergibt sich bei den Hochschulen. Hier haben „die Frauen fast mit den Männern gleichgezogen. (...) Die Bildungsexpansion war im wesentlichen auch eine Bildungsexpansion für die Frauen" (ebd.). Ulrich Beck spricht sogar von einer „Feminisierung der Bildung" (ebd.), was ich allerdings für überzogen halte. Durch die Bildungsprozesse und die im Prinzip gleichberechtigte Behandlung von Jungen und Mädchen in Kindergarten und Schule gleichen sich die Sozialisationsmuster von männlichen und weiblichen Jugendlichen teilweise an. Einschränkend muß allerdings festgehalten werden, daß sich die geschlechtshierarchische Arbeitsteilung und die traditionelle Ideologie von Männlichkeit – wenn auch zum Teil in modifizierter Form – als ausgesprochen stabil erweisen (vgl. Winter 1994, S. 194 f.). In mehreren repräsentativen Erhebungen mit dem Gießen-Test (vgl. Beckmann, Richter 1972), die seit den 60er Jahren in regelmäßigen Abständen durchgeführt wurden, zeigte sich, daß sich das durchschnittliche Selbstbild der Frauen stärker veränderte, also wandlungsfähiger und flexibler war, als das Selbstbild der Männer. Ich beziehe mich hier auch auf eigene Untersuchungen (vgl. Wirth, Brähler 1994; Brähler, Wirth 1995). Und was die ganz praktische Arbeitsteilung zwischen Mann und Frau anbelangt, kann jeder die Alltagsbeobachtung im Bekanntenkreis – oder bei sich selbst machen: spätestens mit Heirat und Kinderkriegen schleicht sich die traditionelle Arbeitsteilung zwischen den Geschlechtern in mehr oder minder modifizierter Form wieder ein. Diese Differenz zwischen An- spruch und Wirklichkeit gilt es auch bei den folgenden Ausführungen in Rechnung zu stellen.

Die Verschiebung der Autoritätsstrukturen innerhalb der Paarbeziehung hat auch Rückwirkungen auf das Eltern-Kind-Verhältnis. Wie zahlreiche Untersuchungen bestätigen, hat sich die Familie mehr und mehr in Richtung auf partnerschaftliche Umgangsformen hinbewegt, sowohl im Hinblick auf die Ehe-, als auch auf die Eltern-Kind-Beziehung. Auch Habermas sieht einen Strukturwandel der bürgerlichen Mittelschichtsfamilien hin zu „egalisierten Beziehungsmustern", „individuierten Verkehrsformen" und „liberalisierten Erziehungspraktiken". Sie seien kennzeichnend für die

Herausbildung von „kommunikativen Infrastrukturen, die sich aus den latenten Verstrickungen in Systemzusammenhänge" herausgelöst haben (Habermas 1981, Band II, S. 568).

Frauen und Kinder haben in der Familie eine Statusaufwertung erfahren. Leitbild ist nicht mehr die hierarchische Unterordnung von Frau und Kindern unter den Mann, sondern ein partnerschaftliches Miteinander. Die qualitativen Veränderungen in den Erziehungsvorstellungen lassen sich als „Übergang von der Elternbestimmtheit der Kinder zur Kindbezogenheit der Eltern" (Wurzbacher 1958) charakterisieren. Erste Ansätze dazu sind bereits in den frühen 60er Jahren feststellbar. Diese Kindbezogenheit der Eltern bedeutet, daß sich die Eltern-Kind-Beziehung emotionalisiert und zwar nicht nur die frühe Mutter-Kind-Dyade, sondern die Eltern-Kind-Beziehung allgemein bis in das Jugendalter hinein.

Individualisierung der Jugendphase

Betrachten wir nun die Auswirkungen dieses Prozesses auf die Ablösungskonflikte in der Adoleszenz. Wie Schütze (1993) schreibt, spielt sich der Generationskonflikt heute weniger auf der familialen als auf der gesellschaftlichen Ebene ab. „Die Erwachsenen" ganz allgemein werden heute schärfer kritisiert als die eigenen Eltern. Das war zur Zeit der 68er-Revolte noch anders, obwohl Keniston (1971) aufgrund seiner Untersuchungen über studentische Aktivisten der Protestbewegung der 60er Jahre in Amerika herausfand, daß radikale Studenten und ihre Eltern sich politisch durchaus nahe standen:

> „Das am häufigsten bestätigte amerikanische Ergebnis ist, daß die Eltern radikaler Studenten politisch aktiv und linksorientiert sind. Die Daten liefern keinerlei Unterstützung für die Hypothese, daß studentischer Radikalismus eine Form von Rebellion gegen die Eltern ist" (Keniston 1971, S. 93).

Auch Allerbeck (1979) kam aufgrund seiner Untersuchung, in der er die politische Meinungsbildung von Eltern und Jugendlichen in fünf Ländern miteinander verglich, zu dem Ergebnis, daß Eltern und ihre jugendlichen Kinder sich nur graduell in ihrem politischen Engagement unterscheiden. Von einem Zusammenhang zwischen Protest in der Familie und Protest gegen politische Institutionen könne keine Rede sein. Die Mehrzahl der Jugendlichen kennzeichne die Beziehung zu den Eltern als positiv (vgl. Allerbeck 1979, Schütze 1992, S. 336).

Allerdings konzentrierten sich diese Untersuchungen auf den Bereich der politischen Überzeugungen. Ein großer Teil der Generationskonflikte in den 60er Jahren entzündete sich jedoch an ästhetischen und kulturellen Fragen und Fragen des Lebensstils: Lange Haare, Kleidungsfragen, Benimmfragen, Musikgeschmack usw. führten sowohl innerhalb der Familie als auch in den gesellschaftlichen Institutionen (Schule und Betrieb) in den Medien und in der gesamten Öffentlichkeit zu heftigsten Kontroversen. Man denke dabei beispielsweise an Aussprüche des damaligen regierenden Bürgermeisters von Berlin Schütz: „Ihr müßt diesen Typen nur ins Gesicht schauen ..." oder auch die Diffamierung von Oppositionellen durch Bundeskanzler Ludwig Erhard als „Pinscher". Aber auch innerhalb der Familien kam es zu heftigsten Auseinandersetzungen über solche Fragen, die man heute unter dem Begriff „Lebensstil" subsumiert. Eltern schämten sich ihrer langhaarigen Kinder („Es fällt doch alles auf uns zurück"), entrüsteten sich über die Beatmusik (Stichwort: „Negermusik"). Und im Feuilleton beschwor man den Untergang des Abendlandes angesichts der Beatles und der Rolling Stones. Aus heutiger Sicht kann man sich über die damalige Aufgeregtheit nur wundern.

Hier hat inzwischen ein bemerkenswerter

Wandel sowohl des gesellschaftlich-kulturellen Klimas als auch ein innerfamiliärer Strukturwandel stattgefunden. Die 60er Jahre waren eine Zeit des kulturellen Umbruchs, in der die formierte Gesellschaft der 50er Jahre an ihre ökonomischen und vor allem psychokulturellen Grenzen stieß. Der kulturelle Umbruch, der sich mit dem Jahre 1968 verbindet, läßt sich mit einem soziologischen Begriff erklären, der allerdings erst in den 80er Jahren Furore gemacht hat: dem der *Individualisierung* (vgl. Beck 1986; 1991). Die enorme Steigerung des materiellen Lebensstandards im Zusammenhang mit der Nachkriegsprosperität in der Bundesrepublik und die enormen Zuwächse im durchschnittlichen Reallohn führten dazu, daß große Teile der Bevölkerung Zugang zum Massenkonsum und neuartige Bewegungsspielräume und Chancen der Individualisierung von Konsum und Lebensstilen gewannen. Diese Pluralisierung von Lebensstilen wurde durch den Anstieg erwerbsarbeitsfreier Lebenszeit im Zuge von wachsender Lebenserwartung und sinkenden Arbeitszeiten erst möglich. Hinzu kam die Notwendigkeit der gesteigerten sozialen und geographischen Mobilität der Bevölkerung. Schließlich ist auch die wachsende Partizipation von Frauen im Ausbildungswesen und am Arbeitsmarkt ein Faktor, der die soziale Mobilität erhöht. Diese Prozesse begannen zwar erst in den 70er und 80er Jahren auf breiter Basis gesellschaftlich wirksam zu werden, doch sie hatten sich eben schon vorher angekündigt, und es war die Funktion der Jugend, eine Schrittmacherfunktion im gesellschaftlichen Wandlungsprozeß auszuüben. Die Jugend fungierte als Vorreiter des gesellschaftlichen Wandels. Die Adoleszenten brachten die Eltern-Generation sozusagen auf Trapp und ermöglichten ihr eine psychokulturelle Anpassung an die sich verändernden gesellschaftlichen Verhältnisse.

Das hängt auch mit den individualisierenden Effekten der Bildungsexpansion zusammen, die naturgemäß zuerst die Jugend erfaßte. Der „Massenkonsum höherer Bildung“ und die längere Verweildauer im Bildungssystem begünstigten Selbstfindungs- und Reflexionsprozesse, die auch auf eine Infragestellung traditionaler Orientierungen und Lebensstile hinausliefen. Auch individuelle Leistungsmotivation und Aufstiegsorientierung, die im Bildungssystem gefördert werden, sind dazu geeignet, den eigenen Lebensweg nicht als Ausdruck klassen-, schicht- und milieuspezifischer Zugehörigkeiten, sondern als Ergebnis eigener Leistungen zu interpretieren (vgl. Heitmeyer, Olk 1990, S. 14 f.).

Verschulung der Jugendphase

Ein weiteres Kennzeichen der heutigen Jugendphase ist der späte Einstieg in die Erwerbsarbeit. Jugendliche werden immer später mit Arbeit konfrontiert, und das Lernen als unmittelbare Tätigkeit und Erfahrung der Jugendlichen gewinnt immer größere Bedeutung. Jugendliche werden heute später mit den betrieblichen Normen ökonomischer Zweckrationalität konfrontiert. Sie können stattdessen länger in einem „psychosozialen Moratorium“ (Erikson 1959) bleiben, bevor sie mit der „Ernstsituation“ des Arbeitslebens konfrontiert sind. Die Lebensform von Jugendlichen ist heute vor allem schulisch bestimmt. Sie müssen sich erst später für eine bestimmte Arbeit oder einen bestimmten Beruf entscheiden, können aber auch erst später die Erfahrung gesellschaftlicher und sozialer Nützlichkeit im Rahmen einer produktiven Arbeit machen. Sie verharren länger in rezeptiven Tätigkeiten, bei denen abstrakte Leistungen verlangt werden. Schließlich wird in der Schule individuelle Leistung verlangt, und damit werden individuelle Identitätsbildungsmuster stärker begünstigt als kollektive. Dem steht eine andere Tendenz entgegen, nämlich die Entwicklung universalistischer – also auf das Gemeinwohl bezogener – Moralvorstellungen, was durch die Bildungsprozesse begünstigt wird (vgl. Baethge 1988).

Individualisierung ist nicht nur eine Freiheit, sondern stellt auch eine Anforderung an das Individuum dar. Individualität zu entwickeln, ist ein durch die Gesellschaft erzwungener Anspruch an die einzelnen Gesellschaftsmitglieder. Die Individualisierungsprozesse lösen den einzelnen aus traditionellen Bindungen und Versorgungsbezügen heraus, konfrontieren ihn aber stattdessen mit den Zwängen gesellschaftlicher Institutionen, die er selbst nur wenig beeinflussen kann. Er ist vor allem mit den Anforderungen des Arbeitsmarktes, aber auch denen, die das Bildungssystem und die sozialpolitischen Versorgungssysteme an ihn stellen, konfrontiert. Der gesellschaftliche Status und der soziale Erfolg werden vom Individuum einzig und allein als Resultat der eigenen Leistung interpretiert. Damit wird Leistung zu einem entscheidenden Kriterium für die Identität und das Selbstwertgefühl (Engel, Hurrelmann 1989). Leistungskonflikte werden somit zu einer Schwachstelle jugendlicher Identitätsbildung. Eine Gefahr besteht in der verkürzten Identitätsbildung bzw. der Ausbildung einer rein leistungsbezogenen Pseudo-Identität. Jugendliche können versucht sein, sich ausschließlich über Leistung und Funktionieren definieren zu wollen. Magersucht und Bulimie können als Beispiel für solche Konfliktlösungsversuche verstanden werden.

Andererseits bleiben die Jugendlichen länger in altershomogenen Gruppen und treten erst später in eine von Erwachsenen dominierte Kommunikation ein. Sie haben deshalb mehr Chancen, eigene Lebensvorstellungen und Lebensstile herauszubilden und auszuleben. Die Pluralisierung von Lebensentwürfen eröffnet dem Adoleszenten eine aufregende Vielfalt an Möglichkeiten, einen Erfahrungsreichtum, der die adoleszenten Identitätsbildungsprozesse zu bereichern und zu erweitern vermag. Die weitgehend starren und hierarchischen Strukturen, die in früheren Gesellschaften dominierten, boten dem Adoleszenten

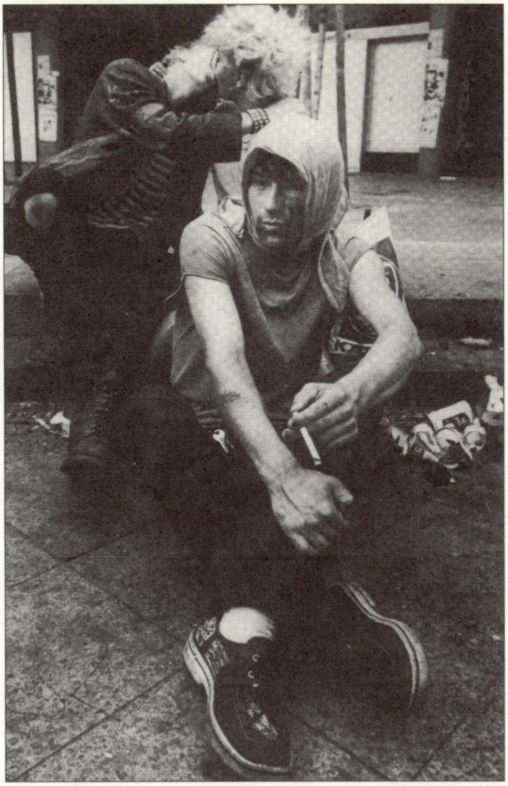

zwar einerseits Orientierung und Halt, gaben aber auch ein recht enges Korsett für die eigene Identitätsbildung vor. Das heutige Chaos der vielen Möglichkeiten evoziert eher Sehnsüchte und Ängste aus der prägenitalen Zeit, wie z. B. Wünsche, endlich gesehen und wertgeschätzt zu werden und versorgt und aufgehoben zu sein. Die Gefahr besteht also darin, daß mit oralen Versorgungswünschen regressiv umgegangen wird. Die Chance ist aber, daß die Möglichkeiten für einen kreativen und flexiblen und auch „alternativen" Identitätsbildungsprozeß genutzt werden (vgl. Leuzinger-Bohleber & Mahler 1993, S. 32). Hier hat auch das kulturelle Erneuerungspotential von Jugend seinen Platz.

Risiken der Adoleszenz

Je nachdem, ob man eher die Chancen oder eher die Risiken dieser Entwicklungen ins Auge faßt, kommt man zu ganz unterschiedlichen Bewertungen. Das hängt auch davon ab, welche Bevölkerungsgruppen man betrachtet. So sind die Möglichkeiten, eine verlängerte Adoleszenz- und Ausbildungsphase zu nutzen, nicht allen Bevölkerungsgruppen gleichermaßen zugänglich. Und auch nicht jede Familie ist in der Lage, dem neuen Leitbild eines partnerschaftlichen Umgangs in ihrem Familienalltag gerecht zu werden, selbst wenn sie es wünscht.

Wenn es tatsächlich so ist, daß Individualisierung, daß Bildung und Ausbildung eine ganz zentrale Bedeutung zukommt bei der Frage, welche Stellung ein Individuum in der Gesellschaft einnimmt, dann sind zum einen die Zugangsvoraussetzungen zu den Bildungsinstitutionen und zum anderen die tatsächlich erreichten Leistungserfolge in der gewählten Schulform entscheidende Kriterien sowohl für die Zuteilung von gesellschaftlichen Chancen als auch für das psychische Befinden, das Selbstwertgefühl usw. Ich will das beispielhaft an einem Problemkreis verdeutlichen, der für die Gesundheitswissenschaften relevant ist:

Es gehört zu den gesicherten Grundlagen der Gesundheitswissenschaften, daß Rauchen, Übergewicht, Bewegungsmangel und übermäßiger Alkoholgenuß als Verhaltensweisen einzuordnen sind, die das Risiko dramatisch erhöhten, an einer der sog. Zivilisationskrankheiten zu erkranken, die in den industrialisierten Ländern zu etwa 90 % das Krankheits- und Sterbegeschehen ausmachen (vgl. Kahl u.a. 1994, S. 63). Dazu gehören insbesondere Herz-Kreislauferkrankungen, Lungenkrebs, Zuckerkrankheit, Rheuma und Alkoholabhängigkeit. All diese Erkrankungen sind nicht schicksalsgegeben, sondern in hohem Maße verhaltensabhängig. D. h. diese meist chronisch verlaufenden Krankheiten entwickeln sich über Jahre hinweg. Sie werden häufig erst im Erwachsenenalter manifest, ihre Grundlagen werden aber bereits im Kindes- und Jugendalter durch gesundheitsriskante Verhaltens- und Lebensweisen ausgebildet und verfestigt. Insofern ist es interessant, wie Jugendliche mit solchen Risiken umgehen.

In einer Studie von Fend (1990) ist „der Zeitpunkt des Einsteigens in den Nikotingenuß in hohem Maße vom Bildungsniveau abhängig: Von den 13jährigen Hauptschülern rauchen ca. 15 % täglich 3 und mehr Zigaretten, von den Gymnasiasten nur 2,5 %. Mädchen beginnen zwar etwas später zu rauchen, sie überholen die Jungen aber ab dem 14. Lebensjahr" (Fend 1990, S. 156).

Nach einer Längsschnittstudie unter 12 - 24-jährigen Jugendlichen über das Gesundheitsverhalten im Kindes- und Jugendalter, der „Berlin-Bremen-Studie", hat der Anteil der jugendlichen Raucher in der Oberschicht stark abgenommen (zwischen 1973 und 1984 von 66% auf 37 %), während der Anteil der Raucher in der Unterschicht mit ca. 60 % unverändert hoch blieb (Bundesministerium für Gesundheit 1991, S. 63). In die gleiche Richtung gehen auch die Ergebnisse bezüglich des Alkoholkonsums: Gymnasiasten trinken deutlich seltener regelmäßig Alkohol als Hauptschüler. Übrigens besteht in beiden Punkten eine Tendenz zur Angleichung der Geschlechter, während die Bildungsunterschiede über die Zeit immer deutlicher hervortreten.

Eine Problemgruppe zeichnet sich ganz deutlich ab: Hauptschuljungen auf dem Lande. Sie sind im Alter von 15 Jahren zu 26 % regelmäßige Raucher, und 23 % trinken täglich alkoholische Getränke (vgl. Fend 1990, S. 159).

Zieht man neben soziografischen auch noch psychosoziale Kriterien mit heran, wird das Bild noch differenzierter: Regelmäßiges Rauchen ist im Jugendalter vor allem mit einer „Distanzierung von schulischen Leistungsanforderungen, mit größerem Absentismus und größerer Distanz gegenüber den Lehrern" verbunden (ebd., S. 163). Im Persönlichkeitsprofil zeichnen sich die jugendlichen Raucher vor allem durch geringere Leistungsorientierung und geringere Ich-Stärke aus. Die Beziehung zu den Eltern wird als problematischer geschildert als bei den nichtrauchenden Altersgenossen.

„Mehrere Indikatoren verweisen darauf, daß Raucher einen anderen Weg der eigenen Selbststabilisierung als den über die Bewährung im schulischen Erfolgssystem und im Rahmen der familiären Situation suchen. Sie sind stärker an der Altersgruppe orientiert, sie sind intensiver und früher am anderen Geschlecht interessiert, ihre soziale Geltung und ihre Beliebtheit ist ihnen wichtiger", und sie beteiligen sich häufiger an Aktivitäten, die ihnen Ansehen verschaffen sollen (ebd., S. 175). Jugendliches Risikoverhalten kann insofern als „Versuch interpretiert werden, angesichts versperrter Erfolgswege andere Formen der symbolischen Selbsterhöhung" und Selbstbestätigung zu suchen (ebd., S. 176).

Das ganze Problem ist allerdings noch komplexer als bislang dargestellt. Die Gruppe der Raucher ist nämlich nicht homogen. „Sie setzt sich einmal aus Heranwachsenden mit einem ausgeprägten Kompensationsbedürfnis für ihre persönlichen Probleme" zusammen und zum anderen aus intellekutellen Jugendlichen, die das Bedürfnis haben, sich demonstrativ von der offiziellen Kultur zu distanzieren (ebd. , S. 165). Dies zeigt sich unter anderem daran, daß Schüler, die sich an schulischen Mitbestimmungsmöglichkeiten beteiligen, häufiger rauchen. Diese Jugendlichen verbinden mit dem Rauchen immer noch – wie dies z. B. bei Frauen in der Frühphase der Emanzipationsbewegung und in der Studentenbewegung der Fall war – eine Distanzierungssymbolik von einer kritisierten 'offiziellen Kultur'" (ebd., S. 165 f.). Trotz gleichen manifesten Verhaltens zeigt sich bei der einen Gruppe mehr das Risiko, bei der anderen Gruppe von Jugendlichen mehr der Möglichkeitsraum der Adoleszenz. Der Adoleszente sucht das Risiko, die Grenzerfahrung, das Abenteuer. Er will auch die Negativ-Erfahrung durchleben, um zu wissen, wie sie sich anfühlt. Der Adoleszente empfindet eine Lust am Risiko. Diese Risikolust ist sozusagen adoleszenztypisch, d.h. sie ist im Prinzip nicht davon abhängig, ob der Jugendliche ein gutes oder ein schlechtes Familienleben erfahren hat. Es kann sogar so sein, daß ein besonders gutes und harmonisches Familienklima beim Jugendlichen zu einer besonders krassen Risikosuche und Abenteuerlust führt, sozusagen als Kontrastprogramm und zur Abgrenzung von zuhause.

Was ich hier beispielhaft für das Rauchen und Trinken ausgeführt habe, gilt in ähnlicher Form auch für andere Formen des Risikoverhaltens, z.B. für Drogengebrauch, Motorradfahren, riskante Sportarten, Trampen, Teilnahme an Demos usw. In diesem Zusammenhang ist noch erwähnenswert, daß in der Altersgruppe der 15- bis 20jährigen Suizide und Unfälle mit tödlichem Ausgang überproportional häufig vorkommen. Unfälle sind sogar die häufigste Todesursache im Kindes- und Jugendalter, wobei bei den 15- bis 25jährigen die große Geschlechtsdifferenz auffällt: männliche Jugendliche sterben sehr viel häufiger in Folge von Unfällen als weibliche. Hier liegt wahrscheinlich die größere Risikobereitschaft, ein absichtsvolles Unterschätzen von realen Gefahren, das typisch für die traditionelle Männlichkeitsideologie ist, zugrunde. Gerade männliche Jugendliche, die sich ihrer Männlichkeit sehr unsicher sind, können dazu neigen, die traditionelle Männlichkeitsideologie in übersteigerter Form zu zelebrieren. Auch die hohe Jugendkriminalität unter jungen Männern ist unter diesem Aspekt zu sehen. Gewaltkriminalität bei 16- bis 21jährigen Männern ist mehr als dreimal so groß wie bei 25- bis 40jährigen Männern und etwa dreizehnmal höher als bei 16- bis 21jährigen Frauen.

Autoritarismus, Rechtsextremismus und Fremdenfeindlichkeit unter Jugendlichen

Ich will noch zu ein zweites Beispiel für Risiken in der Adoleszenz darstellen, nämlich Rechtsextremismus, Gewalt und Fremdenfeindlichkeit.

Gerda Lederer und Peter Schmidt (1995) haben kürzlich eine umfassende Studie zum Thema „Autoritarismus und Gesellschaft. Trendanalysen und vergleichende Jugenduntersuchungen 1945-1993" vorgelegt. Einige ihrer Ergebnisse sollen im folgenden referiert werden. Die Autoren konnten drei Jugenduntersuchungen zum Autoritarismus vergleichen, die 1945, 1979 und 1991 durchgeführt wurden. Dabei konnten sie feststellen, daß von 1945 bis 1979 „eine demokratische Entwicklung stattgefunden hat und ein starker Rückgang autoritärer Einstellungen zu verzeichnen ist" (ebd., S. 132). Von 1979 bis 1991 habe ein sehr geringfügiger Wandel hin zu autoritären Ansichten stattgefunden. Allerdings betonen die Autoren, daß auch 1991 die Skalenmittelwerte „noch immer eher anti-autoritär" waren (ebd., S. 132). Im einzelnen sind die Jugendlichen seit 1979 „zynischer geworden", „Politikverdrossenheit hat zugenommen" und „disziplinierter Gehorsam" wird von Jugendlichen am Anfang der 90er Jahre wertvoller eingeschätzt als früher. Hinsichtlich der Einstellungen zu Ausländern hat sich eine Polarisierung ergeben, dergestalt daß sowohl die Gruppe mit explizit fremdenfreundlichen als auch die Gruppe mit explizit fremdenfeindlichen Einstellungen zahlenmäßig zugenommen hat.

In diesen Ergebnissen spiegelt sich eine zwiespältige Entwicklung. Einerseits konnten Lederer und Schmidt die „zunehmende Liberalisierung der Erziehungsstile der Nachkriegszeit", wie sie u.a. von Zinnecker (Shell-Studie 1981, S. 94 ff.; Shell-Studie 1985, S. 179 ff.) recherchiert und beschrieben wurde, ebenfalls feststellen. Davon ist auch die heutige Jugend stark geprägt. Der teils liberale, teils antiautoritäre Grundzug in der Jugend ist noch vorhanden. Dem widerspricht auch nicht der Zynismus und die Politikverdrossenheit, denn beide Eigenschaften finden sich auch bei antiautoritären Jugendlichen. Aber es existiert offenbar auch ein Gegentrend, dessen Ausmaß und Richtung noch genauer zu untersuchen sind.

Eine wichtige Studie zum Zusammenhang zwischen Familie und Rechtsextremismus haben Christel Hopf und Mitarbeiter geliefert. Aufgrund von mehrstündigen intensiven biographischen Interviews mit rechtsextremen und nicht-rechtsextremen Jugendlichen kamen sie zu dem Ergebnis, daß Familien, in denen moralische Standards nur mangelhaft vermittelt wurden, da Gewaltanwendung in der Familie gar nicht oder inkonsequent und unglaubwürdig sanktioniert wurde, Rechtsextremismus bei den Jugendlichen begünstigt. Diejeni-

Gewalterfahrung und mangelhafte Vermittlung moral. Standards

gen Jugendlichen hingegen, „die über ein hohes Maß mütterlicher Zuwendung berichteten, argumentieren in moralischen Konfliktsituationen fast ausschließlich normbezogen und zeigen überwiegend keine Neigung zu autoritärer Aggressivität" (Hopf u.a. 1995, S. 177).

Soziologisch und sozialpsychologisch betrachtet stellt die deutsche Wende ein fast einmaliges Großexperiment dar. Insofern ist der Ost-West-Vergleich auch beim Thema Jugend und Autoritarismus von höchstem Interesse. Aufgrund der autoritären Sozialisationserfahrungen der Jugendlichen im autoritären Staats- und Gesellschaftsgefüge der DDR mit der Betonung von Gehorsam, Unterwürfigkeit, Disziplin und Ordnung wäre die weite Verbreitung autoritärer Meinungen und Haltungen unter Jugendlichen zu erwarten gewesen. In einer von Lederer u.a. (1991) kurz nach der Wende durchgeführten quantitativen Untersuchung zeigten die DDR-Jugendlichen im Mittel zwar eine etwas stärkere autoritäre Haltung als die westdeutschen Jugendlichen, jedoch ließen sich keine Extremwerte feststellen.

Für dieses Phänomen gibt es zwei Erklärungsansätze: Wie der Leipziger Jugendforscher Walter Friedrich (1990) anhand von quantitativen Untersuchungen nachweisen konnte, setzte bereits mit Beginn der 80er Jahre in der jungen DDR-Generation eine deutliche Abkehr vom DDR-Staat und von den von ihm deklarierten Werten und Normen ein. Das heißt, die DDR-Jugend wurde zwar autoritär erzogen, sie opponierte jedoch gegen diese Dressur, entwickelte alternative Werte und Mentalitäten, die dann schließlich auch mit zur politischen Wende beitrugen. Zweitens läßt sich das Phänomen mit H.-E. Richter auch so erklären, daß ein rascher Identitätswandel in allen Teilen der DDR-Bevölkerung stattfand, indem einfach nach dem Muster der „Identifikation mit dem Aggressor" die Werte und Normen des Westens übernommen wurden (vgl. Brähler, Richter 1990). Folgt man diesem Modell, wäre das autoritäre Identifikationsmuster das gleiche geblieben, nur die Inhalte hätten sich geändert, wären in einer empirischen Erhebung aber nicht so leicht als autoritäre Einstellungen zu erkennen.

Wie dem auch sei, die autoritäre Sozialisation in der ehemaligen DDR stellt sicherlich auch heute noch einen Nährboden für die Ausbildung autoritärer Merkmale dar. Welche Personen solche autoritären Haltungen dann tatsächlich ausbilden, hängt wiederum von weiteren Faktoren ab. Hier haben wahrscheinlich Deprivationserfahrungen eine große Bedeutung. Wie die qualitativen Untersuchungen zu autoritären Merkmalen bei ostdeutschen Jugendlichen von Bettina Rohn (1995) zeigen, ist das Gefühl des „Betrogen-worden-seins" ein Merkmal, das bei rechtsextremen Jugendlichen gehäuft auftritt. Das ergänzt sich mit der zitierten Untersuchung von Hopf u.a. (1992). Meine These ist nun: Wenn sich die Wut über das persönliche Betrogen- worden-sein durch uneinfühlsame Eltern überlagert mit dem Eindruck, vom sozialistischen Staat betrogen worden zu sein und dieses wiederum ergänzt wird durch das Gefühl, nun auch noch nach der Wende von der neuen BRD betrogen worden zu sein, so ist es diese dreifache Traumatisierung, die sich ein Ventil im Rechtsradikalismus und der Fremdenfeindlichkeit sucht. Psychoanalytisch gesehen ist es eine Wendung von der Passivität in die Aktivität: So wie die gewalttätigen rechtsradikalen Jugendlichen in ihrer Kindheit von ihren Eltern selbst nicht angenommen, sondern zurückgewiesen wurden, weisen sie heute auch diejenigen zurück, die sich, bedingt durch eine andere Haut- und Haarfarbe, von ihnen unterscheiden (vgl. Rohn 1995, S. 216). Daß die Opfer rechtsextremer Gewalt in der Regel selbst Menschen sind, die sich aufgrund körperlicher Gebrechen und/oder psychischer und sozialer Schwäche in einer ohnmächtigen Position befinden, prädestiniert sie aus Sicht der Gewalttäter geradezu für die Rolle des Opfers, läßt sich auf sie doch umso einfacher die eigene als peinigend empfundene Ohnmacht projizieren (vgl. Wirth 1989).

In einer eigenen Studie zusammen mit Elmar Brähler kamen wir zu dem Ergebnis, daß sich die Jugendlichen bezogen auf das Kriterium Bildung polarisieren. Pauschalisierend kann man nach unseren Befunden sagen: Die höher Gebildeten der jungen Generation befinden sich auf dem Weg zur Ellenbogen-Gesellschaft, den wir auch für den Durchschnitt der Bevölkerung festgestellt haben (vgl. Brähler, Wirth 1991). Die besser gebildeten jungen Erwachsenen sind selbstzufriedener, weniger selbstreflexiv, durchsetzungsfähiger, ehrgeiziger in der Rivalität und dafür weniger sozial orientiert als sie es noch Mitte der siebziger Jahre waren. Hinsichtlich dieser Merkmale heben sie sich auch von den weniger gebildeten Altersgenossen ab. In diesen Befunden scheint sich die Tatsache widerzuspiegeln, daß der Bildungsgrad immer mehr Bedeutung dafür erlangt, ob man sich in unserer Gesellschaft in der Konkurrenz zu behaupten vermag. Bildung und Wissen (Stichwort: „Wissen ist Macht") werden heute viel ungenierter benutzt, um sich in der Rivalität durchzusetzen. Während 1975 die Selbstreflexivität und Depressivität, die gleichzeitig mit der Bildung vermittelt wurden, dem besser Gebildeten dazu verhalfen, seine mit der Bildung erworbenen höheren Durchsetzungschancen im Zaume zu halten, sind die besser gebildeten Jugendlichen heute von solchen „Hemmungen" befreit und können ihrer Dominanz und ihrer Konkurrenzlust ungehindert frönen.

Auf der anderen Seite stehen die jungen Erwachsenen mit niedriger Bildung. Sie empfinden ihre geringere Bildung zunehmend als persönliches Defizit, das sie sich als „inneres Problem" anlasten. Sie fühlen sich als Bodensatz, als Leute, die in der Konkurrenz abgehängt worden sind. Dieses Gefühl des Abgehängtseins und des Nicht-Konkurrieren-Könnens bei den Jugendlichen, die höchstens einen Hauptschulabschluß haben, ist heute ausgeprägter als 1975, da inzwischen ein höheres Bildungsniveau zur sozialen Norm geworden ist. Deshalb geht bei ihnen die psychosoziale Entwicklung in die umgekehrte Richtung wie bei den Gebildeteren. Die weniger gebildeten jungen Erwachsenen sind heute depressiver, unsicherer und gefügiger.

Das Konzept der Generation

Ich komme zum Schluß meiner Ausführungen und versuche ein Resümee. An der grundsätzlichen Struktur und Funktion der Jugendphase hat sich in den letzten 10 bis 15 Jahren nicht sehr viel geändert. Die Tendenzen zur Individualisierung von Jugend, zur Biographisierung von Jugend und zur Liberalisierung in den Familien, all diese Tendenzen, die in den Shell-Studien seit 1981 und in vielen anderen Jugendstudien festgestellt wurden, haben sich weiter fortgesetzt, etabliert aber auch normalisiert, d.h. sie werden von Jugendlichen und Erwachsenen als normal angesehen. Die Qualität des Neuen und der Protestcharakter ist vielen jugendspezifischen und jugendkulturellen Phänomenen abhanden gekommen. Die Existenz einer Vielzahl von jugendkulturellen Stilen ist zur Normalität geworden. Über solche Fragen gibt es heute kaum noch tiefgreifende Auseinandersetzungen. Insofern ist es für Jugendliche schwerer geworden, Protest und Abgrenzung von der Welt der Erwachsenen mit ästhetischen Mitteln zu artikulieren.

So können sich Jugendliche genötigt sehen, wenn sie Protest ausdrücken wollen, zu immer extremeren und „härteren" Mitteln zu greifen. Die Demonstration faschistischer Symbole und rechtsextremer Attitüden ist eines der letzten wirksamen Mittel, um Tabus zu brechen und die Erwachsenenwelt zu provozieren.

Beunruhigenden Tendenzen zu Gewalt, Autoritarismus und Fremdenfeindlichkeit in unserer Gesellschaft sind ein Problem, das in zentralen Institutionen der Gesellschaft bis hinein in die Gewerkschaften und Kirchen in verdeckter Form fest verankert ist (vgl. Brähler, Wirth 1995). Den randständigen

Bildung – Mittel, im Konk.-kampf zu bestehen

rechtsradikalen Jugendlichen kommt die gesellschaftliche Rolle zu, die latente Gewaltbereichschaft der angepaßten Bürger stellvertretend auszuagieren. Eine Anfälligkeit für Rechtsextremismus kann „der Jugend" aber nicht unterstellt werden. Beunruhigend erscheint mir aber der gewachsene Egoismus und die Ellenbogen-Mentalität der bildungsmäßig Privilegierten. Wenn die Tendenz zur Entsolidarisierung weiter anhält, polarisiert sich die Gesellschaft zunehmend, und die Benachteiligten werden in die Arme rechtsextremer Ideologen getrieben.

Das Pauschalurteil, die heutige Jugend sei resigniert, brav, angepaßt, karriere- und konsumversessen und anfällig für Rechtsextremismus ist nicht zutreffend. Diese Haltung erscheint arrogant und aus einem Beleidigtsein zu resultieren. Es ist der Frust über die eigene Anpassung, die nun auf die Jungen projiziert wird – eine typische Sündenbock-Projektion.

Wenn von Jugendprotest in der letzten Jahren wenig zu spüren war, so kann daraus nicht geschlossen werden, daß die Jugendlichen von heute so ganz anders strukturiert wären, wie die vor 5, 10, 15 Jahren.

Denn: nicht jede Alterskohorte hat die Chance, identitätsstiftende „Wir-Gefühle" zu entwickeln. Nicht jede Alterskohorte konstituiert sich als politische Generationseinheit. Eine solche kollektive Identität ist aber die Voraussetzung dafür, daß eine jugendliche Protestbewegung entstehen kann. Ich möchte hier auf einen Gedanken aufmerksam machen, den Claus Leggewie (1995) in seinem Buch *Die 89er. Portrait einer Generation* entwickelt hat, nämlich das Konzept der Generation. Damit ist die Bildung einer kollektiven Identität von Angehörigen einer bestimmten Altersspanne gemeint. Dazu bedarf es „bestimmter Schlüsselereignisse" und einer bewußten Auseinandersetzung mit den politischen Leitideen und Werten (ebd., S. 257 f.). Findet in der politisch sensiblen Phase der Adoleszenz eine solche Auseinandersetzung statt, die die Generationszugehörigen „zu einer langfristig stabilen Neuorientierung ihrer politischen Grundhaltungen" bewegt, so bildet sich eine politische Generation heraus. Als Beispiele nennt Leggewie die Generation der „Flakhelfer", die den wirtschaftlichen Wiederaufbau der Bundesrepublik auf ihren Schultern trugen und die 68er Generation, die die kulturelle Erneuerung der Bundesrepublik bewirkte.

Nicht jede Alterskohorte hat die Chance (und Last), den Durchbruch zu einer neuen Generationseinheit zu schaffen. Die besondere Chance, die ein Adoleszenter hat, der zu einer deutlich identifizierbaren Generation gehört, besteht zum einen darin, daß er seine Adoleszenzkonflikte besonders intensiv durchlebt, denn der Prozeß der Neubildung seiner eigenen Persönlichkeit läuft parallel zu dem gesellschaftlichen Erneuerungsprozeß. Zudem findet der Adoleszente, der zu einer Generation gehört, eine beachtliche Rückenstärkung dadurch, daß er seine individuellen Probleme, Konfliktlagen, Wünsche, Bedürfnisse und Kritiken vor dem Hintergrund der generationsübergreifenden Prozesse verstehen und auch vertreten kann. So erfährt ein individueller im Grunde unbedeutender Konflikt eines Jugendlichen – z. B. seine Auseinandersetzung mit seinen Eltern über seine Haarlänge – einen enormen Bedeutungszuwachs, wenn dieser Konflikt im Rahmen einer kulturellen und politischen Generationsauseinandersetzung stattfindet. So konnte – um bei diesem Beispiel zu bleiben – in der 68er Generation die Auseinandersetzung eines Adoleszenten mit seinen Eltern über Haarlänge und Kleidungsfragen eine geradezu „kulturrevolutionäre" Bedeutung erlangen. Das steigert natürlich auch die narzißtischen Größenphantasien der Adoleszenten enorm, denn sie können sich in der Auseinandersetzung mit Eltern, Lehrern und anderen Autoritäten der Unterstützung einer ganzen Generation sicher sein.

Ob und wann sich eine neue Jugend-Generation in diesem Sinne herausbildet, läßt sich allerdings nur schwer vorhersagen. Aufgrund der vielen falschen Prognosen, die Jugendforscher über jugendliche Protestbereitschaft abgegeben haben, könnte man fast ironisch sagen: wenn Sozialwissenschaftler vom Skeptizismus, der Wehleidigkeit oder der apolitischen Selbstbezogenheit der Jugend sprachen, dann war die nächste Jugendrevolte meist nicht mehr fern. In diesem Sinne sollten wir bezüglich der Jugend immer auf Überraschungen gefaßt sein.

Literatur

Allerbeck, K. R. (1973): Soziologie radikaler Studentenbewegungen. Eine vergleichende Untersuchung in der Bundesrepublik Deutschland und den Vereinigten Staaten.

Baethge, M. (1991): Die politischen Folgen fortschreitender Individualisierung in der Arbeitsgesellschaft. In: Heitmeyer, Jacobi 1991, S. 35-54.

Baethge, M. u.a. (1988): Jugend: Arbeit und Identität. Lebensperspektiven und Interessenorientierungen von Jugendlichen. Opladen (Leske und Budrich).

Beck, U. (1986): Risikogesellschaft. Auf dem Weg in eine andere Moderne. Frankfurt (Suhrkamp).

Beck, U. (1991): Politik in der Risikogesellschaft. Essays und Analysen. Frankfurt/M. (Suhrkamp).

Beckmann, D., Richter, H.E. (1972): Der Gießen-Test (GT). Ein Test für Individual- und Gruppendiagnostik. Handbuch. Bern (Huber).

Bernfeld, S. (1969-70): Antiautoritäre Erziehung und Psychoanalyse. Ausgewählte Schriften. Hg. von L. V. Werder, R. Wolff, Drei Bände. Frankfurt (März).

Blos, P. (1962): Adoleszenz. Eine psychoanalytische Interpretation. Stuttgart 1973 (Klett).

Bock, M., Reimitz, M., Richter, H.E., Thiel, W., Wirth, H.-J. (1989): Zwischen Resignation und Gewalt. Jugendprotest in den achtziger Jahren. Opladen (Leske u. Budrich).

Bock, M., Wirth, H.-J. (1992): Jugend in Institutionen der psychosozialen Versorgung. In: Krüger, H.-H. (Hg.), (1992): Handbuch der Jugendforschung. 2. erw. Auflage. Opladen (Leske und Budrich), S. 579-592.

Bohleber, W. (1993): Seelische Integrationsprozesse in der Spätadoleszenz. In: Leuzinger-Bohleber, Mahler (1993), S. 49-63.

Brähler, E., Richter, H.E. (1990): Wie haben sich die Deutschen seit 1975 psychologisch verändert? Mehr Individualismus, mehr Ellbogen, stärkere Frauen. In: Richter, H.-E. (1990), (Hg.): Russen und Deutsche. Hamburg (Hoffmann und Campe), S. 115-135.

Brähler, E., Wirth, H.-J. (1991): Abwendung von sozialen Orientierungen: Auf dem Weg in einen modernisierten Sozialdarwinismus? In: Heitmeyer, W., Jacobi, J. (Hg.), (1991): Politische Sozialisation und Individualisierung. Perspektiven und Chancen politischer Bildung. Weinheim (Juventa), S. 77-98.

Brähler, E., Wirth, H.-J. (Hg.), (1995): Entsolidarisierung. Die Westdeutschen am Vorabend der Wende und danach. Opladen (Westdeutscher Verlag).

Bundesministerium für Gesundheit (Hg.), (1991):Gesundheitsverhalten im Kindes- und Jugendalter.Ausgewählte Ergebnisse der Berlin-Bremen-Studie. Baden-Baden 1991 (Nomos).

Deutsches Jugendinstitut (1989): Familienalltag. Frauensichten - Männeransichten. (Rowohlt).

Eisenberg, G. (1994): Das moralische Ozonloch. Versuch über das Verhältnis von Markt und Moral. In: psychosozial 56, 17 Jhg., S. 97-114.

Eissler, K. R. (1958): Bemerkungen zur Technik der psychoanalytischen Behandlung Pubertierender nebst einigen Überlegungen zum Problem der Perversion. In: Psyche 20, 1966, S. 837-872.

Engel, U., Hurrelmann, K. (1989): Psychosoziale Belastung im Jugendalter. Empirische Befunde zum Einfluß von Familie, Schule und Gleichaltrigengruppe. New York (Walter de Gruyter).

Erdheim, M. (1982): Die gesellschaftliche Produktion von Unbewußtheit. Eine Einführung in den ethnopsychoanalytischen Prozeß. Frankfurt (Suhrkamp).

Erdheim, M. (1983): Adoleszenz zwischen Familie und Kultur. Ethnopsychoanalytische Überlegungen zur Funktion der Jugend in der Kultur. In: psychosozial 17, 1983, S.104-116

Erikson, E. H. (1959): Identität und Lebenszyklus. 3 Aufsätze. Frankfurt 1966 (Suhrkamp).

Fend, H. (1990): Vom Kind zum Jugendlichen. Der Übergang und seine Risiken. Entwicklungspsychologie der Adoleszenz in der Moderne. Band I. Bern (Huber).

Freud, A. (1936): Das Ich und die Abwehrmechanismen. München (Kindler).

Freud, A. (1958): Probleme der Pubertät. In: Freud, A.: Die Schriften der Anna Freud. Band VI, S.1738-1769, München 1980 (Kindler).

Friedrich, W. (1990): Mentalitätswandlungen der Jugend in der DDR. In: Aus Politik und Zeitgeschichte, B-16/1990, S. 26-31.

Habermas, J. (1981): Theorie des kommunikativen Handelns. Frankfurt (Suhrkamp).

Heitmeyer, W., Olk, T. (Hg.), (1990): Individualisierung von Jugend. Weinheim (Juventa).

Hopf, C., u.a. (1995): Familie und Rechtsextremismus. Familiale Sozialisation und rechtsextreme Orientierung junger Männer. Weinheim (Juventa).

Horkheimer, M. (1936): Studien über Autorität und Familie. Forschungsbericht aus dem Institut für Sozialforschung. Paris (Raubdruck).

Jacobson, E. (1964): Das Selbst und die Welt der Objekte. Frankfurt 1973 (Suhrkamp).

Jugendwerk der Deutschen Shell (1981): Jugend '81. Lebensentwürfe, Alltagskulturen, Zukunftsbilder. 3 Bände. Hamburg.

Jugendwerk der Deutschen Shell (1992): Jugend '92. Lebenslagen, Orientierungen und Entwicklungsperspektiven im vereinigten Deutschland. Opladen 1992 (Leske und Budrich).

Jugendwerk der Deutschen Shell (1985): Jugendliche und Erwachsene '85. 5 Bände. Opladen (Leske u. Budrich).

Kahl, H., u.a. (1994):Einflußfaktoren auf die Entwicklung gesundheitsrelevanter Verhaltensweisen bei Jungen und Mädchen: Ergebnisse aus der Berlin-Bremen-Studie. In: Petra Kolip (Hg.), Lebenslust und Wohlbefinden. Weinheim, München 1994 (Juventa), S. 63-82.

Keniston, K. (1971): Neu empirische Forschungen zu den Studentenrevolten: Die amerikanische Studentenbewegung. In: Allerbeck, K. R., Rosenmayr, L. (Hg.), (1971): Aufstand der Jugend? Neue Aspekte der Jugendsoziologie. München (Juventa), S. 83-106.

Klemm, K. u.a. (1990): Bildungsplan 90. Ein Rahmen für Reformen. Weinheim (Beltz).

Lederer, G. u.a. (1991): Autoritarismus unter Jugendlichen der ehemaligen DDR. In: Deutschland-Archiv, Zeitschrift für das vereinigte Deutschland, S. 587-596.

Lederer, G., Schmidt, P. (Hg), (1995): Autoritarismus und Gesellschaft. Trendanalysen und vergleichende Jugenduntersuchungen von 1945 bis 1993. Opladen (Leske und Budrich).

Leggewie, C. (1995): Die 89er. Portrait einer Generation. Hamburg (Hoffmann und Campe).

Leuzinger-Bohleber, M., Mahler, E. (Hg.), (1993): Phantasie und Realität in der Spätadoleszenz. Gesellschaftliche Veränderungen und Entwicklungsprozesse bei Studierenden. Opladen (Westdeutscher Verlag).

Mertens, W. (1994): Entwicklung der Psychosexualität und der Geschlechtsidentität. Band II. Stuttgart (Kohlhammer).

Nave-Herz, R.(1988): Kontinuität und Wandel in der Bedeutung, in der Struktur und Stabilität von Ehe und Familie in der Bundesrepublik Deutschland. In: R. Nave-Herz (Hg.), Wandel und Kontinuität der Familie in der Bundesrepublik Deutschland. Stuttgart, Enke. S.61-94.

Neuhäuser; H. (1993): Autorität und Partnerschaft. Wie Kinder Ihre Eltern sehen. Weinheim (Deutscher Studienverlag).

Petri, H. (1979): Soziale Schicht und psychische Erkrankung im Kindes- und Jugendalter. Göttingen (Vandenhhoeck und Ruprecht).

Petri, H. (1985): Kriegsangst bei Kindern - Atomkrieg und Erziehung. In: psychoso -zial 26, 8. Jhg., S. 46-60.

Petri, H. (1992): Umweltzerstörung und die seelische Entwicklung unserer Kinder. Zürich (Kreuz).

Poluda-Korte, E. S. (1992): Freud und die Töchter. Versuch einer Emanzipation von patriarchalen Vorurteilen in der Psychoanalyse. In: Jahrbuch der Psychoanalyse 29, S. 92-139.

Remschmidt, H. (1975): Neuere Ergebnisse zur Psychologie und Psychiatrie der Adoleszenz. In: Zeitschrift für Kinder- und Jugendpsychiatrie. Heft III, S. 67-101.

Richter, H.E. (1992): Umgang mit kindlicher Zukunftsangst. In: Umgang mit Angst (Hoffmann u. Campe).

Rohde-Dachser, C. (1990): Über töchterliche Existenz. In: Zeitschrift für Psychosomatische Medizin und Psychoanalyse. 36. Jhg..

Rohn, B. (1995): „Wir stehen für die deutsche Ordnung und für die deutsche Sauberkeit, sind aber keine Neonazis!“ In : Lederer, Schmidt (1995), S. 189-220.

Rutter, M. u.a. (1977): Epidemiologie in der Kinderpsychiatrie – die Isle of Wight- Studien 1964-74. In: Zeitschrift für Kinder- und Jugendpsychiatrie 1977, Heft 3, S. 238-279

Schütze, Y. (1992): Jugend und Familie. In: Krüger, H.-H. (Hg.), (1992): Handbuch der Jugendforschung. Opladen (Leske und Budrich). S. 335-350.

Seiffge-Krenke, I. (1986): Psychoanalytische Therapie Jugendlicher. Stuttgart (Kohlhammer).

Siebenter Jugendbericht (1986): Jugendhilfe und Familie. Bericht der Sachverständigenkommission. Bonn.

Steffens, G. (1994): Krise der Jugend? Krise der Erziehung? Kreis der Gesellschaft? Eine pädagogische Spurensuche. In: Neue Sammlung, 43. Jhrg. Heft III, S. 487-498.

Tillmann, K.-J. (Hg.), (1991): Söhne und Töchter in Westdeutschen Familien. In: Büchner, P., Krüger, H.-H. (Hg.), (1991): Aufwachsen hüben und drüben. Opladen (Leske und Budrich), S. 97-104.

Tillmann, K.-J. (Hg.), (1992): Jugend weiblich – Jugend männlich. Sozialisation, Geschlecht, Identität. Opladen (Leske und Budrich).

Utzmann-Krombholz, H. (1994): Rechtsextremismus und Gewalt. Affinitäten und Restistenzen von Mädchen und jungen Frauen. Studie im Auftrag des Ministeriums für die Gleichstellung von Mann und Frau des Landes Nordrhein-Westfalen.

Winter, R. (1994): No risk, no fun? Jungensozialisation, Gesundheitsprobleme und „präventive“ Jungenarbeit.In: Petra Kolip (Hg.), Lebenslust und Wohlbefinden. Weinheim, München 1994, S. 193-220.

Wirth, H.-J. (1984): Die Schärfung der Sinne. Jugendprotest als persönliche und kulturelle Chance. Frankfurt (Syndikat).

Wirth, H.-J. (1985): Die Adoleszenz als Chance für Individuum, Familie und Kultur. In: psychosozial 24/25, 8 Jhg., S. 96-117.

Wirth, H.-J. (1986a): Nach Tschernobyl – regiert wieder das Vergessen? Schwerpunktthema von: psychosozial 29.

Wirth, H.-J. (1989): „Voll auf Haß“. Zur Psychoanalyse des Ressentiments am Beispiel der Skinheads. In: psychosozial 40, 12. Jhg., S. 80-92.

Wurzbacher, G. (1958): Leitbilder gegenwärtigen deutschen Familienlebens. Stuttgart. heim (Beltz).

Zinnecker, J.(1985): Kindheit, Erziehung, Familie. In: Jugendwerk der Deutschen Schell (Hg.), Jugendliche und Erwachsene ´85, Bd.3 (S.97-292) Opladen, Leske und Budrich

Dr. Hans-Jürgen Wirth
Friedrichstr. 35
35392 Gießen

Hunger nach Männlichkeit?

Die intergenerative Vermittlung von Schuldgefühlen im Körperselbst und im Ichideal rechtsextremer Jugendlicher

Angelika Ebrecht

Vorbemerkung

Hunger nach Männlichkeit - der Titel versteht sich als Analogon zu der These von Peter Gay, die geistige Situation der Jahrhundertwende, die den kulturellen Hintergrund des Faschismus abgab, sei durch einen Hunger nach Ganzheit gekennzeichnet gewesen (1987, S. 99). Diese Referenz soll zweierlei verdeutlichen: zum einen, daß es sich beim jugendlichen Rechtsextremismus um ein psychisches Syndrom handelt, das im Sinne Battegays als männliche „Hungerkrankheit", als unersättlicher, süchtiger Objekthunger (1982, S.150), zu bezeichnen ist*, und zum anderen, daß dieses Syndrom einer allgemeinen Krise der männlich konnotierten politischen Kultur in Deutschland entspricht**. Im Rechtsextremismus junger Männer manifestiert sich ein destruktiver Konflikt zwischen Über-Ich, Ich-ideal und Körperselbst, der die Jugendlichen zu Symptomträgern des unerledigten deutschen Schuldkonfliktes werden läßt. Der Konflikt wird von einer Generation zur andern weitergegeben; er reproduziert sich in der familiären Sozialisation zunächst in den Individuen und findet in der Adoleszenz dann erneut Anschluß an die politische Kultur. Über Schuld und Schuldgefühle zu reden macht befangen. „Kein Deutscher hat die Gnade, sich außerhalb dieser Befangenheit zu befinden." (Morshäuser 1992, S.14)

Zur intergenerativen Vermittlung von Schuldgefühlen

Bei Kontakten mit rechtsextremistischen jugendlichen Straftätern als psychologische Gutachterin verspürte ich in der Regel

* Als solche ist es der Magersucht bei jungen Frauen vergleichbar (Eisenberg, Gronemeyer 1993, S. 182).

**Es soll hier ausdrücklich nicht darum gehen, den jugendlichen Rechtsextremisten eine „Kollektivdiagnose" zu stellen (Kliche 1995, S. 110) etwa im Sinne von Julian S. Bielickis Borderline-Diagnose (Bielicki 1993). Doch darf das umgekehrt nicht heißen, daß jeder Anspruch auf psychoanalytische Verallgemeinerung aufgegeben wird. Vielmehr lassen sich gerade in der Adoleszenz Konflikte aufzeigen, die zwar ihre Genese in der politischen Kultur haben, die sich aber vermittelt über spezifische Gruppenstrukturen mit individuellen Dispositionen verbinden.

zunächst Angst und Abscheu. Ich fühlte mich bedroht und abgestoßen von ihrer körperlichen Erscheinung, dem herausfordernden Habitus und der starren Haltung. Männlich fand ich sie nicht und schon gar nicht schön oder attraktiv. Diese emotionale Ablehnung der Jugendlichen erschwerte Einfühlung und Anteilnahme. Wo das dennoch möglich wurde und der persönliche Kontakt sich intensiver gestaltete, entstanden Ohnmachtsgefühle wie Hilflosigkeit, Leere, Stumpfheit und Lähmung. Mit meiner anfänglichen Ablehnung reagierte ich wohl zunächst auf die in einer aggressiven Pseudo-Männlichkeit nach außen gekehrte psychische Destruktivität, also auf die Täterseite. Wenn aber das starre Körperbild und die "männliche Ersatzidentität" (Streeck-Fischer 1994, S.264) zusammengebrochen waren, erschien dahinter eine Opferseite: das Bild einer in ihrer Entwicklung behinderten und beschädigten Männlichkeit*.

Die Öffentlichkeit will diese Opferseite nur ungern akzeptieren. Immer lauter werden die Stimmen, die es ablehnen, die rechtsextremistischen Gewalttäter auch als psychisch kranke Menschen zu sehen (Bude 1993, S.446)**.

*Bielicki vereinfacht diesen Zusammenhang, wenn er behauptet: "Nazis und Faschisten sind psychisch allesamt kleine Mädchen geblieben (...), die von einem starken Mann überwältigt werden wollen und sich ihm hingeben möchten. (...) Alle Nazis, früher und heute, sind unreif gebliebene, pathologische kindliche Persönlichkeiten."(1993, S. 67) Zum einen diffarmiert er damit implizit kleine Mädchen und psychisch kranke Menschen, zum anderen setzt er eine kulturelle mit einer individuellen Pathologie gleich. Nicht zuletzt nivelliert er den politisch-historischen Unterschied zwischen der Bundesrepublik und dem Nationalsozialismus.

**In diesem Kontext bleibt allerdings zu betonen, daß auf politische bzw. kriminelle Handlungen auch politisch bzw. juristisch reagiert werden muß und daß Übertretungen der moralischen Ordnung auch als solche öffentlich benannt werden sollten. Nur sind die verschiedenen Reaktionsebenen auseinanderzuhalten.

Die an der Körperoberfläche sichtbare Täterseite verleitet das Gegenüber offenbar dazu, psychisch selbst in eine destruktive und totalitäre Angriffshaltung zu verfallen, die Opferseite dagegen ruft Schuldgefühle hervor. Es scheint dann, als beschädigte der jeweilige Gesprächspartner den Jugendlichen und nicht dieser sich selbst. Das Schuldgefühl kann leicht dazu führen, daß sich das Gegenüber von den Jugendlichen abwendet und sie psychisch wie sozial fallenläßt. Diese Haltung läßt sich auf einen intergenerativen Schuldkonflikt zurückführen, der nicht nur die Täter, sondern auch die Reaktionen erwachsener Gesprächspartner in einer demokratischen Öffentlichkeit betrifft.

Das innere Verbot der Anteilnahme und Einfühlung in die Täter ist historisch motiviert; es unterliegt dem moralischen Verdikt, das der Schuldzusammenhang des Nationalsozialismus begründet hat. Wenn man wie Hannah Arendt von einer „organisierten Schuld" und der „totalen Komplizität des deutschen Volkes" ausgeht (1948, S.34), dann läßt sich wohl auch von einer unbewußten Komplizenschaft im Schuldgefühl sprechen. Diese Verstricktheit ins Schuldgefühl resultiert aus der durch das Ideologem der Volksgemeinschaft geförderten psychischen Selbstpreisgabe an den totalitären Apparat, also an ein starres Regelsystem sowie an entlastende, pseudomoralische Normen und Ideologien. Vermittelt über den totalitären Herrschaftsapparat erhielt die suggerierte kollektive Symbiose - als narzißtische Identifikation mit einem diffusen Ganzen - eine psychische wie auch eine gesellschaftliche Realität.

Daß ein derartiger Autonomieverlust nicht nur die Schuld, sondern auch das Schuldgefühl entindividualisieren kann, erscheint um so plausibler, wenn man mit Freud ein gemeinschaftlich ausgebildetes „Kultur-Über-Ich" unterstellt, „unter dessen Einfluß sich die Kulturentwicklung vollzieht" (1930, S.501f.). Im Nationalsozialismus war dieses Kultur-Über-Ich durch eine Pseudomoral korrumpiert.

Zwar sind deren im Kern amoralische Normen in der Bundesrepublik inzwischen wohl durch demokratische Strukturen substituiert worden. Aber das Kultur-Über-Ich sieht sich nach wie vor einer psychischen Verstrickung in die reale historische Schuld des Nationalsozialismus konfrontiert. Sie setzt sich immer noch fort als unbewußtes, nachhaltig wirksames Schuldgefühl, das von der politischen Öffentlichkeit neben der realen historischen Schuld zu verarbeiten ist (Schwan 1993).

Freilich, eine Kollektivpsyche im Sinne eines kollektiven Unbewußten kann es nicht geben und sollte auch nicht behauptet werden. Denn weil das Unbewußte ja ins Somatische, Vorkulturelle zurückreicht, hieße das, ähnlich wie die Ideologie der Nationalsozialisten, einen Volkskörper zu unterstellen. Die kollektiven Schuldgefühle können sich also nur in den Individuen oder in den psychosozialen Beziehungen zwischen ihnen konstituieren und äußern. Daß trotz des gleichsam demokratisch erneuerten Kultur-Über-Ich die (öffentliche wie private) Konfrontation mit dem Nationalsozialismus in Deutschland immer noch schwierig ist, zeigt sich daran, daß im öffentlichen Diskurs häufig Schuldvorwürfe und Schuldgefühle eine wichtige Rolle spielen: „Wer spricht oder schweigt, ist verwickelt und befangen" (Morshäuser 1992, S.115). Diese Befangenheit betrifft vor allem auch das Verhältnis zwischen den Generationen.

Werner Bohleber (1994), Lena Inowlocki (1992) und Ellen Reinke (1992) haben in Interpretationen von empirischem Material nachgewiesen, daß Schuldgefühle ihrerseits einem Generationentransfer unterliegen und dabei eine „tiefe Kommunikationsstörung" (Bohleber 1994, S.83) hervorrufen. Was die Eltern der Kriegsgeneration an sich selbst ablehnten, übertrugen sie auf die Kinder, um sich zu stabilisieren (Bohleber 1994, S.79; Eckstaedt 1992, S. 296ff.). Da diese historische Schuld in ihrer totalitären Form das Individuum psychisch zu vernichten droht, kann das Individuum sie wohl nur schwer anerkennen bzw. trauernd verarbeiten. Sie muß vielmehr abgewehrt werden. Eine Möglichkeit der Abwehr besteht darin, die Schuldgefühle auf die eigenen Kinder zu projizieren und dort (moralisch) zu verfolgen (Reinke 1992, S.139). Das löst bei den Kindern wiederum Wut und Schuldgefühle aus, die dann umgekehrt auf die Eltern zurückprojiziert werden.

Kollektiven

Dieser intergenerative Konflikt kann sich in zwei Richtungen zuspitzen: Die Betroffenen reproduzieren entweder die psychische Position der Opfer oder die der Täter. Im ersten Fall identifizieren sie sich mit dem Angreifer, introjizieren die moralische Instanz als verfolgende und zerstören sich selbst. Im zweiten Fall projizieren sie das verfolgende Destruktive, werden (da sie sich verfolgt fühlen) selber zu Verfolgern und zerstören andere. „Persekutorische Schuldgefühle", wie Chasseguet-Smirgel sie nennt (1992, S.151), verweisen also auf ein Übermaß an nicht integrierter, verfolgender Destruktivität, die sich an die nächste Generation weitervermittelt und in ihr wiederum zerstörerisch wirken kann.

Wenn man wie Freud davon ausgeht, daß sich besonders bei „jugendlichen Verbrechern, ein mächtiges Schuldgefühl nachweisen" läßt, das bereits „vor der Tat bestand, also (...) deren Motiv ist" (1923, S.282), dann ist zu vermuten, daß es auch bei rechtsextremistischen Gewalttätern eine Rolle spielt*. Während Freud die kriminalisierende Wirkung des Schuldgefühls auf einen ödipalen Konflikt bezieht, führt Melanie Klein sie zurück auf ein grausames prägenitales Über-Ich, das der „ersten oralen Objektintrojektion" entstammt und das Selbst wie die Objekte mit oraler Destruktivität attackiert (Klein 1933/1985, S.92f.). Diese Destruktivität stellt sich dar als zerstörerischer Objekt-

* Lena Inowlocki zeigt, wie rechtsextremistische Gruppenkulturen „Folien" bereitstellen, innerhalb derer die eigenen biographischen Erfahrungen mit denen der Eltern- und Großelterngeneration verbunden und zu neuen Deutungsmustern umgearbeitet, also „reschematisiert" und „rekategorisiert" werden (1992, S.60ff.).

hunger, der ursprünglich dem mütterlichen Objekt gilt.

Menschliche Fortpflanzung ist Geschichte in actu und in nuce. Wenn aber mit der Geburt in den unbewußten Phantasien der Mütter auch historische Schuld fortgezeugt wird, dann können sie zu Rachegöttinnen der Geschichte werden. Im Versuch, sich gerade davon fernzuhalten und sich in ihren guten, friedlichen Anteilen zu bestätigen, werden sie ihre eigenen Schuldgefühle in die Kinder projizieren und dort bekämpfen. Diese werden unbewußt als Ungeheuer wahrgenommen, die der Mutter das Gute entreißen wollen und die deshalb in ihrem Objekthunger abgewiesen werden. Die Kinder empfinden dann ihrerseits ihre positiven Beziehungswünsche als böse und bekämpfen sie ebenso wie das als Angreifer empfundene Objekt. Die Beziehungen wie auch das Selbstbild werden so von destruktiven Regungen gleichsam kontaminiert.

Später wird der destruktive Objekthunger auf den Vater verschoben und behindert somit auch die ödipale Entwicklung. Durch die archaische Aggressivität und die frühen Objektrepräsentanzen erhält das innere Bild des Vaters „furchterregende, überwältigend gefährliche und destruktive Züge", was die Über-Ich-Bildung behindert (Kernberg 1992, S.41f.). Das Über-Ich kann seine Funktion nicht ausreichend ausüben, „Wächter über die Annahme der ödipalen Wirklichkeit zu sein - d.h. darüber, daß das Inzesttabu und das Mordverbot geachtet und gefürchtet werden." (Wurmser 1987, S. 217) Daß entsprechend an der frühen Mutterbeziehung festgehalten wird, beeinflußt auch die Auseinandersetzung mit dem Vater. Der Objekthunger intensiviert sich aufgrund der behinderten Autonomieentwicklung; zwar wird versucht, das böse männliche Objekt auszustoßen und es entweder zu idealisieren oder mit phallischer Aggressivität zu vernichten, aber das Objekt muß immer wieder re-introjiziert werden, damit das Selbst nicht verschwindet oder sich vernichtet fühlt.

In der Adoleszenz erscheint der Objekthunger dann als Hunger nach Männlichkeit *und* kultureller Orientierung. Peter Blos geht im Hinblick auf die Adoleszenz generell von einem gesteigerten „Objekthunger" aus, da den elterlichen Objekten zeitweilig die Besetzung entzogen werden muß, um sie (nach einem narzißtischen „Durchgangsstadium") auf erwachsene Objekte übertragen zu können (1992, S.108f.). Bei den rechtsextremen Jugendlichen bleibt dieser Objekthunger an die destruktiven Repräsentanzen der frühen Kindheit gebunden, weil bei ihnen das Über-Ich auf einen archaischen, quasi vorkulturellen Schuldkonflikt fixiert ist. Dessen destruktive Kraft kann nicht in Richtung auf eine positive, genitale Männlichkeit, also auf reife Objektbeziehungen und ein autonomes Über-Ich überwunden werden. Es wird lediglich durch die Identifikation mit einem pseudo-männlichen Gruppen-Objekt, also durch ein erweitertes narzißtisches Größen-Selbst in Schach gehalten.

Der Objekthunger bleibt mithin kein individuelles, psychisches Problem, sondern er unterliegt einer „Interaktionsdynamik" (Funke 1995, S.39) mit größeren sozialen Zusammenhängen. In der Adoleszenz, in der Psychisches, Soziales und Körperliches besonders stark aufeinander bezogen sind (Flaake 1992, S.13), verbinden sich auch die individuellen Konflikte mit dem als männlich definierten Kulturprozeß. Entsprechend kann sich der intergenerative Schuld-Konflikt individuell wie kollektiv, psychisch wie kulturell manifestieren. Wie das Über-Ich, so ist nach Freud auch die Kultur insgesamt durch Auseinandersetzungen zwischen Männern bestimmt. Im jugendlichen Rechtsextremismus liegt die männlich definierte Kultur in einem grundlegenden Konflikt mit sich selbst; ausgetragen wird er jedoch nicht in der Sphäre des Über-Ich, also der Moral und der kulturellen Normen, sondern am Körper und am Ichideal, also in der Sphäre des primären Narzißmus und seiner Auflösung hin zur Objektliebe. Nicht nur das Ich ist ursprünglich ein Körper-Ich, sondern vermittelt über das Ichideal und das Selbst reicht auch das Über-Ich in den Körper zurück. Konflikte in der politischen Kultur lassen dementsprechend das Körperbild und die Geschlechtsidentität nicht unbeeinflußt: „Überall dort, wo Bewußtsein verstümmelt ist," sagt Adorno in „Erziehung nach Auschwitz" „wird es in unfreier, zur Gewalttat neigender Gestalt auf den Körper und die Sphäre des Körperlichen zurückgeworfen" (1966, S.91f.).

Das Ichideal: Zwischen Körper, Kultur und Geschichte

Der psychische Ort, an dem dieser Rückfall vom Individuellen zum Kollektiven lokalisiert werden kann, ist das Ichideal. Denn weil es, wie Freud betont, „außer seinem individuellen einen sozialen Anteil" hat, führt von ihm aus „ein bedeutsamer Weg zum Verständnis der Massenpsychologie" (1914, S.169). Lutz Rosenkötter entwickelt die These, daß viele Jugendliche aufgrund eines elterlichen Ichideals, das durch den Nationalsozialismus korrumpiert sei, selbst ein „infolge von Regression, Hörigkeit und Verleugnung" defizientes Ichideal besäßen (1981, S.594f.). Dessen regressive Anteile, die nach Chasseguet-Smirgel darin bestehen, daß es ein „Versprechen auf eine Rückkehr zur Urverschmelzung" mit der (in diesem Fall ja rächend verstrickten) Mutter wachhält (1981, S.49), verbinden sich mit progressiven Tendenzen. Progressiv wirkt das Ichideal, insofern es das Selbst mit dem Kulturprozeß vermittelt. Fügt es sich einem autonomen Über-Ich ein, so wirkt das als soziale Bindungskraft, die ermöglicht, daß die gesellschaftlichen Normen und Werte dem Individuum nicht äußerlich bleiben, sondern von ihm als Teil seines Selbst wie der Objekte akzeptiert und produktiv weiterentwickelt werden können. In dieser Funktion wirkt es auch als psychischer Transmitter des historischen und politischen Selbstverständnisses eines Kollektivs.

Die bundesdeutsche Nachkriegsgesellschaft hat im Gegensatz zu anderen Kulturen weder ein vernünftiges Selbstbewußtsein noch ein positiv narzißtisch besetztes Männlichkeitsideal entwickeln können. Unsere Vorstellung von Männlichkeit ist an das historische Schuldgefühl und ein negativ-narzißtisches Selbstbild fixiert. Das erscheint auf den ersten Blick für die Gegenwart wenig plausibel. Denn anders als während der Aufbauphase der Bundesrepublik, in der die Körper der alten Männer in graues Tuch gehüllt waren, das Zerfall und Depotenzierung nur mühevoll verdeckte, dominieren heute Bilder schöner Männer die Öffentlichkeit. Sie lassen erkennen, daß unsere Gesellschaft gegenwärtig Männlichkeit nicht kulturell und objektbezogen konnotiert, sondern über einen phallisch-narzißtisch aufgeblähten Körper und seine aller Berührung wie Verantwortung entrückte Ästhetisierung.

Die grauen alten Männer sind nicht mehr die Norm, zelebriert wird der jugendlich straffe, body-gebuildete und disziplinierte, zum griechischen Schönheitsideal getrimmte Körper. Und wo der nicht vorhanden ist, müssen maßgeschneiderte Anzüge nachhelfen. Es könnte so aussehen, als seien damit Männlichkeitsideale ähnlichem sozialem Druck unterworfen wie seit langem schon die Ideale der Weiblichkeit, wenn nicht die männliche Aggression schon am Körper selbst nach außen träte. Muskulöse Männerkörper verbieten die Berührung und weisen alles Weiche, Hingebungsvolle ab. Begleitet werden sie vom Lächeln stahlharter Jacketkronen, das Baba-Jaga, der russischen Hexe mit den Eisenzähnen, alle Ehre machen würde. Aber während diese Hexe als Kind ihre Eltern verspeist, haben die modernen Männer die eisernen Vorväter in ihr Körperbild aufgenommen (Theweleit 1977).

Folgt man der These Mitscherlichs, daß unsere bundesdeutsche Nachkriegs-Gesellschaft dabei ist, vaterlos zu werden (1963/1992), so fragt sich, warum er nicht auch von einer männerlosen Gesellschaft spricht. Der Vater ist ja auch und zunächst ein Mann. Das nämlich würde heißen, daß uns Bilder von Männlichkeit fehlen, die idealisiert und ins Körperbild integriert werden können. Es läßt sich annehmen, daß es der Adoleszenz in der vaterlosen Nachkriegsgesellschaft immer auch um eine Wiederherstellung beschädigter Männlichkeit gehen muß. Freilich eine mit falschen und wirkungslosen Mitteln; denn sie baut auf Konflikten zwischen dem auf, was sie eigentlich wieder herstellen will: zwischen Über-Ich, Ichideal und Körper-Selbst.

Rechtsextreme Jugendliche zeigen eine starke „Sehnsucht nach idealisierten männlichen Vorbildern" (Hardtmann 1995, S.106). Doch heften sie diese Sehnsucht nicht an reale oder zumindest präsente Personen. Neonazis identifizieren sich ja nicht mit einem konkreten, lebendigen Führer-Ideal, sondern mit Toten (wie Hitler und Heß) und mit einer historischen Situation, die eine narzißtische Kränkung, nämlich den Verlust des Krieges, der nationalen bzw. persönlichen Selbstachtung und der moralischen Integrität hervorgebracht hat. Ihre Phantasien verkehren die Kränkungen jedoch ins Gegenteil: Verlust in Sieg, Kleinheit in Größe, Beschädigung in Heilsein, Einsamkeit in Gemeinschaft. Das derart phantasierte positive Ichideal dient zwar dem Ausgleich zwischen Selbst- und Objektlibido, d.h. es phantasiert sich ein gutes, starkes Selbst und ein gutes Objekt, wo sonst keines oder nur ein schlechtes, als destruktiv empfundenes wäre. Aber beide bleiben unbefriedigend, inkonsistent, widersprüchlich und irreal. Männlichkeit soll restituiert werden durch den Entwurf eines Ichideals, das keine reale Entsprechung hat, sondern das anhand von Erinnerungsfetzen aus der Geschichte gleichsam zusammenphantasiert wird. Mit Hilfe von Parolen, Emblemen und Bildern wird es symbolisch aktualisiert und auf Dauer gestellt (Kohlstruck 1995).

Historische Ferne und starre Rituale schützen vermeintlich vor den Gefahren, die eine reale Konfrontation mit der Männlichkeit bedeuten würde. Denn in der Adoleszenz muß die ödipale Auseinandersetzung so zu Ende geführt werden, daß der junge Mann den Platz des Vaters einnehmen kann. Der Ödipuskonflikt wird also nicht nur wiederbelebt, sondern sogar noch verschärft. Unter dem Einfluß der archaischen, destruktiven Repräsentanzen erscheint die ödipale Kastrationsdrohung ohnehin schon als übermächtig, sadistisch und vernichtend. Der Versuch, sie durch die „Regression auf eine Wunsch- und Phantasiewelt" abzuwehren (Hardtmann 1995, S.105), muß scheitern, weil auch diese nicht von dem destruktiven Objekthunger freigehalten werden kann.

Da das Ichideal sich an keinem stabilen Über-Ich zu orientieren vermag, das es an der Realität überprüfen und ihm Stabilität wie Dauer verleihen könnte, muß es auf andere Weise festgehalten werden; es muß einverleibt und im (oder am) eigenen Körper wiedererrichtet werden, wenn es nicht von den destruktiven Angriffen des archaischen Über-Ich vernichtet werden soll. Das Schlechte, das am eigenen Selbstbild haftet, wird mit Hilfe einer historisch verfemten und toten Männlichkeit am Körperselbst narzißtisch gebunden. Nicht selten verkehrt sich der Haß auf den abwesenden Vater in eine identifikatorische Bindung an die Großväter (Streeck-Fischer 1992, S. 761; Bohleber 1994, S.74). Freilich orientiert sich auch diese Identifikation weniger an der realen Person, denn vielmehr an schablonenartigen, kompensatorischen Idealvorstellungen. Als das Bild eines stahlharten Urvaters, der nicht wie der eigene Vater narzißtisch depotenziert wurde, scheint das Ichideal des faschistischen Mannes in das Körperbild gerettet, gleichsam in Stein gehauen. Aber das Denkmal bekommt bald schon Risse.

Da das im Körper festgehaltene und stillgestellte Objekt ein schlechtes, böses Objekt bleibt, kann es dort nicht ruhig sein, sondern entfaltet weiter seine destruktiven Kräfte. Nicht Schönheit, Heilheit und Ganzheit, sondern Verstümmelungen und Verzerrung des Körperschemas werden von den rechtsextremen Skins inszeniert, wenn sie ihr Äußeres durch Gegenstände wie Baseballschläger,

Doc-Martin-Stiefel und Bomberjacken verzerren oder zu vergrößern suchen. Der Körper wird nicht wie in der weiblichen Magersucht ausgehungert und seiner Geschlechtlichkeit beraubt, sondern er wird aufgeblasen, zerstochen, verunstaltet, verzerrt, etc.. Seine Männlichkeit bleibt an den archaischen Objekthunger gebunden, der zwar Beziehungen will, der aber zugleich das Selbst wie auch das Objekt zu zerstören sucht. Die Selbstdestruktion betrifft aber jeweils nur Teile des eigenen Körpers. Als ganzer soll er gestärkt und unversehrt aus den Attacken hervorgehen, während die anderen sich als zerstörbar erweisen müssen.

Daß das als böse empfundene Objekt am eigenen Körper weiter bekämpft wird, stört die fragile psychische Balance, die durch die Einverleibung und Idealisierung errichtet wurde. Um das Selbstbild eines stählernen, unbesiegbaren Körpers gegen die destruktiven Attacken aufrechterhalten zu können, muß das böse Objekt wieder ausgestoßen werden. Auf äußere Objekte projiziert, wird es nun an fremden Körpern totalitär verfolgt, d.h. bis zu deren Vernichtung. Damit verbindet sich der Wunsch, den rächenden Verfolger, wenn er schon nicht am eigenen Leib gebannt werden kann, immerhin am fremden Körper unschädlich zu machen, um selbst psychisch wie physisch überleben zu können.

In der Regel sind die individuellen Gewaltausbrüche eingebettet in kollektive Szenarien rechtsextremer Gleichaltrigengruppen. Zwar werden in der Adoleszenz generell die individuellen, prägenitalen Konflikte auf die genitale Ebene verschoben und sozial kollektiviert, aber hier geschieht dies auf eine besondere Weise. Mit dem Hunger nach Männlichkeit wird eine individuelle Pathologie auf eine größere Gemeinschaft, auf die Gleichaltrigengruppe übertragen bzw. zu einer kulturellen Pathologie erweitert. In der Gruppe kann die depotenzierte Männlichkeit sich eine kollektive Scheinpotenz schaffen, indem sie in wechselseitiger narzißtischer Spiegelung ihre Potenz steigert. Hinter der ödipal-männlichen Fassade wird im Gruppen-Selbst jedoch in erster Linie ein prägenitales mütterliches Objekt konstelliert. Der Männerbund bildet ein *kollektives* Selbst-Objekt, in dem Rettung vor den destruktiven Impulsen durch wechselseitige Identifikation und Kontrolle gesucht wird (Winnicott 1946, S.153). Der Objekthunger äußert sich hier als Hunger nach einem positiven, steuernden Objekt, das vor der eigenen Destruktivität schützt.

Der Hunger nach Männlichkeit enthält also auch Wünsche nach positivem Selbstgefühl, psychischer Orientierung, sozialer Anerkennung und kulturellem Halt. In ihm überträgt sich der an der Mutter und später auch am Vater enttäuschte Hunger nach einem guten Objekt auf ein durch die Gruppe erweitertes Selbst-Objekt. Mit Hilfe eines einheitlichen, narzißtisch besetzten Ichideals können die Triebe zeitweilig gesteuert, mit Hilfe eines Gruppenbildes von Männlichkeit kann das Selbstgefühl minimal reguliert und durch Schaffung einer Innen-Außen-Differenz können archaische, persekutorische Schuldgefühle temporär in Schach gehalten werden. Das böse Objekt wird nach außen, auf „das Fremde" projiziert und dort als Verfolger verfolgt. Daß dies keine stabile Balance bleiben kann, liegt nahe; denn der Verfolgte muß als vermeintlicher Verfolger ja immer wieder reintrojiziert werden.

Zwar wird die fragile Struktur zunächst durch die körperliche Uniformität, die ebenso starren wie äußerlichen Ideologien und rigiden Gruppennormen in Schach gehalten. Aber unter der männlichen Schein-Identität verbirgt sich die psychische Abhängigkeitsstruktur, so daß die destruktiven Spannungen in der Gruppe als ganzer weiterwachsen können wie in einem erweiterten Körper-Selbst. So wenig wie der eigene Körper kann die Gruppe ganz von den destruktiven Impulsen freigehalten werden. Im Gegenteil: In ihr herrscht meist ein Klima von Langeweile, „Enthemmung, Brutalisierung und eruptiver Entladung" (Anselm 1994, S.150). Aufgrund ihrer Abhängigkeitsstruktur kann die Gruppe die destruktiven Spannungen nicht kulturell umwandeln; sie können nur so lange unter Kontrolle gehalten werden, wie sie nicht ins Unerträgliche steigen.

Ist das der Fall, dann müssen sie wieder nach außen in eine Gewalttat abgelenkt werden, um das Gruppen-Selbst zu schützen. Die Tat, die meist mit einem (durch Alkohol verstärkten) Kontrollverlust einhergeht, läßt zwar einen Zusammenbruch der Struktur zu, schützt aber zugleich die Gruppe vor seinen Folgen. Zudem kann durch die „gemeinsame Tat" eine gewisse „positive Gemeinsamkeit" wiedererlangt werden (Anselm 1994, S.150f.). Die Identifikation innerhalb der Gruppe, die Projektion und die gemeinschaftliche Abfuhr gewalttätiger Impulse nach außen dienen also der Kontrolle destruktiver Triebanteile und dem Schutz des Gruppen-Ichs wie der Gruppen-Realität. Auf diese Weise kann ein (im Sinne Melanie Kleins) verfolgendes Über-Ich durch Gemeinschaftsbindung zumindest ansatzweise kulturell gebunden werden.

Rechtsextremismus, Adoleszenz und politische Kultur

In den Taten rechtsextremistischer Jugendlicher äußert sich also gerade nicht die Kraft politischer Programmatik, sondern ein archaischer Über-Ich-Konflikt. Der verbindet sich mit dem intergenerativ vermittelten, historisch-politischen Schuld-Konflikt und verleiht ihm auf eine Weise erneut Geltung, die vor allem etwas über die Funktion der männlichen Adoleszenz für unsere bundesdeutsche Nachkriegsgesellschaft aussagt. Denn der familial begründete, individuelle Über-Ich-Konflikt findet in der Gleichaltrigen-Gruppe rechtsextremer Jugendlicher Anschluß an die politische Kultur: Indem er psychisch der Gruppe eingegliedert und dort ideologisch überformt wird, verbindet er sich mit der historischen Schuld und dem Schuldgefühl der Deutschen.

Nun fällt an den zahlreichen qualitativen Interviews und Fallstudien der letzten Jahre aber auf, daß jugendliche Gewalttäter so wenig ein Bewußtsein wie ein Gefühl ihrer Schuld zu besitzen scheinen (Farin / Seidel-Pielen 1993; van Dijk 1993; Bergmann / Leggewie 1993). Vorurteile und Feindbilder erscheinen inkonsistent, und der politische Gehalt der Gewalttaten bleibt merkwürdig fern und detachiert. Das politische Bewußtsein, die rechte Ideologie wie auch die Moral der jugendlichen Täter erscheinen in Motivation, Form und Inhalt äußerlich, disparat, zerfallen und inkonsistent. Zu Recht sprechen Bergmann und Leggewie von einer „flachen Tatmotivation" und von der „moralischen Sturheit" der jugendlichen Gewalttäter (S.22). Moralische Sturheit verweist zwar auf die Uneinsichtigkeit der eigenen Schuld gegenüber, das heißt aber nicht, daß überhaupt keine Moral anerkannt wird. Im Gegenteil: Die Moral der Jugendlichen ist zwar, wie die beiden Autoren zeigen, einerseits „in einzelne Teile zerfallen" (S.24), überträgt aber andererseits äußerst rigide die Struktur der gesellschaftlichen Normen und Orientierungsmuster auf den Binnenraum der Gruppe. Sie bleiben jedoch äußerlich und entsprechen in ihrer inkonsistenten Struktur eher dem dissoziierten Körperbild und Ichideal. Das Schuldgefühl kann deshalb nicht bewußt und moralisch verarbeitet werden, weil seine archaische Destruktivität zunächst am eigenen Körper bzw. an der Gruppe gebunden und dann an den Körpern anderer exekutiert wird; es bleibt demnach dem Bewußtsein entzogen. Die Gruppenbindung übernimmt zwar die schützende Funktion der gesellschaftlichen Moral, ohne sich aber psychisch auf ihrem Niveau zu befinden.

Wenn Kultur Freuds Theorie entsprechend generell auf Schuldgefühlen aufbaut, dann müssen Jugendliche es in jedem Fall lernen, mit der jeweiligen kulturellen Organisation des Ge-

* Diese Lösung erfordert es idealiter, die vorgegebenen Rollenidentitäten zu einer (autonomen) Ich-Identität zu integrieren, ein nicht personal, sondern kulturell gebundenes Über-Ich und eine sichere Geschlechtsidentität zu entwikeln.

wissens, der Schuldgefühle und der Schuld zurechtzukommen. Denn die Adoleszenz stellt dem Individuum, wie Blos (1973), Erdheim (1988), Erikson (1966), Habermas (1983) (1976) u.a. gezeigt haben, die Aufgaben, sich von der Familie zu lösen und sich der Kultur mit ihren psychosozialen Anforderungen an Bindung und Autonomie einzuordnen*. Sie folgt demnach mehr als andere familiär ausdifferenzierte Entwicklungsphasen den Mustern, die eine Kultur insgesamt vorstrukturiert, und ist ihr besonders verpflichtet. Denn in dieser Phase muß jede Generation ein Selbstverständnis als 'neue' Generation, welche die alte ablöst, entwickeln, um die gesellschaftliche wie historisch-politische Verantwortung von der Elterngeneration übernehmen zu können.

Jugend als abgegrenzte quasi gesellschaftlich exterritoriale Lebensphase ist ein Pro- dukt der Moderne. Traditionale Gesellschaften oder „kalte Kulturen" betonen nach Erdheim (1984, S.284ff.) eher die Kontinuität und setzen lediglich Zäsuren bzw. markieren Übergänge durch Initiationsrituale. In modernen Gesellschaften oder „heißen Kulturen" hat die Adoleszenz ihm zufolge die doppelte Aufgabe, „neue Perspektiven" zu suchen und „Kontinuität zu wahren" (1984, S.296). Das setzt voraus, daß Werte und Ideale gefunden werden, die innovative Kraft besitzen und doch mit denen der vorangegangenen Generation vermittelt werden können. Während traditionale Gesellschaften Kontinuität durch Initiation fortsetzen, müssen moderne Gesellschaften individuelle Leitbilder oder Leitideen zur Verfügung stellen. Im Idealfall sind es solche Vorbilder, die den einzelnen die Ablösung von den Ichidealen bzw. den inneren Objekten ihrer ödipalen und präödipalen Phase erlauben.

Sie stehen im Dienst der von Bloss (1992) so genannten narzißtischen Durchgangsphase. Denn sie verhindern, daß die Libido, wenn sie von den Objekten der frühen Kindheit auf das eigene Ich zurückgenommen wird, zum primären Narzißmus regrediert. Sofern die narzißtische Libido in der adoleszenten Durchgangsphase kulturell verallgemeinerten Selbstobjekten identifikatorisch zugeführt werden kann (etwa Filmstars, Fußballern etc.), muß es bei diesem „transitorischen Narzißmus" (Blos 1992, S.109) nicht zu einem sekundären, pathologischen Narzißmus im Freudschen Sinne, also einer völligen Verarmung der Objektlibido, kommen. Denn diese Vorbilder übernehmen die Funktion innerer, steuernder Objekte, die psychische Autonomie und soziale Verantwortung fördern. Als kulturelle Leitbilder sind sie in patriarchalen Gesellschaften traditionell männlich konnotiert. In Deutschland ist eine solche positiv narzißtische Besetzung von Männlichkeit jedoch nur schwer möglich.

Adorno (1959, S.135) sowie Alexander und Margarete Mitscherlich (1967, S.75f.) zufolge ist das Ichideal der bundesdeutschen Gesellschaft noch an das gebunden, was die Person Hitlers zu verkörpern schien: einen grandiosen Narzißmus. Zugleich unterliegt es, wie sie meinen, einer narzißtischen Kränkung, die noch in der Demokratie auf Restitution drängt. Dem läßt sich allerdings hinzufügen, daß nicht nur faschistische Gesellschaften kollektive Ichideale hervorbringen. Insofern das Ichideal das Selbstbewußtsein der folgenden Generation begründet, knüpft es an die narzißtische Organisation des adoleszenten Ichideals in der Elterngeneration an. Freuds Analyse der Massenbildung qua Internalisierung eines Ichideals und Identifikation der Mitglieder in ihrem Ich (1921, S.128) gilt auch für Demokratien. Nur muß dieses Ichideal kollektiv wie auch pluralistisch sein und das Objekt der Identifikation muß demokratisch legitimierte, allgemeine Ideen repräsentieren. Als solches kann es dann im Sinne Erdheims ermöglichen, Innovation mit Tradition bzw. Kontinuität zu balancieren.

Das ist freilich eine prekäre Balance, die sich seit dem 18. Jahrhundert zunehmend in Richtung auf den Innovationsdruck verschoben hat. Ersetzt in modernen Gesellschaften die Adoleszenz als „Statuspassage" (zwischen

Zwang zur Freiheit und Selbsterfindung

Familie und Gesellschaft) bzw. als „psychosoziales Moratorium" (zum Experimentieren mit unterschiedlichen Lebensformen) die Initiationsrituale, so geschieht das weniger, um die Jugendlichen in gesellschaftliche Traditionen einzuweihen (Döbert, Nunner-Winkler 1975, S.16, S. 60f.; Erikson 1992, S.257). Vielmehr ist die Adoleszenz zu einem verpflichtenden Freiraum geworden, in dem die Jugendlichen, wie Blos sagt, „in eine selbstgewählte und selbstgeschaffene Lebensform hineingezwungen" werden (1973, S.23).

Die Jugend soll stellvertretend ausleben, was die Gesellschaft sonst verwehrt: Experimente mit Beruf und Lebensstilen, Körperlichkeit, narzißtische Bedürfnisse etc.. Das bedeutet jedoch gerade keine glorifizierte Unterforderung durch die Erwachsenengesellschaft, wie Engler behauptet (1993, S.127). Vielmehr ist eine Überforderung durch narzißtischen Leistungsdruck festzustellen. Zwar fehlt es den gesellschaftlichen Anforderungen in der Tat an der nötigen Struktur und Eindeutigkeit, aber sie überfrachten und überlasten die Jugend mit der Erwartung, Innovation, Vitalität, Spontaneität, etc. verkörpern zu sollen.

Nun tendieren zwar moderne Gesellschaften wohl generell dazu, die Jugend zu ihrer narzißtischen Stabilisierung zu mißbrauchen. Aber die bundesdeutsche Gesellschaft tut das um so mehr, als ihr nationales Selbstbewußtsein und dessen Tradierung von einer Generation zu nächsten durch die massiven Schuldgefühle gestört ist. In Deutschland konnte sich aufgrund der historischen Erfahrungen kein positiv-narzißtisches Ichideal entwickeln. In der Jugend hat sich die bundesdeutsche Nachkriegsgesellschaft aber ein Ichideal geschaffen, das sie von ihren Schuldgefühlen und dem negativ narzißtischen Selbstbild befreien soll.

Resultat ist, daß die Alten sich so lange wie möglich mit der Jugend identifizieren; denn wer alt ist, gerät auf die Seite des negativen Narzißmus. Das heißt aber nicht, daß das von Engler konstatierte „Einverständnis zwischen den Generationen" wirklich existiert (1993, S.126). Denn die Jugend ihrerseits muß mit dem Alter in Konflikt geraten, um ihrer strukturell geforderten Rolle als „Innovativkraft" gerecht werden zu können. Daß das Verhältnis zwischen den Generationen zum gesellschaftlichen Konflikt gerät und als Bruch mit den Eltern begriffen wird, ist freilich auch ein Spezifikum der Moderne mit ihrem generalisierten Anspruch auf das immer wieder neue Neue. Es trifft bereits auf die erste Jugendbewegung dieses Jahrhunderts zu. Aber: Daß dieser Bruch nicht zu kitten zu sein scheint und das öffentliche Bewußtsein immer wieder (1968 wie 1990) auf den Nationalsozialismus zurückzwingt, ist das Spezifikum einer Fixierung der Adoleszenz auf den historischen Grundkonflikt in unserer postfaschistischen deutschen Gesellschaft. In dem Generationenbruch kehren die idealisierend abgewehrten destruktiven Schuldanteile der deutschen Vergangenheit wieder.

Mit der Idealisierung der elterlichen Objekte und durch Identifizierung übernimmt jede Generation einen Teil des (positiven wie negativen) Selbstbildes der vorangegangenen. Die Nachkriegsgeneration identifiziert sich dabei aber mit einem Ideal, das sie zugleich moralisch ablehnt. Das bundesdeutsche Ichideal entspricht nicht den moralischen Normen der demokratischen Gesellschaft: Ichideal und Über-Ich fallen auseinander*. Damit aber ist der kulturelle Narzißmus eines kollektiven Selbstbildes in seinem Gleichgewicht gestört. Das gilt vor allem für das Selbstverständnis der Männer, die ja ihre Täterschaft, d.h. ihre Teilhabe an der vorkulturellen, destruktiven Aggressivität des Nationalsozialismus direkter in ihr Ichideal zu integrieren haben als die Frauen. In den Leitbildern rechtsextremer Jugendlicher bricht die in ihrem Narzißmus beschädigte Männlichkeit unserer Gesellschaft stellvertretend mit sich selbst. Soll die Jugend die generativ gestörte Selbstliebe wieder in die Ba-

* Das heißt auch, daß die ethischen Normen mit unseren Selbst-und Objektrepräsentanzen in Konflikt geraten.

lance bringen, so verweigert sie das durch den Rückgriff auf verfemte männliche Idealbilder.

Zwar kommen die jungen Männer ihrer gesellschaftlich definierten Funktion, das in der Generationenfolge beschädigte Selbstbild der politischen Kultur zu restituieren, rein formal nach. Aber die Restitution wird durch einen Rückgriff auf das Tabuisierte, Häßliche, Alte und Grauenvolle versucht. Damit halten die rechtsextremen Jugendlichen der Gesellschaft einen Spiegel nach Art des Dorian Gray vor: Auf der Flucht vor den übermächtigen Heilserwartungen der Alten und der Zumutung, das Junge und Neue repräsentieren zu müssen sowie in Ermangelung positiv männlicher Vater-Ideale greifen sie auf das grauenerregende Ichideal der Großvätergeneration zurück und erklären gerade das Tote zum Sinn ihres Lebens. Damit wird zugleich auch die narzißtische Zumutung attackiert, auf welche die postfaschistische deutsche Kultur die Jugendlichen festzulegen sucht. Die von rechtsextremen Jugendlichen inszenierten Angriffe auf ihren eigenen Körper und auf die gesellschaftlich akzeptierten Männlichkeitsideale können mithin als symbolische Attacken auf die generative Überforderung gelten. Sie bedeuten auch einen Angriff auf die männlich definierte Kultur: Statt kulturell produktiv wird die Aggression kulturell zerstörerisch gewendet.

Nun wird der jugendliche Rechtsextremismus in der soziologischen Forschung ja als politisches Orientierungsmuster bezeichnet und als Ausdruck der Individualisierung, der Enttraditionalisierung sowie eines Modernisierungsschubs gewertet (Heidtmeyer 1992) (Meltzer 1992). Läßt man die Problematik der ehemaligen DDR bzw. des „Modernisierungsrückstandes" in den neuen Bundesländern (Heidtmeyer 1992a) außer acht*, so bleibt fraglich, warum derzeit in einer relativ stabilen Demokratie wie der deutschen gerade Jugendliche politisch revisionistisch reagieren und gewalttätig werden. Döbert und Nunner-Winkler stellen fest, daß sich in der Adoleszenz „Legitimationskrisen" der Gesellschaft bzw. des politischen Systems aufgrund der „entwicklungspsychologisch bedingten Reifungskrise" (1975, S.60) besonders stark äußern. Verbindet man diese These mit der Freudschen Kulturtheorie, dann würde die je vorherrschende Form der Adoleszenzkrise wie ein Brennspiegel kultureller Konflikte wirken, sie also bündeln und übertreiben. Entgegen der These, der jugendliche Rechtsextremismus werde aus dem „Zentrum der Gesellschaft" immer wieder neu produziert (Heidtmeyer 1992, S.1) (Eisenberg, Gronemeyer 1993, S.166) und komme „mitten aus unserer Gegenwart" (Bude 1993, S. 444), meine ich, daß er als Symptom einer historisch begründeten, nachhaltigen Krise unserer männlich konnotierten politischen Kultur aufzufassen ist. Die rechtsextremen Jugendlichen wären dann Symptomträger dieses intergenerativen Konfliktes bzw. einer kulturell „beschädigten Subjektivität" (Busch 1993, S.322).

Der Nationalsozialismus hat die generative Reproduktion der politischen Kultur in der Bundesrepublik nachhaltig gestört. Die Identifikation mit dem Schuldgefühl der ersten Generation führt bei der zweiten Generation zu dem Versuch, dieses Schuldgefühl wieder loszuwerden. Sie stößt dann das aus, was sie dorthinein wieder verstricken könnte und gibt es an die nächste Generation weiter. Diese, die dritte Generation, wird real schuldig, wo die zweite sich schuldig fühlt.

* Die These von Hans-Joachim Maaz, die „aufbrechende Radikalität und Gewalt in der ehemaligen DDR" könne man „als Symptom einer gewalttätigen Gesellschaft interpretieren" (1992, S. 123), trifft auf die Bundesrepublik sicher nicht zu und erscheint mir auch für die Problematik der ehemaligen DDR eher kurzschlüssig.

Literatur

Adorno, Th. W. (1966/1969): Erziehung nach Auschwitz. In: Stichworte. Kritische Modelle 2. Frankfurt (Suhrkamp).

Adorno, Th. W. (1975): Schuld und Abwehr. In:

Gesammelte Schriften 9. 2. Frankfurt (Suhrkamp).

Adorno, Th. W. (1959/1963): Was bedeutet Aufarbeitung der Vergangenheit? In: Eingriffe. Neun kritische Modelle. Frankfurt (Suhrkamp), S. 125-146.

Anselm, S. (1994): Primäre und sekundäre Motive für jugendliche Gewalttaten. In: Bergmann, W., Erb, R. (Hg.): Neonazismus. Rechte Subkultur. Berlin (Metropol), S. 143-154.

Arendt, H. (1948): Organisierte Schuld. In: Sechs Essays. Heidelberg (Europäische Verlagsanstalt), S. 33-47.

Battegay, R. (1987): Die Hungerkrankheiten. Unersättlichkeit als krankhaftes Phänomen. Frankfurt (Fischer).

Benz, W. (Hg.) (1994): Rechtsextremismus in Deutschland. Voraussetzungen, Zusammenhänge, Wirkungen. Erw. Neuausgabe. Frankfurt (Fischer).

Bergmann, J., Leggewie, C. (1993): Die Täter sind unter uns.Beobachtungen aus der Mitte Deutschlands. In: Kursbuch 113. Deutsche Jugend, S. 7-37.

Bielicki, J. S. (1993): Der rechtsextreme Gewalttäter. Eine Psycho-Analyse. Hamburg (Rasch und Röhring).

Birsl, U. (1994): Rechtsextremismus: Weiblich - männlich? Eine Fallstudie. Opladen (Leske & Budrich).

Blos, P. (1973): Adoleszenz. Eine psychoanalytische Interpretation. Stuttgart (Klett-Cotta).

Bohleber, W. (1990): Das Fortwirken des Nationalsozialismus in der zweiten und dritten Generation nach Auschwitz. In: Babylon 6, Heft 7, S. 70-83.

Bohleber, W. (1994): Autorität und Freiheit heute: Sind die 68er Schuld am Rechtsextremismus? In: psychosozial 56, 17. Jhg., Heft II/94, S. 73-85.

Buber, M. (1958): Schuld und Schuldgefühle. Heidelberg (Lambert Schneider).

Bude, H. (1993): Eine abgewehrte soziale Bewegung. Der jugendliche Rechtspopulismus in der neuen Bundesrepublik. In: Merkur, Heft 5, S. 444-449.

Busch, H. (1993): Was heißt „Unbehagen in der Kultur" heute? In: Psyche 4, S. 303-324.

Chasseguet-Smirgel, J. (1988): Das grüne Theater. Ein Versuch zur Interpretation kollektiver Äußerungen einer unbewußten Schuld. In: Chasseguet-Smirgel: Zwei Bäume im Garten. Zur psychischen Bedeutung der Vater-und Mutterbilder. Stuttgart (Verlag Internationale Psychoanalyse), S. 135-161.

Chasseguet-Smirgel, J. (1987): Das Ichideal. Psychoanalytischer Essay über die 'Krankheit der Idealität'. Frankfurt (Suhrkamp).

Döbert, R., Nunner-Winkler G. (1975): Adoleszenzkrise und Identitätsbildung. Frankfurt (Suhrkamp).

Eckstaedt, A. (1989): Nationalsozialismus in der „zweitenGeneration." Psychoanalyse von Hörigkeitsverhältnissen. Frankfurt (Suhrkamp).

Eisenberg, G., Gronemeyer, R. (1993): Jugend und Gewalt. Der neue Generationenkonflikt oder Der Zerfall der zivilen Gesellschaft. Reinbek bei Hamburg (Rowohlt).

Engler, W. (1993): Das halbierte Gewissen. In: Kursbuch 113. Deutsche Jugend. S. 117-130.

Erdheim, M. (1984): Die gesellschaftliche Produktion von Unbewußtheit. Eine Einführung in den ethnopsychoanalytischen Prozeß. Frankfurt (Suhrkamp).

Erdheim, M. (1991): Psychoanalyse und Unbewußtheit in der Kultur. Frankfurt (Suhrkamp).

Erikson, E. H. (1966): Identität und Lebenszyklus. Drei Aufsätze. Frankfurt (Suhrkamp).

Erikson, E. H. (1992): Kindheit und Gesellschaft. Stuttgart (Klett-Cotta).

Farin, K., Seidel-Pielen, E. (1993): „Ohne Gewalt läuft nichts!" Jugend und Gewalt in Deutschland. Köln (Bund).

Flaake, K., King, V. (1992): Psychosexuelle Entwicklung, Lebenssituation und Lebensentwürfe junger Frauen. Zur weiblichen Adoleszenz in soziologischen und psychoanalytischen Theorien. In: Flaake, K., King, V. (Hg.): Weibliche Adoleszenz. Zur Sozialisation junger Frauen. Frankfurt (Campus), S. 13-39.

Freud, S. (1914): Zur Einführung des Narzißmus.

In: GW Bd.10, Frankfurt (Fischer), S. 137-170.

Freud, S. (1921): Massenpsychologie und Ich-Analyse. In: GW Bd.13, Frankfurt (Fischer), S. 71-161.

Freud, S. (1923): Das Ich und das Es. In: GW Bd.13, Frankfurt (Fischer), S. 234-289.

Freud, S. (1930): Das Unbehagen in der Kultur. In: GW Bd.14, Frankfurt 1976, (Fischer), S. 421-506.

Funke, H. (1995): Rechtsextremismus - Zeitgeist, Politik und Gewalt. Eine Zwischenbilanz. In: Faber, R., Funke, H., Schoenberner, G. (Hg.): Rechtsextremismus. Ideologie und Gewalt. Berlin (Edition Hentrich), S. 14-51.

Gay, P. (1987): Die Republik der Außenseiter. Geist und Kultur in der Weimarer Zeit 1918-1933. Frankfurt (Fischer).

Habermas, J. (1983): Moralbewußtsein und kommunikatives Handeln. In: Moralbewußtsein und kommunikatives Handeln. Frankfurt (Suhrkamp), S. 127-206.

Habermas, J. (1976): Moralentwicklung und Ich-Identität. In: Zur Rekonstruktion des Historischen Materialismus. Frankfurt (Suhrkamp), S. 63-91.

Hardtmann, G. (1995): „Und Du bist raus ...“ Rechtsradikale Jugendliche - im „Aus“ der Gesellschaft? In: Faber, R. Funke, H., Schoenberner, G. (Hg.): Rechtsextremismus. Ideologie und Gewalt. Berlin (Edition Hentrich), S. 14-51.

Heitmeyer, W. (1992): Bielefelder Rechtsextremismus-Studie: Erste Langzeituntersuchung zur politischen Sozialisation männlicher Jugendlicher. Weinheim, München (Juventa).

Heitmeyer, W. (1992a): Die Widerspiegelung von Modernisierungsrückständen im Rechtsextremismus. In: Heinemann, K.-H., Schubarth, W. (Hg.): Der antifaschistische Staat entläßt seine Kinder. Jugend und Rechtsextremismus in Ostdeutschland. Köln (PaPyrossa), S. 100-115.

Inowlocki, L. (1992): Zum Mitgliedschaftsprozeß Jugendlicher in rechtsextremistischen Gruppen: Ergebnisse einer interpretativ-qualitativen Untersuchung. In: psychosozial 51, Heft III/92, S. 54-65.

Jaspers, K. (1946/1987): Die Schuldfrage. Zur politischen Haftung Deutschlands. München (Piper).

Kernberg, O. F. (1992): Schwere Persönlichkeitsstörungen. Theorie, Diagnose und Behandlungsstrategien. Stuttgart (Klett-Cotta).

Klein, M. (1933/1985): Die frühe Entwicklung des Gewissens beim Kind. In: Frühstadien des Ödipuskomplexes. Frühe Schriften 1928-1945. Frankfurt (Fischer).

Kliche, Th. (1995): Gruppenbild mit brauner Brille. Der sozialtherapeutische Blick auf den Rechtsextremismus. In: Faber, R., Funke, H., Schoenberner, G. (Hg.): Rechtsextremismus. Ideologie und Gewalt. Berlin (Edition Hentrich), S. 111-123.

Kohlstruck, M. (1995): „Ich bin stolz, ein Deutscher zu sein“. Demonstrativer Nationalstolz und Wir-Gefühle. In: Benz, W. (Hg.): Jahrbuch für Antisemitismusforschung 4. Frankfurt (Campus).

Koppert, C. (1991): Schuld und Schuldgefühle im westlichen Nachkriegsdeutschland. In: Beiträge zur Feministischen Theorie und Praxis 14. Heft 30/31, S. 217-229.

Maaz, H. J. (1992): Sozialpsychologische Wurzeln von Rechtsextremismus - Erfahrungen eines Psychoanalytikers. In: Heinemann, K.-H., Schubarth, W. (Hg.): Der antifaschistische Staat entläßt seine Kinder. Jugend und Rechtsextremismus in Ostdeutschland. Köln (PaPyrossa), S. 116-125.

Meltzer, W. (1992): Jugend und Politik in Deutschland. Gesellschaftliche Einstellungen, Zukunftsorientierungen und Rechtsextremismus-Potential Jugendlicher in Ost- und Westdeutschland. Opladen (Leske + Budrich).

Mitscherlich, A., Mitscherlich, M. (1967): Die Unfähigkeit zu trauern. München (Piper).

Mitscherlich, A. (1963): Auf dem Weg zur vaterlosen Gesellschaft. Ideen zur Sozialpsychologie. München (Piper).

Morshäuser, B. (1992): Hauptsache Deutsch. Frankfurt (Suhrkamp).

Oesterreich, D. (1993): Autoritäre Persönlichkeit

und Gesellschaftsordnung. Der Stellenwert psychischer Faktoren für politische Einstellungen - eine empirische Untersuchung von Jugendlichen in Ost und West. Weinheim, München (Juventa).

Reinke, E. (1992): Die Übermittlung von unbearbeiteten Traumen im Zusammenhang mit dem Nationalsozialismus 1933-1945. Interaktionsformen zwischen Eltern und Töchtern und deren Bedeutung für die weibliche Adoleszenz. In: Flaake, K., King, V. (Hg.): Weibliche Adoleszenz. Zur Sozialisation junger Frauen. Frankfurt (Campus), S. 126-146.

Rosenkötter, L. (1981): Die Idealbildung in der Generationenfolge. In: Psyche 7, S. 593-599.

Schwan, G. (1993): Die politische Relevanz nicht verarbeiteter Schuld. In: Benz, W. (Hg.): Jahrbuch für Antisemitismusforschung 2, Frankfurt (Campus), S. 281-297.

Streeck-Fischer, A. (1994): Männliche Adoleszenz, Fremdenhaß und seine selbstreparative Funktion am Beispiel jugendlicher rechtsextremer Skinheads. In: Praxis der Kinderpsychologie und Kinderpsychiatrie, September, S. 259-266.

Streeck-Fischer, A. (1992): „Geil auf Gewalt". Psychoanalytische Bemerkungen zu Adoleszenz und Rechtsextremismus. In: Psyche 8, S. 745-769.

Theweleit, K. (1977): Männerphantasien. 2 Bände. Frankfurt (Roter Stern).

Winnicott, D. W. (1946/1988): Einige psychologische Aspekte jugendlicher Delinquenz. In: Aggression. Versagen der Umwelt und antisoziale Tendenz. Stuttgart (Klett-Cotta), S. 148-156.

Wurmser, L. (1987): Flucht vor dem Gewissen. Analyse von Über-Ich und Abwehr bei schweren Neurosen. Heidelberg (Springer).

Dr. Angelika Ebrecht
Freie Universität Berlin
Politische Wissenschaft FB 15
Ihnestr. 21
14195 Berlin

„Das Ich ist vor allem ein körperliches“

Jugendliche Gewalt und fragmentiertes Körper-Ich

Robert Heim

„Die Leitbilder des Körpers, die in unserer Geschichte vorherrschen, wollen uns das Wissen über den Körper ausserhalb des Paradieses verweigern. Denn sie versuchen, die Vollständigkeit des Körpers als System und seine Einheit mit der Umgebung, die er beherrscht zu suggerieren. Ganzheit, Einheit, Kohärenz: dies sind Schlüsselwörter im Vokabular der Macht. Unsere Zivilisation hat diese Herrschaftssprache durch ein sakraleres Bild des Körpers bekämpft, ein heiliges Bild, in dem der Körper mit sich selbst im Krieg zu liegen scheint, eine Quelle des Leidens und des Unglücks. Menschen, die in der Lage sind, diese Dissonanz und Inkohärenz in sich selbst anzuerkennen, vermögen die Welt, in der wir leben, zu verstehen, statt sie zu beherrschen. Dies ist das feierliche Versprechen unserer Kultur.“

Richard Sennett: Fleisch und Stein. Der Körper und die Stadt in der westlichen Zivilisation (1995)

I.

Die folgenden Überlegungen stützen sich auf zwei Prämissen, von denen die erste zunächst als beliebige szenische Miniatur der Chronologie rechtsextremer jugendlicher Gewalt entnommen ist. Die zweite darf als theoretische Aussage gelten, deren Gehalt im Verlaufe meiner Ausführungen eingeholt werden soll. Beide Prämissen fügen sich zu einer Klammer von empirischem Ereignis und theoretischem Begriff. Sie erlaubt es, eine neue Perspektive auf das Thema „Adoleszenz und Rechtsextremismus“ zu werfen. Diese Perspektive erbringt den Vorteil, daß sie den agierenden, triebbewegten jugendlichen Körper hinter den unbewußten Phantasien nicht, wie dies an einschlägigen Deutungsversuchen der letzten Jahre beklagt werden muß, auszudünnen braucht.

Diese Interpretationen riskieren, ob sie nun in der klinischen Situation oder im sozialwissenschaftlichen Feld vorgetragen werden, immer wieder, einen genuinen Befund der Freudschen Trieblehre zu vernachlässigen: Die Objekte des Triebes, ihre psychischen Repräsentanzen und phantasieförmigen Ausprägungen bilden sich stets in einem Bezug der Anlehnung an die elementaren organischen

Körperfunktionen. Dies gilt gleichfalls für die narzißtische Ökonomie des Selbst und ihre den Trieben zur Verfügung gestellten Derivate.

Von Triebkräften sowie unbewußten Phantasien als Motiven und Erklärungen menschlichen Handelns zu sprechen, heißt immer zugleich, den Körper als dichten und überdeterminierten Bedeutungsträger dieses Handelns mitzubedenken. Der Körper ist erster und letzter Bezugspunkt einer psychoanalytisch und sozialwissenschaftlich verflochtenen Handlungstheorie (vgl. Joas 1992; Heim 1993). Und wo in dieser Verflechtung von Sinn, Bedeutung, Intentionalität mit ihren unbewußten Konnotationen gesprochen wird und deren latente Struktur aufgeklärt werden will, da bleibt der Rekurs auf den Zusammenhang von Körperlichkeit und Sozialität unumgänglich (vgl. Joas, ebd., S. 218ff.).

Doch kommen wir zu unserer ersten Prämisse. Im Sommer 1989 malträtierten in Gelsenkirchen zwei der NPD nahestehende Jugendliche, zwei Brüder, einen im Eingang eines Kaufhauses schlafenden Obdachlosen derart, daß dieser noch am Tatort verschied. Beide hatten eben betrunken eine Kneipe verlassen, als der eine in die Eingangspassage ausscheren wollte, um hier zu pissen. Kaum hatte er den wehrlosen Obdachlosen entdeckt, begann er unverrücks auf ihn einzutreten. Der Bruder stößt dazu und schließt sich dem Massaker an. Später vom Richter auf ihre Motive befragt, antwortet der das Tatgeschehen beginnende Bruder, es hätte in diesem Eingang nach Pisse und Alkohol gestunken. Trotz wiederholter Nachfrage des Gerichts konnten den beiden keine politischen Gründe für ihre Tat entlockt werden (vgl. Eisenberg/Gronemeyer 1993, S. 184ff.).

Ein hermeneutisch geschärftes sozialwissenschaftliches Methodenbewußtsein könnte nun dazu neigen, in diesem Passus einen rekonstruktionsbedürftigen „Text" zu vermuten. Es handelt sich in der Tat um einen Text, der sich über verschiedene Metamorphosen hinweg fürs erste in einer Zeitung, dann in Protokollen der zuständigen Untersuchungsbehörden, schließlich in dem zitierten Meta-Text der Autoren Eisenberg und Gronemeyer finden läßt. In bezug auf eine neuere Frankfurter Methodenkontroverse zwischen objektiver Hermeneutik und Tiefenhermeneutik könnte dieser Text auf seine latenten Bedeutungs- und Sinnstrukturen (Oevermann) oder dann auf subjektive unbewußte Sinnszenarien (Lorenzer/König) ausgelegt werden (vgl. Oevermann und König in: Jung und Müller-Dohm 1993, S. 106ff. bzw. S. 190ff.). Beide Male empfiehlt er sich als Spur oder Protokoll von Ausdrucksgestalten, als Indiz von Lebensentwürfen, die eine historisch-konkrete, in diesem Falle eine jugendliche Lebenspraxis im geschichtsträchtigen Jahr 1989 präsentieren.

Ob er nun die objektive Hermeneutik bevorzugt oder eine tiefenhermeneutische Textanalyse wählt: Geschult an der genuinen, klinisch erprobten Logik der Deutung unbewußten Materials, wird gerade der sozialwissenschaftlich forschende Psychoanalytiker einer in Gadamers Hermeneutik überlieferten Antithetik von Wahrheit und Methode eingedenk bleiben. Und er wird sich Adornos Schelte eines zum Jargon aufgespreizten Fetischismus der Methode erinnern. Denn:

> „Im Jargon bringt die Sonne, welche dieser im Herzen hat, das finstere Geheimnis der Methode an den Tag, als des Verfahrens, das an die Stelle dessen sich drängt, worauf es geht. So benimmt sich generell der Jargon. Gleichgültig gegen die Sache, ist er auf anbefohlene Zwecke anzuwenden, anstatt daß die Sprache, wie einmal in großer Philosophie, aus der Nötigung der Sache flösse" (Adorno 1964, S. 74).

In stilistischer Hinsicht hat die Freudsche sozialwissenschaftliche Tradition seit jeher den Essay als Form bevorzugt und sich damit restringierten Methodenzwängen des akademischen Wissenschaftsbetriebes entzogen. Seit Georg Simmel und dem frühenLucács gilt der Essay als literarische Form, die eine auf Präzision, Objektivität und Totalität bedachte Methode unterläuft; sie beharrt auf dem fragmentarischen, unvollendeten Wesen philosophischer und soziologischer Diagnosen. So hieß es bei Lucács: „Ruhig und stolz darf der Essay sein Fragmentarisches den kleinen Vollendungen wissenschaftlicher Exaktheit und impressionistischer Frische entgegenstellen (...)" (Lucács 1971, S. 29).

Insofern Freud auch als Schriftsteller Geltung beanspruchen konnte (vgl. Mahony 1989), ist er Initiant einer wissenschaftlichen und literarischen Tradition zugleich. Sowohl forschungspraktisch wie auch in der Darstellung ihrer Ergebnisse läßt diese sich von der Devise leiten, daß „der Gedanke seine Tiefe danach (hat), wie tief er in die Sache dringt, nicht danach, wie tief er sie auf ein anderes zurückführt" (Adorno 1958, S. 25). In diesem Sinne essayistisch sind ihre klinischen Fallstudien, die sich ins Individuelle vertiefen, um damit das Allgemeine um so deutlicher hervortreten zu lassen. Denn unbestritten bleibt die klinische Falldarstellung, diese eigentümlich novellistische Kunstform der Psychoanalyse, deren herausragendes und bewährtes sozialwissenschaftliches Instrumentarium. Auch es lebt, wie es eine ästhetisch aufgeschlossene neuere Soziologie tut, von der „Methode des Porträtisten" (vgl. Bude 1995, S. 7ff.; Heim und Spangenberg 1995, S. 72ff.).

Essayistisch daran ist, daß das Porträt unvollendet bleibt, sich jeglicher Idee von Totalität entsagt und Freuds Einsicht in die Unendlichkeit der Analyse beim Wort nimmt. Es gibt Grenzen der Interpretation, die der klinische Psychoanalytiker ebenso respektieren muß wie der Sozialforscher, der in seinem weiten Feld mit einem Vorbegriff des Unbewußten arbeiten möchte. Die Offenheit des Essays als Form ist aber das Stilmittel, das sich in eingestandener Paradoxie und Selbstwidersprüchlichkeit dieser Grenzen konsequent bewußt bleibt. Er auferlegt dem methodisch ausgewiesenen Zugriff auf unterstellte latente Bedeutungs- und Sinnstrukturen gleichsam eine Diätetik der Sinnerwartungen. Sie zügelt jeden Anspruch auf eine Überschüssigkeit des Sinns, der spekulativ meint, diesen nicht auf eine generative Strukturformel rückbinden zu müssen. Es ist gewiß eine Stärke der objektiven Hermeneutik, diese Rückbindung unter Bezugnahme auf das paradigmatische Modell des (französischen) Strukturalismus leisten und damit eine strukturale Sozialwissenschaft hermeneutischer Prägung begründen zu wollen. Sinn und Form waren immer schon die dialektischen Grundbegriffe der strukturalen Analyse, und dies nicht allein der literarischen. Dies aber wiederum ist nur plausibel, wenn am Körper und seiner Sozialisation als Ressource jeder soziokulturellen Sinnproduktion festgehalten wird.

II.

So sehr objektive Hermeneutik wie Tiefenhermeneutik an ihrer Prätention auf „Subjektivität" festhalten, deren Lebenspraxis methodisch raffiniert erkunden wollen – eine Unterbelichtung, ja, Geringschätzung des gelebten Leibes in den Strukturen des Sinns ihrer untersuchten Texte ist an beiden zu bemängeln. Dies erstaunt um so mehr, als zumal Alfred Lorenzer die programmatische Perspektive einer „Hermeneutik des Leibes" (1984, S. 194ff.) gezeichnet hat. Darin bleibt das Freudsche Erbe bewahrt, im psychoanalytischen Verständnis menschlicher Sexualität den doppelten Blick auf die Sozialität des Leiblichen und die Leiblichkeit des Sozialen auch methodisch zu schärfen. Die Spaltung zwischen Körperlichkeit und Sinn, die eine Hermeneutik des Leibes moniert, ist sowohl in der objektiven Hermeneutik sensu Oevermann wie in den tiefenhermeneutischen Kulturanalysen im Gefolge Lorenzers nicht hinreichend reflektiert.

> „Während heute in den Humanwissenschaften die Sphären der Körperlichkeit und der Sinn-

findung immer mehr auseinandertreten – in die naturwissenschaftliche Erforschung des Körpers einerseits und in die kultur- bzw. sozialwissenschaftliche Analyse von Sinnproduktion und Sinnstrukturen andererseits -, waren und sind beide in dem Begriff der ‚Sexualität', so wie Freud ihn entwickelt hat, innig aufeinander bezogen" (Lorenzer, ebd., S. 194f.).

Wenn wir diesen Befund auf den besagten Text über die beiden jugendlichen Gewalttäter zurückwenden, kann jedenfalls eine Hermeneutik des Leibes nur um den Preis gewichtiger Erkenntnisverluste ausgeblendet werden. Denn sogleich finden wir uns im rekonstruktiven Verstehen der Gewaltszene in einem Bedeutungshof, der sich um die analen Triebpole von Schmutz und Dreck, Sauberkeit und Ordnung, Gestank und Riechlust dreht. Und gerade im Hinblick auf unsere Problemstellung eines fragmentierten Körper-Ich des Jugendlichen bleibt Christian Enzensbergers „Sinnieren über Schmutz" (Alexander Mitscherlich) aufschlußreich. Schmutz droht das Ich eines Menschen aufzulösen, der sich als „abgeschlossen, unantastbar, einheitlich, gegliedert und singulär begreift" (zit. nach Eisenberg und Gronemeyer, a.a.O., S. 187).

Die beiden Autoren nehmen stillschweigend die methodische Einstellung einer Hermeneutik des Leibes in Anspruch, wenn sie sich eine psychoanalytisch evidente Interpretation der geschilderten Szene erlauben. Und sie liefern unseren weiteren Ausführungen das Material einer Prämisse, von der aus die Schlüsse zum fragmentierten Körper-Ich des rechtsextremen Adoleszenten operieren können. Veranschaulichen wir uns nochmals die Szene, dann erscheinen auch die Verallgemeinerungen legitim:

„Die eigene Person begreift sich als aufrecht und ‚oben'stehend, während ‚der da' unten ist und im Dreck liegt, mit ihm verschmilzt und selbst zu Dreck und Schmutz wird. (...) Schmutz ist alles, was die säuberliche Abgetrenntheit der Person antastet, Schmutz ist unten und übel, Schmutz bedeutet Auflösung, Vermischung, Zerfall. (...) Der Stadtstreicher oder ‚Penner' ist in den Tätern anwesend in Gestalt des eigenen Unbewußten, das die brüchigen Ich-Grenzen zu durchbrechen droht. Wer sich selbst und sein Ich nur mit großer Mühe zusammenhalten kann, wer sich permanent zusammenreißen muß, um nicht zu fragmentieren, schlägt und tritt auf den ein, der bereits liegt und sich fallen gelassen hat. Die beiden Gelsenkirchener Brüder befinden sich, wie viele Skinheads, in unmittelbarer Nachbarschaft dessen, den sie massakriert haben. Sie bekämpfen in ihm eine drohende eigene Möglichkeit. Der Mensch, der Mühe hat, ‚Haltung' zu bewahren, aufrecht zu stehen, der eine große Verlockung in sich spürt, sich fallen- und gehenzulassen, den Kampf gegen die Selbstauflösung aufzugeben, reagiert allergisch und haßerfüllt auf den, der das vor seinen Augen tut, der wehrlos und schwach am Boden liegt" (Eisenberg und Gronemeyer, ebd.).

Die beiden Jugendlichen hätten, wenn wir nun zur zweiten Prämisse kommen, geradesogut den Kern einer *Meute* bilden können. Wolfgang Sofsky hat treffend deren Typologie gezeichnet und ihre Dynamik beschrieben. Danach genießen Jugendliche, die sich in einer Meute zusammenschließen, nach den Opfern ihrer Menschenjagd fahnden und diese schließlich massakrieren, ein Hochgefühl besonderer Art. Es brauchte für die beiden Jugendlichen im Sommer 1989 offenkundig noch nicht die erst bevorstehende deutsche Einheit, um sich das „Erlebnis einer doppelten Vereinigung, einer sozialen und individuellen Einheit" zu verschaffen. Die Meute wird zur Sozialisationsinstanz, und ihrer

„Vergemeinschaftung entspricht die personale Einheit des einzelnen. (...) Der Täter lebt nicht nur ungestraft irgendwelche abgespaltenen oder verdrängten Begierden aus. (Sofskys Anspielung auf die Psychoanalyse ist hier unüberhörbar – R.H.) Die Expansion seiner selbst hat einen unverkennbar körperlichen Aspekt. (...) Im Exzeß mutiert die Conditio humana. Der Täter ist ganz Leib. Er handelt ganz aus sich heraus. Die somatische Selbstdistanz, die dem Menschen wie eine Last aufgebürdet ist, ist im Exzeß aufgehoben. (...) So verhilft ihm das Massaker zu einer seltenen Ganzheit" (Sofsky 1994, S. 19).

Hier finden wir eine Hermeneutik des Leibes, die auch in methodischer Hinsicht psychoanalytische Sozialforschung anleitet, als Hypothese und Programm formuliert. Im folgenden nehmen wir also diese eigentümliche Spielart sozialwissenschaftlicher Hermeneutik in Anspruch, um aus der Besonderheit des geschilderten Tatzusammenhanges eine typische „Fallstrukturgesetzlichkeit" (Oevermann) herauszufiltern. Der Begriff des fragmentierten Körper-Ich soll dabei als Leitfaden dienen, anhand dessen diese Strukturgesetzlichkeit allmählich freigelegt werden soll.

III.

Wir können davon ausgehen, daß jugendlicher Rechtsextremismus als spezifische Verlaufsform einer Adoleszenzkrise unter verschiedenen Gesichtspunkten analysiert werden muß (vgl. Döbert und Nunner-Winkler 1975, S. 83). Die gängigen Modelle des Adoleszenzkrisenverlaufs stellen dabei eine Reihe von Entwicklungserfordernissen ins Zentrum, die der Heranwachsende auf sich nehmen muß. Es handelt sich zunächst um den Übergang von einer familienzentrierten zu einer gesellschaftlich geforderten Rollenidentität. In der Moderne inszeniert sich dieser Übergang bekanntlich als besonders prekärer sozialisatorischer Einschnitt, weil die Adoleszenz im Gegensatz zu traditionalen und archaischen Gesellschaften nicht mehr als rituell verlaufende, hinreichend klar definierte und zeitlich genau festgelegte Statuspassage ist – wie in den von den Anthropologen beschriebenen „rites de passage". Auf den Jugendlichen wartet nicht mehr eine festgeschriebene Identitätsform; er hat sich seine Stellung in der Gesellschaft weitgehend selbst zu suchen und diese Suche nach Rollen und Identitäten individuell zu gestalten.

Zu diesen Entwicklungserfordernissen gehört – und hier setzt die Erklärungskraft der Psychoanalyse ein – eine radikale, an die Fundamente des Triebhaushalts gehende Verschiebung in der Beziehung zwischen Ich-Identität, dem jugendlichen Selbst und seinem Körper. Anders gesagt: Wer von der Adoleszenz spricht, darf von der Pubertät nicht schweigen. Über den biologischen Fels von deren körperlicher Basis wölbt sich auf verschiedenen Stockwerken die Adoleszenz wie ein ziemlich fragiler, von allerlei Einsturzgefahren bedrohter Überbau. In einem biologischen Reifungsschub müssen Jugendliche ihre Geschlechtsrolle und das bisherige Körperbild so restrukturieren, daß dauerhafte Beziehungen jenseits der familiären Primärobjekte gestaltet werden können.

Wenn hier der Schwerpunkt auf das körperliche Triebsubstrat jugendlicher, zumal rechtsextrem motivierter Gewalt gelegt wird, so soll damit eine Spur vertieft werden, der in den bisherigen psychoanalytischen Deutungsversuchen zwar gefolgt, die aber zumeist vorzeitig verlassen wurde. In besonders eklatanter Weise machen sich solche Defizite in einschlägigen ethnopsychoanalytischen Interpretationsfiguren kenntlich. Wenn, wie in unermüdlicher Wiederholung etwa bei Mario Erdheim, ein Antagonismus zwischen Familie und Kultur zum ersten und letzten Erklärungsmuster des Problems postuliert wird, in das allenfalls noch magische Omnipotenzphantasien des Adoleszenten eingeflochten werden, dann wird deutlich: Hier handelt es sich, genau besehen, um eine kulturalistische Lesart der Psychoanalyse, aus der sich die Triebtheorie mit ihrem unumgänglichen Bezug auf die Triebrepräsentanzen des Körpers im Ich verflüchtigt hat. Damit muß sich die Ethnopsychoanalyse den Vorwurf gewärtigen, bei aller kulturkritischen Rhetorik unter das Revisionismus-Verdikt Adornos gegen die nachfreudsche Psychoanalyse zu fallen.

Wohl taucht dagegen der Körper auf einer phantasmatischen und metaphorischen Ebene auf, wenn es um die Psychoanalyse von Nationalismus und Fremdenfeindlichkeit geht: Von der Zugehörigkeit zur Gruppe bis zur Identifikation mit den Symbolen der Nation steht eine Identität auf dem Spiel, die sich gegen Fragmentierung und Isolation bewahren muß. Werden die Phantasien solcher Zugehörigkeitswünsche analysiert, stößt man immer auf Körpervorstellungen, auf – wie es in der Freudschen Metapsychologie noch heißt – Trieb- bzw. Vorstellungsrepräsentanzen des Körpers in der seelischen Topologie. Oder es wird darauf hingewiesen, daß neben familiären Repräsentanzen vor allem Körpermetaphern benutzt werden, um politisch-nationale Auseinandersetzungen zu verankern (vgl. Bohleber 1993, S. 97f.).

Auch bei Annette Streeck-Fischer gibt es Hinweise auf die unübersehbare Körpersprache von Skinheads mit ihrem demonstrativen phallischen Kult. Sie interpretiert Symbole wie Glatze, Bomberjacke und Stiefel als Fetische, die den bedrohten Phallus, eine labile männliche Identität und die körperliche Kohärenz sichern sollen. Wenn diese Körpersprache etwas Fetischistisches zum Ausdruck bringt, dann haben wir es mit einer symbolischen zweiten Haut zu tun. Die Wahl des Fetischobjekts entspringt mitunter einem Reparationswunsch, der auf die nachhaltige Illusion eines körperlichen Defekts zurückgeht. Im psychoanalytischen Verständnis ist dieser Defekt entweder mit archaischen Ängsten der Selbstauflösung oder dann mit ödipalen Kastrationsängsten verbunden (vgl. Streeck-Fischer 1992, S. 758).

Solche Ängste aber beziehen sich immer auf Phantasien von einem fragmentierten Körper. Freud hat diese Fragmentierung am Ich des Fetischisten beschrieben: Die Skotomisierung und verleugnete Wahrnehmung des weiblichen Geschlechts in der Konstruktion des Fetischs muß von einem Ich geleistet werden, das „sich selbst deformiert, sich Einbußen an seiner Einheitlichkeit gefallen läßt, eventuell sogar sich zerklüftet oder zerteilt" (Freud, zit. nach Laufer und Laufer 1989, S. 106).

Unverkennbar führt eine Spur solcher Deutungsversuche auf Klaus Theweleits Erkundung unbewußter Beziehungen zwischen faschistischen Männerphantasien und Männerkörpern zurück (vgl. 1995). Unter anderem am literarischen Material von Ernst Jünger, im Ersten Weltkrieg eben erst der Adoleszenz mit einem Bein entwachsen, beschreibt Theweleit das Ich des soldatischen Mannes anhand des Jüngerschen Bildes der „Stahlgestalt". Die Stahlgestalt des soldatischen Ich ist das literarische und zugleich militaristische Symbol eines Fragmentpanzers, dessen das Körper-Ich des Soldaten bedurfte, um die Affektintensität des Kriegsgeschehens zu ertragen. Stahlgestalt und Fragmentpanzer dienen dabei einer vergleichbaren Funktion, wie sie Margaret Mahler et al. in ihren Untersuchungen zur Aggressivität psychotischer Kinder im Begriff eines „Erhaltungsmechanismus" beschrieben haben (vgl. 1980).

Ein Erhaltungsmechanismus ist nicht eigentlich ein im genetischen Sinne der Psychoanalyse mit Regression verbundener Abwehrmechanismus. Er dient vielmehr dem psychotisch strukturierten Menschen als Restitutionsversuch nach dem Zerfall aller Ich-Funktionen, sofern dieser Zerfall einer Überschwemmung des Ich mit aggressiven und destruktiven Triebimpulsen entwächst. Der Erhaltungsmechanismus in diesem präzisen Sinne muß den Kreislauf von stets drohendem Zusammenbruch und Wiederaufrichtung des Ich des soldatischen Mannes im unmittelbaren Vollzug seiner Tötungsaktionen sichern.

Lange bevor sich die deutschsprachige Psychoanalyse durch fremdenfeindliche Gewalttaten von Jugendlichen in den letzten Jahren herausgefordert sah, ist es Theweleit gelungen, die verworrenen unbewußten Fäden zwischen Männerphantasien und Männerkörpern zu knüpfen. Gewiß, er argumentiert im präzisen historischen Kontext, und das soldatische Ich von damals hat sich nicht umstandslos in das Ich des rechtsextremen, zu Gewalt und Tötung bereiten Jugendlichen von heute gewandelt. Er nimmt aber konsequent Freuds in der psychoanalytischen Literatur weithin verkannte Bestimmung des Ich als körperliches beim Wort. Seine Schwäche besteht darin, den genuinen Freudschen Ich-Begriff nicht mit einem psychoanalytisch angereicherten Konzept des Adoleszenzkrisenverlaufs auffüllen und ihn am empirischen oder literarischen Material schärfen zu können. Immerhin dürfte der Versuch, seine bald 20 Jahre zurückliegende Spur aufzunehmen und à jour zu bringen, ertragreich sein.

Was bei alledem erklärungsbedürftig bleibt (und gerade als Rätsel aus der eingangs geschilderten szenischen Miniatur uneingelöst verharrt), das ist der motorische Triebimpuls, der die schwelende Gewaltakzeptanz des Jugendlichen in Aktionen physischer Gewalt umsetzt. Oder anders gefragt: Weswegen tritt der Täter mit seinem Opfer in eine Interaktionsform ein, die unmittelbar körperlich und präsymbolisch ist und letztlich auf die Vernichtung der physischen Existenz des Opfers abzielt? Diesen Fragen will ich weiter in der Perspektive einer sozialwissenschaftlichen Hermeneutik des Leibes nachgehen.

IV.

Wer mit Jugendlichen arbeitet, der weiß um die Risiken von Adoleszenzkrisenverläufen, die sich nicht selten dramatisch an der Grenze zur Psychose, zum Suizid, zur Delinquenz und anderen selbstdestruktiven Handlungen bewegen. Und der weiß zugleich, daß diese adoleszenten Wege und Irrwege zunächst immer auf dem Grat eines irritierten, erschütterten, jedenfalls höchst fragilen Körperbildes verlaufen.

In den Klassikern der psychoanalytischen Literatur zur Adoleszenz, etwa bei Peter Blos (1992) oder beim Ehepaar Laufer und Laufer, sind solche Gratwanderungen in aller Deutlichkeit beschrieben. Mit der Konsolidierung des Genitalprimats und dem Erscheinen der sekundären Geschlechtsmerkmale in der Pubertät wird das Körper-Bewußtsein revolutioniert; das innere Körperbild wird zu einer folgenreichen Revision gedrängt. Im Zentrum von Adoleszenzkrisen finden wir immer eine Aktivierung von frühkindlichen Ängsten um die Intaktheit des Körpers. Was als innerpsychischer Konflikt erscheint und mit der Dynamik unbewußter Phantasien erklärt wird, läßt sich oft als Wirkung eines verwirrten Körperbildes entziffern. Zu diesen Wirkungen gehört eine nur bruchstückhafte oder gänzlich scheiternde Integration des revisionsbedürftigen Körperbildes in die psychischen Selbst-Repräsentanzen des Adoleszenten (Blos, a.a.O., S. 221f.).

Die Beziehung zum eigenen, sexuell gereiften Körper von der Pubertät bis zum Ende der Adoleszenz schließt die bisherige Sozialisationsgeschichte des Menschen in sich und verdichtet sie zu einem Punkt krisenhafter Dramatik. Alte Lösungsformeln, ein bereits eingeschliffenes Zusammenspiel von Triebansprüchen, Angst und Abwehr wiederholen sich, diesmal freilich in einem neuen und weit gefährlicheren Kontext. Laufer und Laufer sprechen von der zunehmenden Anfälligkeit für einen Ausbruch aus der Realität. Dieser Ausbruch ist ein möglicher Reaktionsversuch des Jugendlichen auf sexuelle und aggressive Phantasien, die in Widerspruch zu seinem in der Latenz verfestigten idealisierten Körperbild stehen. Behandlungen mit präpuberalen Jugendlichen fördern immer wieder die unbewußte Phantasie zutage, einen anderen – meist einen sexuell undifferenzierten, glatten oder, wie die psychoanalytischen Beiträge der letzten Jahre zum Fremdenhaß unentwegt betonen, homogenen und reinen – Körper zu besitzen als den, den sie tatsächlich bewohnen.

Mit Ausbruch der Pubertät und einsetzender Adoleszenzkrise schlagen die Bemühungen definitiv fehl, die Wahrheit der Geschlechterdifferenz sozusagen am eigenen Leibe weiter zu verleugnen. Wahnhafte Konstrukte, Fetischbildungen, paranoide Projektionen und andere psychotische Phänomene, Neigungen zu heftigen Attacken gegen den eigenen Körper in Form von Suizidversuchen, Halluzinationen, drogeninduzierte Bewußtseinsveränderungen oder Akte der Selbstverstümmelung als überkommene Relikte archaischer Pubertätsriten: Es findet sich ein breites Spektrum von Krisensymptomen, in denen der Jugendliche seinen zur sexuellen Reife gelangten Körper ablehnt, seine Beziehung zu einem phantasierten und idealisierten Körperbild fortzusetzen versucht (vgl. Laufer und Laufer, a.a.O., S. 14f.).

V.

Ich behaupte nun, daß sich Gewaltakzeptanz und Gewalttätigkeit des jugendlichen Rechtsextremismus aussichtsreich aus diesem Kontext herleiten läßt. Die Form freilich, in der die eingangs von Sofsky beschriebene „somatische Selbstdistanz, die dem Menschen (und wie wir nun ergänzen müssen: im besonders krassen Ausmaß dem Adoleszenten – R.H.) wie eine Last aufgebürdet ist“, variiert beim rechtsextremen Jugendlichen erheblich. Im Verlaufe seiner Adoleszenzkrise agiert er sein erschüttertes Körperbild nicht, wie ansonsten meist bei pathologisch gefährdeten, aber nicht-delinquenten Jugendlichen, *autoplastisch* am eigenen Körper. Autoplastisch ist eine Reaktions- oder Adaptationsform des Organismus in seiner Beziehung zur Umwelt, in der dieser sich selbst zu modifizieren sucht. Ferenczi hat dies etwa für die Materialisationsphänomene der hysterischen Konversion nachgewiesen; gleichfalls können psychosomatische Symptome unter dem Gesichtspunkt einer autoplastischen Adaptation betrachtet werden, die – im Gegensatz freilich zur Konversionshysterie – die unbewußte Symbolik psychischen Erlebens unterläuft.

Dagegen hebt sich eine *alloplastische* Reaktionsweise des Organismus ab; hier adaptiert dieser sich, indem er die Umwelt modifiziert. Dies kann, wie auch in der autoplastischen Adaptation, auf verschiedenen genetischen Entwicklungsstufen geschehen. Ist also etwa die hysterische Konversion eine reife, neurotisch strukturierte und symbolische Adaptation, vollzieht der gewalttätige Jugendliche die Wende nach außen zur alloplastischen Attacke auf den anderen, fremden Körper. Dessen Verletzung und Vernichtung verhilft ihm zur illusionären Stütze seines fragmentierten Körper-Ich. Die Zerstörung des anderen Körpers wird ihm zur Plombe eines Hochgefühls narzißtischer Integrität, das ihm die Bürde der sexuellen Differenzierung abnimmt und ihm die Fiktion eines idealisierten organischen Körperbildes aufrecht erhält. Das Stigma des auserwählten Opfers und dessen physische Vernichtung errichten spiegelverkehrt eine prothesenhafte Phallizität für ein fragmentiertes Körper-Ich, das nicht (mehr) über die – für die Adoleszenz typischen – Integrations- und Symbolisierungsfähigkeiten verfügt.

Wirft man einen Blick in die sozialwissenschaftliche Literatur über rechtsextremistische Orientierungen bei Jugendlichen – von Heitmeyer (1987) bis zu Christel Hopfs et al. Untersuchung über „Familie und Rechtsextremismus“ (1995) – ist nirgends die Rede vom Körperbild des Adoleszenten und seiner determinierenden Kraft. Hinter dem soziologischen Begriff der (Geschlechts-)Rolle verblaßt der sinnlich-konkrete Bezug, den Jugendliche zu ihrem Körper radikal neu strukturieren müssen. Zumal gerade Christel Hopf geschlechterbezogene Aspekte rechtsextremer Orientierungen sowie die Bedeutung der Sexualität darin erforscht, werden Mängel und Desiderate augenfällig. Dies wirkt schließlich um so erstaunlicher, als der sozialwissenschaftliche Zugang zum Phänomen des jugendlichen Rechtsextremismus am Leitfaden der Individualisierungsthese erfolgt.

Die Psychoanalyse der Adoleszenz untersucht diese immer schon anhand genau dieses – freilich nie explizierten – Leitfadens. Im Gegensatz zur frühen Kindheit diagnostiziert sie an der modernen Dramaturgie der Adoleszenz den Mangel an institutionalisierten Formen. Gab es in archaischen Gesellschaften noch Pubertätsriten, in denen männliche Jugendliche sich selbst symbolische Wunden zufügten, um weit eher ihren Neid auf die weiblichen Fruchtbarkeitspotentiale als ihre Kastrationsängste zu verwinden (Bettelheim 1982), da verwunden und töten gewalttätige Jugendliche heute die mit den Zeichen der Fremdheit versehenen Körper unbekannter Menschen. Die Tatsache, daß es in der Moderne für Jugendliche keine Übergangsriten mehr gibt, zählt zu den Befunden der soziologischen Individualisierungstheorie. 25 Jahre bevor der Begriff der Individualisierung die neuere Soziologie kolonisierte, hält Peter Blos fest:

> „Man könnte sagen, die Gesellschaft gibt die Jugend auf, und läßt sie selbst zusehen, wie sie weiterkommt. (...) Das Vakuum der nicht-institutionalisierten Adoleszenz in der westlichen Gesellschaft erlaubt einerseits einen hohen Grad von persönlicher Differenzierung und Individualisierung, da keine verpflichtenden Modelle bestehen, aber andererseits ermöglicht die Zusammenhanglosigkeit der sozialen Form und die Last der Selbstbestimmung auch abweichende und pathologische Entwicklung" (Blos, a.a.O., S. 230).

Die heutigen Adoleszenzkrisen und der damit verbundene Identitätsbedarf von Jugendlichen zeigen sich unter Bedingungen, in denen sie auf sich selbst zurückgeworfen sind. Doch ist hier nun ein folgenreicher Befund zu berücksichtigen: Die Individualisierung wirft sie immer auch und mit besonderer Härte auf die nackte Haut ihres Körpers zurück. Daß dies im übrigen nicht nur für Jugendliche gilt, davon zeugt eine ganze Freizeit- und Erlebnisindustrie, die sich konzentrisch um die Sorge und die – mehr oder weniger sublime – Kultur des Körpers dreht (vgl. Shusterman 1994).

Die rechtsextremen Jugendlichen freilich scheinen mehrheitlich als sogenannte Modernisierungsverlierer durch die Maschen dieses Erlebnismarktes zu fallen. Was ihnen bleibt, ist – wenn es denn zum Schritt von Gewaltakzeptanz zur direkten Gewalt kommt – Identitätsbildung durch Versehrung und Zerstörung anderer Körper. Nachweislich erfordert der Sog der Individualisierung „für die Zwecke des eigenen Überlebens ein ich-zentriertes Weltbild" (Beck 1986, S. 217). Aber auch hier drängt sich sogleich die Korrektur auf: Wer von einem ich-zentrierten Weltbild spricht, muß die psychoanalytischen Einsichten in die Triebschicksale des Körper-Ich zur Kenntnis nehmen. Allein so läßt sich plausibel erklären, weswegen der Individualisierungsprozeß und seine jugendlichen Kontrapunkte der Gruppen- und Gemeinschaftsbildung einen zweifelhaften Rückzug auf die „eigentümliche Konkretheit von Naturkategorien" (Heitmeyer, a.a.O., S. 67) begünstigen. Scheinbar naturvermittelte, jedenfalls immer körperlich direkt wahrnehmbare und stigmatisierbare Merkmale von Personen wie Rasse, Hautfarbe, Geschlecht, Alter (und mit ihm neuestens auch wieder die Generation) oder Behinderungen ersetzen als neue Distinktionen das Verschwimmen sozialer Klassengrenzen. Wenn Jugendliche dem Druck der Individualisierung nicht standhalten können, sehnen sie sich nach jener seltenen Ganzheit ihres Leibes, die ihr erschüttertes Körperbild der Fragmentierung und ihre soziale Existenz der Isolation entreißt. Und können keine anderen, bestenfalls auch kulturschaffenden Formen der Krisenlösung mehr gewählt werden, finden sie diese, wie gezeigt, im letzten Refugium körperlicher Gewalt. Dieser Gewalt aber kommen die neuen Unterscheidungsmerkmale der individualisierten Gesellschaft riskant entgegen.

VI.

Die Psychoanalyse bietet uns verschiedene Modelle dessen an, was ich bislang im Brennpunkt einer Hermeneutik des Leibes als *fragmentiertes Körper-Ich* unterstellt habe.

a) Es zählt zunächst zu den Überzeugungen der Freudschen Trieblehre, daß sie den Körper und die frühe Beziehung zu ihm als Fundament der zukünftigen psychischen Struktur legt. Die Entwicklung der Ich-Organisation ruht durchgehend auf einem Körper-Ich, dessen Konzept Freud allerdings in der Randständigkeit belassen hat. Seine Anregung in der Schrift „Das Ich und das Es" jedenfalls bleibt für unsere Fragestellung von weitreichender Bedeutung:

> „Das Ich ist vor allem ein körperliches, es ist nicht nur ein Oberflächenwesen, sondern selbst die Projektion einer Oberfläche. (In der englischen Übersetzung kam dann hinzu – R.H.:) Das Ich ist in letzter Instanz von den körperlichen Empfindungen abgeleitet, vor allem von denen, die von der Oberfläche des Körpers herrühren. Es kann also als eine seelische Projektion der Oberfläche betrachtet werden neben der Tatsache (...), daß es die Oberfläche des seelischen Apparates ist" (Freud, GW XIII, S. 253).

Wir können also unschwer ermessen, was es für das Ich des pubertierenden Adoleszenten heißt, die allmählichen Veränderungen seiner Körperoberfläche – mithin die radikalisierte Wahrnehmung der sexuellen Differenzierung, die Aufhebung der losen Partialtriebe in den Genitalprimat – psychisch zu repräsentieren.

b) In der nachfreudschen Psychoanalyse finden wir verstreute Hinweise auf die labile Struktur eines fragmentierten Körper-Ich. Diese Struktur bricht pathologisch und in der Regel in Psychosen oder schweren Boderline-Störungen durch. Sie kann aber gleichzeitig hinter der Maske eines scheinbar gut organisierten Ich schwelen. Sie ist mit jederzeit aktivierbaren Grundängsten verbunden, die in traumatischen Überreizungen oder angesichts hochkomplexer und differenzierter innerer Trieb- oder äußerer Situationswahrnehmung gelockert werden. Symbolische Integration und Synthese dieser Reize versagen. Und was Margaret Mahler als psychotische Abwehrmechanismen beschrieben hat, die auf eine Entdifferenzierung und Entseelung (deanimation) innerer und äußerer Realität zielen, ist letztlich Kennzeichen jedes von Fragmentierung bedrohten Körper-Ich.

„Das fragmentierte Ich kann sich mit Veränderlichkeit und Komplexität nicht auseinandersetzen. (...) Lebende Objekte sind weitaus wandelbarer, verletzlicher und unberechenbarer als unbelebte Objekte, also werden sie ‚unbelebt' gemacht" (Mahler et al., a.a.O., S. 76). Was haben wir hier anderes als eine pointierte, in ihrer formalen Qualität in das juvenile Ich übersetzbare Charakteristik, das sich vom beschleunigten sozialen und kulturellen Wandel, von der Komplexität der individualisierten Gesellschaft überfordert fühlt und in physischer Gewalt den Fluchtpunkt seiner Grundängste sieht. Es ist diese Gewalt und ihre innere Repräsentanz, die die narzißtische und phallische Fiktion körperlicher Ganzheit und Unversehrtheit nährt. Der verletzte, im übertragenen Sinne kastrierte, letztlich unbelebt gemachte Körper des Opfers wird zum Vexier- und ins Gegenteil verkehrten Spiegelbild, das einem fragmentierten Ich die trügerische Zuflucht vor der eigenen Entseelung bietet.

c) Es war dann Heinz Kohut, der das Stadium des fragmentierten Selbst erforscht und damit dem Begriff des Körper-Ich eine narzißtische Grundlage nachgeliefert hat. Mit dieser Entwicklungsphase sind regressionsfördernde Fixierungen gegeben, die zur „Aktivierung von Erlebnissen isolierter Fragmente des körperlich-seelischen Selbst und zum Zerbrechen und Verlust der archaischen, narzißtisch besetzten Objekte" (Kohut 1976, S. 48) führen. Auch hier können wir dieses Konzept für unsere Problemstellung umsetzen: Eine Adoleszenzkrise, deren Verlauf das Agieren physischer Gewalt benötigt und sich von solcher Fixierung determiniert sieht, findet im Akt dieser Gewalt die narzißtische Plombe, die die Kohärenz des Körperbildes gegen eine drohende Fragmentierung abdichtet.

d) Zudem existiert in der französischen Psychoanalyse der Begriff der „image du corps morçelé", des unbewußten psychischen Bildes vom zerstückelten Körper. Kohuts Entdeckung eines Stadiums des fragmentierten Selbst nicht unähnlich, brachte Lacan die frühkindliche Erfahrung und formative Kraft dieser Imago auf seinen Begriff des Spiegelstadiums als Bildner der Ichfunktion (vgl. 1975, S. 61ff).

In der gebotenen Kürze meint dies: Bei weitem noch nicht im Besitz einer elementaren motorischen Geschicklichkeit, seine Körperwahrnehmung in eine diffuse Inkohärenz zwischen biologischen Regungen und ungesteuerten Affekten eingetaucht, gewahrt das Kleinkind seine Gestalt mit der Mimik eines Aha-Erlebnisses in einem Spiegel. Damit ist der frühe körperliche Kern des Ich strukturiert, eine ursprüngliche Ich-Identität kraft eines visuellen Spiegelreflexes leiblicher Integrität gesetzt. Das Ich wird fortan mit allen zur Verfügung stehenden Mitteln der Abwehr bemüht sein, diesem an sich trügerischen Reflex psychische Stabilität zu geben, um sich damit gegen die Ängste – bis hin zur Kastrationsangst – zu schützen, die um Phantasien vom zerstückelten Körper kreisen.

An diesem Konzept bleibt hier von Interesse, daß aus ihm das Modell einer narzißtisch verfaßten Intersubjektivität ableitbar ist. Denn ein Ich, das in seinen späteren Objektbeziehungen stets nur eine spiegelbildliche Dualunion dieser Art verfolgt, bleibt letztlich unfähig, die Differenz des anderen – was oder wer auch immer hierfür steht – anzuerkennen. Narziß will, wenn man ihn etwas leichtfüßig stilisieren möchte, im anderen bekanntlich immer nur sich selbst. Und findet er sich nicht in ihm, so bleibt als Ausweg aus einer scheiternden Dialektik der Anerkennung meist nur die Gewalt. Dies ist der Hegelsche, von Lacan in das psychoanalytische Denken übertragene Begriff dessen, was heute sozialpsychologisch in den Pathologien des destruktiven Narzißmus nachgewiesen werden kann (vgl. Seidler 1994).

Weil – so können wir für unseren Kontext folgern – der andere, stigmatisierte, phantasmatisch kastrierte oder eben Fragmentierung androhende Körper des Opfers den Narzißmus dieser Spiegelreflexion aufbricht, wird er zum Objekt physischer und vernichtender Gewalt.

e) Der jugendliche Skinhead, der so oft rechtsextrem motivierte Gewalt verkörpert, drängt mit seiner physiognomischen Zeichensprache eine Hermeneutik des Leibes geradezu auf. Zu deren Schlüsselbegriff wird dabei eines der klinisch, aber auch sozialpsychologisch fruchtbarsten Konzepte psychoanalytischer Forschung der letzten Zeit: Anzieus Hypothese eines Haut-Ichs (1991). Sie macht die Haut mit ihren verschiedenen Funktionen im konsequenten Sinne von Freuds Trieblehre mit ihrem Begriff des Körper-Ichs zum zentralen Brennpunkt eines überdeterminierten Universums psychischer und unbewußter Bedeutungen.

Man mag durchaus im kahlrasierten Haupt des Skinhead das fetischistische Attribut eines phallischen Männerkultes sehen. So glatt und unversehrt, so phallisch glänzend sich aber das kahle Haupt auch ausnehmen möchte, es kann letztlich nicht verbergen, daß durch die Trennung des Kopfhaares ein Eingriff in die schützende Struktur einer Hauthülle vorgenommen wurde. Das Kopfhaar als evolutionäres Relikt des Pelzes wird geradezu in einer Verkehrung ins Gegenteil abgeschnitten, weil eben dieser Pelz sich doch als Objekt der Fetischbildung anbieten würde. Denn unter dem dichten Pelz darf sich der phallische Monismus, die präödipale Verleugnung der sexuellen Differenz beim Jungen, weiterhin seiner Täuschung hingeben.

Anstelle eines Fetischs wird dadurch paradoxerweise etwas gesetzt, was dieser eigentlich in seiner unbewußten Funktion verdecken sollte: die Angst vor einer Verstümmelung und Fragmentierung, letztlich die Kastrationsangst. Was der Skinhead präsentiert, ist eine Hautverstümmelung. Sie aber dient unbewußt einem ebenso paradoxen Ziel: „Manchmal echte, häufiger phantasierte Hautverstümmelungen sind dramatische Versuche, die Grenzen des Körpers und des Ichs aufrechtzuerhalten, das Gefühl von Integrität und Zusammenhalt wiederherzustellen" (Anzieu, ebd., S. 34).

Erinnern wir nochmals die eingangs geschilderte szenische Miniatur, den Text von den zwei Gelsenkirchener Brüdern. Es ging hier um eine olfaktorische Wahrnehmung von Urin und Alkohol, die den vermeintlich grundlosen, irrationalen Anreiz zum tödlichen Massaker gab. Urin und Alkohol aber sind Inhalte eines Behälters, der entleert werden muß. Über eine Entleerung indes waren die beiden Täter mit ihrem Opfer identifiziert. Doch eine Entleerung setzt nicht nur Körperöffnungen als Grenzflächen zwischen innen und außen voraus, die erogen und libidinös besetzbar sind; mit Entleerung können archaische und primäre Ängste verbunden sein, die nur notdürftig mit phallischen Füllseln besänftigt werden können.

Was die beiden Gelsenkirchener Brüder mit kahlköpfigen Gewalttätern zu verschwistern scheint, das sind Strukturdefizite eines Haut-Ichs, das in der plötzlichen Geilheit auf Gewalt, im versehrten Leib ihres Opfers ebenfalls eine Dichtung gegen Ängste vor Entleerung findet. Und dies folgenreich in der Zufälligkeit einer Situation, in der sich das Phantasma der Entleerung durch die Anwesenheit des verpißten und betrunkenen Obdachlosen direkt an den Körpervorgang einer ebensolchen Entleerung anlehnt. Der Obdachlose spiegelt den Jugendlichen in seiner schieren körperlichen Hinfälligkeit akute Depersonalisierungsängste, vor denen sich ihr brüchiges und löchriges Haut-Ich nur durch die gewaltsame Tat retten konnte.

Anzieu gibt genau in diesem Sinne dem Phantasma des zerstückelten, fragmentierten Körpers eine Wendung, wenn er eine im Haut-Ich eingespielte Dialektik von Inhalt und Behälter entgleisen sieht. Auf der Folie seiner Beschreibung kann wiederum eine Deutungsoption nachvollziehbar werden, die sich der Hermeneutik des Leibes bedient. Und was die klinische Erfahrung der Psychoanalyse zu bestätigen vermag, darf deren sozialwissenschaftlicher Anwendung ruhig als leitende Heuristik gelten.

> „Erst wenn ein Grundgefühl die Integrität seiner Körperhülle garantiert, kann das Kind vertrauensvoll mit (den Körper-)Öffnungen umgehen. Hier bestätigt die klinische Erfahrung, was Bion mit dem Begriff psychischer ‚Behälter' (container) bezeichnet hat: Depersonalisierungsängste sind verbunden mit dem Bild einer Hülle, die durchlöchert werden kann, sowie mit der – nach Bion – primären Angst, daß eine lebenswichtige Substanz durch diese Löcher abfließt. Es handelt sich also nicht um die Angst vor Zerstückelung, sondern vor Entleerung (...)" (Anzieu, a.a.O., S. 58).

f) Natürlich läge es hier unter Bezugnahme auf die Tradition Melanie Kleins und W. R. Bions in der Psychoanalyse nahe, von einer projektiven Identifikation der beiden Täter mit ihrem wehrlosen Opfer zu sprechen. So universell diese in die Übertragungs- und Gegenübertragungsbeziehungen zwischen Menschen eingelassen ist, so augenscheinlich konvergiert ihre pathologische Form mit einem fragmentierten Körper-Ich. Dabei kommt es unter bestimmten Umständen zu einer partikularen Zerteilung des gesamten psychischen Apparates mit seinen Wahrnehmungs- und Denkfunktionen.

In einer phantasmatischen Spirale von verfolgendem Haß dringen solche Partikel in das Objekt ein und zerstören es; aber ebenso werden diese Partikel mit gleicher Intention vom

Objekt zurück an den Sender adressiert. In dieser Spirale sind keine gegenseitige Anerkennung, Liebe und Erkenntnis mehr möglich; für destruktive Impulse gibt es nur den Einwegkanal von Haß und Zerstörung. Weil Haut- und Körper-Ich als schützende Hüllen versagen und die mit Anzieu festgehaltene Löchrigkeit aufweisen, brechen auch die Differenzierungen des psychischen Apparates zwischen innerer und äußerer Realität zusammen. Durch diese Löcher hindurch fühlt sich dieser gleichsam von bizarren Objekten umgeben, die er nicht mehr hinreichend zu ordnen, in eine symbolische Ordnung von verbindlichen Wort- und Sachvorstellungen zu integrieren weiß.

Bion nennt diese partikularen, durch die psychische Symbolfunktion noch nicht integrierbaren und integrierten Objekte „Beta-Elemente" (vgl. 1992, S. 68ff.). Beta-Elemente sind „Objekte, zusammengesetzt aus Dingen-an-sich, Gefühlen von Depression, Verfolgung und Schuld, und daher Aspekte der Persönlichkeit, die untereinander durch ein Katastrophengefühl verbunden sind" (ebd., S. 71). Die Zerstreuung dieser Elemente gehört zu den archaischen Wahrnehmungsmustern der von Melanie Klein beschriebenen paranoid-schizoiden Position, in der Spaltung und Fragmentierung vorherrschen. Der psychische Apparat muß diese Beta-Elemente in seiner Entwicklung allmählich in eine Kohäsion bringen können, um die paranoiden Verfolgungs- und Vernichtungsängste zu mildern. Dazu dient auch im kleinianischen Verständnis die Symbolbildung, die durch die depressive Position ermöglicht wird. Die Symbolisierung stellt in den einzelnen vorsprachlichen (präsentativen) und sprachlichen (diskursiven) Symbolen sozusagen jene notwendigen Behälter zur Verfügung, die den fragmentierten und dissoziierten Partikeln der paranoiden Position eine Struktur bieten können.

Bions Versuch, in Anlehnung an Melanie Klein eine Beziehung zwischen der Theorie der paranoiden Projektion und der Theorie der paranoid-schizoiden und depressiven Position herzustellen, darf ebenso als Modell der Adoleszenzkrise gelten. Gewiß handelt es sich bei diesem Wechselspiel um eine Beschreibung des archaischen frühkindlichen Seelenlebens; die beiden Positionen sind aber zugleich Elemente einer allgemeinen Strukturtheorie des psychischen Apparates nach Freud. Und im gleichen Maße, wie es in der Adoleszenz zu einer Reinszenierung des ödipalen Grundkonflikts kommt, dramatisiert sich beim Jugendlichen auch das Wechselspiel zwischen paranoid-schizoider und depressiver Position auf einer erweiterten Stufenleiter.

Wenn es dem puberalen Jugendlichen nicht gelingt, die depressive Position in der phasentypischen Symbolisierung (Bereitschaft zur Internalisierung und Infragestellung von universellen Normen, Preisgabe egozentrischer Weltbilder, Anerkennung der sexuellen Differenz, formal-abstrakte Denkoperationen, imaginative und kreative Symbolschöpfungen) zu festigen, riskiert er eine Prädominanz der paranoid-schizoiden Position. Er findet nicht im Symbolgefüge zivilisierter Normen, sprachlicher Kommunikation und ästhetisch-expressiver Ausdruckskraft den tragfähigen und hinreichend dichten Behälter für seine zerstreuten „Beta-Elemente". Er muß schlimmstenfalls diesen Behälter, wie gezeigt, alloplastisch und in einer pathologischen Form projektiver Identifikation im versehrbaren und angreifbaren Körper eines anderen Menschen finden.

g) Schließlich spricht Béla Grunberger (1988, S. 13) im Zusammenhang seiner Antisemitismusstudien vom zerstückelten, zerbrechlichen Ich des Antisemiten, das sich von heftiger, auf die Projektionsfigur des Juden verschobener Kastrationsangst erdrückt fühlt. Er sieht in der Adoleszenz mit ihrer einzigartigen Kombination von ödipaler Krise und narzißtischem Schub das Alter, an dem sich gleichsam idealtypisch die unbewußte Struktur des Antisemitismus freilegen läßt.

Die Zweifel an seiner Identität und seinem Geschlecht disponieren zumal den männlichen Jugendlichen zu einer „antisemitischen Wahl“. Diese Wahl neigt zur Bildung von *vaterlosen* Bruderschaften und organisierten Körperschaften, die heute erneut zu den Sozialisationsformen der rechtsextremen Szene gehören. Solche Körperschaften – der Wortsinn legt es nahe – kommen dem jugendlichen Bedarf nach einem idealisierten Körperbild entgegen, das ihn weiter in der Ruhe vor dem pubertären Sturm wiegt und ihm letztlich eine gelingende Ödipalisierung vereitelt. Im Falle einer antisemitischen Objektwahl wird das Klischee des Juden mit der ambivalenzschweren Phantasie eines kastrierten und kastrierenden väterlichen „Fremdkörpers“ aufgefüllt.

Eine mißlingende Integration von ödipaler Krise und narzißtischer Selbstbildung, wie wir sie auch und erst recht beim rechtsextremen Jugendlichen vermuten dürfen, trägt demnach stets die Spuren einer scheiternden „Revolte gegen den Vater“ (Mendel 1969), ist eingebettet in das Szenario eines „dramatischen Vaterkonflikts“ (Richter 1995). Es ist denn auch keineswegs zufällig, wenn die Lebensgeschichten von rechtsradikalen Gewalttätern zumeist ein Defizit an Erfahrungen mit hinreichend guten und verläßlichen Vätern aufweisen. Dies legt nicht nur den Schluß nahe, daß jugendlicher Rechtsextremismus heute besonders akut zu den Sozialpathologien der vaterlosen Gesellschaft zählt. Weil dieses Mißlingen zugleich ein Mißlingen der Identifikation mit dem Körper des ödipalen Vaters ist, drängt sich die Konklusion auf: Die physische Gewalt gegen das Opfer ist Verschiebungs- und Übertragungsersatz einer Attacke gegen den Körper des Vaters, der – in seiner Funktion als triangulierender und ödipalisierender Fremder der Familienstruktur – das Kind aus der Einheit mit der Mutter löst, damit einen Anstoß zur sexuellen Differenzierung gibt und hierfür mit dem Ressentiment eines unverdauten Vaterhasses besetzt wird.

VII.

Den großen Problemstellungen politischer Psychologie und analytischer Sozialpsychologie wird man gerecht, wenn man nach den geheimen Konjunktionen zwischen dem Binnengefüge triebhafter Körperlichkeit und dem Großraum von Politik und Ideologie fragt. Unüberhörbar ist hier die Metaphorik, aber Metaphern sind seit je das Medium psychoanalytischen Verstehens und seiner Methode, weil sie zugleich der Funktionsweise des Unbewußten nachgebildet sind. In einer eigenständigen psychoanalytischen „Metaphorologie“ (Hans Blumenberg) sind Gegenstand und Erkenntnis dialektisch verschränkt.

Diese Metaphorik gilt nachweislich für das psychoanalytische Verständnis des Körpers und der konzentrischen Kreise, die sich um ihn legen. In bezug auf das Körper-Ich und seine Wahrnehmung müssen wir nämlich einen folgenreichen Befund festhalten: Nicht nur sind im Sinne von Freuds paradigmatischer Formulierung zu Beginn der „Traumdeutung“ die möglichen Gegenstände psychoanalytischer Erkenntnis, zunächst die klinischen Phänomene in der Behandlungssituation, allesamt „wie ein Traum strukturiert“ und damit in einer strukturalen Analyse rekonstruierbar. Ebenso kann unter Bezug auf die klassische politische Philosophie gesagt sein, die Welt sei für die psychischen Primärprozesse wie ein Körper strukturiert, das Subjekt finde sich stets eingeflochten in die Textur eines „politischen Leibes“ (John O'Neill; vgl. dazu Heim 1992).

Bei näherem Hinsehen handelt es sich hierbei um einen anthropologisch zentralen Befund menschlicher Wahrnehmung: Wahrnehmungs- und Handlungsschemata sowie die Strukturen, in deren Prisma das Subjekt wahrnimmt, folgen dem Maßstab körperlicher Erfahrung. Die Ordnung der Welt bildet sich nach Maßgabe von Analogiebeziehungen, die vom Körper und seiner Eigenwahrnehmung projektiv auf den objektiven Raum übertragen werden (vgl. hierzu Pohlen und Bautz-Holzherr 1995, S. 53ff.). Dieser anthropologischen Grundstruktur der Wahrnehmung scheint nun in besonderem Zuschnitt das jugendliche Ich unterworfen zu sein, das mit einem radikalen Neubeginn körperlicher Selbstwahrnehmung ringt. Genau dies legt Peter Blos in seiner Betrachtung von Umgebungsdeterminanten der Adoleszenz nahe, wenn er schreibt:

> „Die Außenwelt ist im Anfang nach dem Modell des Körperschemas gebaut, dessen geistige Vorstellung das Körper-Ich repräsentiert. Diese grundlegende Raum- und Wahrnehmungsorientierung ist für dauernd in der unbewußten Analogie des Körperschemas und der Außenwelt festgelegt und verliert niemals seine archaisch-assoziative Beziehung." (Und mit Bezug auf Peto – R.H.:) „Der Symbolismus der Träume und der Folklore zeigt, daß das Finden und Einschätzen der äußeren Realität zum großen Teil durch das Wiederfinden des eigenen Körpers in der Umgebung bestimmt ist. So ist also das Körper-Image von entscheidender Bedeutung für das Erfassen der Welt um uns herum" (Blos, a.a.O., S. 224f.).

Wenn wir diese Annahme einer unbewußten Analogie zwischen dem Körperschema und der Außenwelt, ihre strukturierende Funktion der Wahrnehmung auch für den gewaltbereiten rechtsextremen Jugendlichen geltend machen, dann können wir resümieren: Gerade seine Wahrnehmung der äußeren Realität ist – dies mit besonderer Schärfe in den Suchbewegungen seiner Adoleszenzkrise – durch das Wiederfinden des eigenen Körpers in der Umgebung bestimmt. In der Tat findet er ja im attackierten Opfer zunächst einen Widerschein seines eigenen fragmentierten Körper-Ich. Diesen kränkenden Spiegelreflex muß er mit narzißtischer Wut und ihrer destruktiven Schubkraft tilgen, um sich im Leid des versehrten Körpers das Negativ für das Hochgefühl der eigenen leiblichen Ganzheit zu verschaffen.

Ich behaupte nun, daß rechtsextreme jugendliche Gewalt heute eine erneut heraufdämmernde Wende von traditionellen Politikformen der Moderne zur *Biopolitik* in drastischer Kontur vor Augen führt. Michel Foucault hat diesen Begriff eingeführt, um in einer Kritik der „politischen Anatomie des menschlichen Körpers" dessen neuzeitliche und moderne Disziplinierung als Geheimgeschichte einer Machtprozedur zu entlarven (vgl. dazu Fehér u. Heller 1995). Jugendlicher Rechtsextremismus und seine Gewaltexzesse sind noch keine Machtprozedur im Dienste sozialer Institutionen und ihrem Auftrag der Herrschaftssicherung; sie sind nichtsdestoweniger Biopolitik in einem Nahraum, dessen Grenzen noch mit Fußtritten, Schlägen und Brandsätzen erreichbar sind.

Vor dem Hintergrund eines psychoanalytischen Modells der Adoleszenzkrise kann dies zusätzliche Plausibilität gewinnen. Was wir entwicklungspsychologisch mit Piaget als kognitive Stabilisierung formal-abstrakter Denkoperationen, mit Habermas als normatives Erfordernis kommunikativer Kompetenz und moralisch differenzierter Urteilskraft festhalten können, zählt erwartungsgemäß zu den Ich-Leistungen des Adoleszenten. Die Psychoanalyse spricht in diesem Zusammenhang von einer *Desomatisierung* (M. Schur), die in der Adoleszenz ihren einstweiligen Höhepunkt erreicht. Es handelt sich um eine „Reduktion im Ausdrucksgebrauch des ganzen Körpers und Zunahme der Fähigkeit, sich isoliert von der motorischen Betätigung in Worten auszudrücken. (...) In dieser Hinsicht kann man von einem Fortschritt von der somatischen zur symbolischen Akkulturation sprechen" (Blos, a.a.O., S. 198; 228). Es ist dies eine allmähliche, sich in der Adoleszenz konsolidierende Entwicklung von den körpernahen und undifferenzierten Lust-Unlust-Spannungen zu einem kognitiv und affektiv hinreichend regulierten Triebhaushalt.

Was zunächst aus der Psychosomatik bekannt ist, manifestiert sich in einem freilich verschobenen Kontext in der Adoleszenzkrise des rechtsextremen Jugendlichen. Wir sprechen bezüglich der psychosomatischen Symptombildung von einem Notfall der regressiven *Resomatisierung,* einer Rückkehr zum rätselhaften Code einer frühen Körper- bzw. Organsprache. Dieser Rückgriff ist erforderlich, wenn die neurotischen Abwehrmechanismen – in der Adoleszenz etwa die Pubertätsaskese oder die Intellektualisierung – nicht mehr ausreichen und die von A. Mitscherlich beschriebene zweiphasige Abwehr eine archaische Ausdrucksweise des Körpers wiederbelebt. Mitscherlich nimmt Freuds Trennschärfe zwischen frühkindlicher Verdrängung und einer auf deren Basis erfolgenden Nachverdrängung in späteren Triebkonflikten auf, indem er den Wirkungsradius dieser Nachverdrängung in den Bereich somatischer Funktionen erweitert. Dabei folgt er in seiner psychosomatischen Krankheitslehre der Hypothese,

> „daß die Nachverdrängung sich nicht nur auf den psychischen Apparat (auswirkt), sondern daß es dabei auch zu autoplastischen Funktionsveränderungen an einem Organ oder einem physiologischen Organsystem (...) (kommt). Psychosomatische Krankheiten chronischer Art entwickeln sich nach unserer Hypothese immer dann, wenn die Abwehrversuche mit den dem Individuum vertrauten psychischen Mitteln nicht mehr ausreichen“ (Mitscherlich 1983, S. 147).

Nun scheint der rechtsextreme Jugendliche ein geringes Risiko zu haben, psychosomatisch zu erkranken. Dies ist einstweilen gewiß eine spekulative Vermutung, die sich gerne durch einschlägige Forschungsbefunde belehren läßt. Wie gezeigt, folgt die Resomatisierung bei ihm einer anderen Logik, auch wenn sie durchaus von einer zweiphasigen Abwehr ausgelöst werden kann. Die eklatante Körpersprache des Skinhead mit ihrer phallischen Symbolik bildet hier sozusagen das Accessoire eines Kostüms, hinter dem die Resomatisierung unmißverständlich hervortritt. Nachweislich vollzieht sich die für ihn und seinesgleichen typische Resomatisierung nicht autoplastisch an den Organen des eigenen Körpers; sie äußert sich gegenteilig im gewaltförmigen Agieren gegen den stigmatisierten, mit den Zeichen des Fremden codierten Körper anderer Menschen.

Im psychosomatischen Krankheitsmodell werden dauerhafte vegetative Organschädigungen – auch dies eine Form der Körperfragmentierung – mit der Annahme eines somatischen Entgegenkommens, einer nur vor dem Hintergrund individueller Lebensgeschichte verstehbaren somatischen Disposition begründet. Dagegen findet die Resomatisierung des rechtsextremen Adoleszenten ihre entgegenkommenden Organe in der – wie wir nun im Sinne der beschriebenen primärprozeßhaften Analogisierung zwischen subjektivem Körper und objektivem sozialem Raum behaupten wollen – Metaphorik des *„politischen Körpers“* (vgl. hierzu Schmidt 1995). Diese Organe disponieren ihn freilich nicht zu psychosomatischen Störungen, sondern kommen seinem leiblichen Integritäts- und Identitätsbedarf vielmehr stützend entgegen.

Der „politische Körper“ ist die alt-neue Metapher einer Organisation von Staat und Gesellschaft, die entweder vormodern oder nachmodern die Naturkategorie des Körpers ins Zentrum ihrer Biopolitik stellt. Sind die Politikformen der Moderne von regulativen Ideen des sozialen Zusammenlebens wie Freiheit und Gerechtigkeit geleitet, so setzt die Biopolitik an der diffus gelebten psychophysischen Wirklichkeit an und verabschiedet das autonome Subjekt als Trugbild. Die *Nation* etwa appelliert weit mehr ans vorpolitische Empfinden, nicht an die politische Urteilskraft des mündigen Bürgers.

Die Metapher vom politischen Körper und seinem unbewußten Bedeutungshof genießt eine von neurechten Phantasien befeuerte Konjunktur. Es ist dies eine Konjunktur topologischer Metaphern der Verteilung politischer Macht; sie bringt „Orientierungsmetaphoriken" (Schmidt, a.a.O.) hervor, in denen sich der individualisierte einzelne „in räumlichen Modellen seiner spätmodernen Heimatlosigkeit inne" wird. Erinnern wir uns des Leitfadens eines fragmentierten Körper-Ich, so wird hier dessen Verzahnung mit dem Bild vom politisch werdenden Körper einsichtig. Es appelliert an die löchrigen Sensibilitäten des Haut-Ichs, suggeriert den „Konsens, Politik beginne bereits auf der Haut". Es verweist zudem

> „auf ein unmittelbares Involviertsein der Individuen. Es ruft die Berührung von leiblichen Grenzen in Erinnerung. (...) Die Vorstellung macht glauben, es gäbe so etwas wie einen natürlich-zweckvollen Lebenszusammenhang von Gemeinschaften – nach dem Muster des organischen Lebens. (...) Die organische Teleologie kennt als Zustände nur das Fließgleichgewicht des politischen Organismus oder die Krankheit der Gesellschaft, den Virenbefall durch die 'Fremden', " (Schmidt, ebd.).

Historisch konnte erstmals im europäischen Feudalismus vom „politischen Körper" die Rede sein; hier war dieser mit dem Körper des Königs, mit dem Bild des Leviathan identisch. Das historisch folgenreichste Experiment der Biopolitik hingegen wurde im Nationalsozialismus betrieben. Der arische Mythos, die ideologische Konstruktion der germanischen Rasse und ihr ästhetischer Kult, die Phantasmagorien des Bodens, der Heimat, der genealogischen Herkunft oder der völkischen Reinheit des Blutes: Durchweg handelte es sich hier um eine Politik organizistischer Metaphern, die einen homogenen Kollektivkörper propagierte und dessen Krankheit sie im Rückgriff auf die medizinische Parasitologie auslegte. In der ideologischen und propagandistischen Beschwörung dieser Metaphern erhebt die Biopolitik den Körper zum politischen Schauplatz, läßt sie eine willkürliche und mythisch verfaßte biologische Norm an die Stelle des Gesetzes treten. Desomatisierung und Zivilisierung, die die Kultur der Moderne zuwege brachte und die im Moratorium der Adoleszenz immer wieder einen vorzüglichen Experimentierraum vorfand, erfuhren hier eine Resomatisierung monströser Art.

Diese doppelsinnige Resomatisierung gilt es zu bedenken, wenn der jugendliche Rechtsextremismus heute erforscht und dabei unausweichlich im Zeichen des Zivilisationsbruches interpretiert wird. Denn soweit er vom nationalsozialistischen Erbe imprägniert ist, macht er sich ebendiese Orientierungsmetaphorik des politischen Körpers zu eigen. Deren unbewußte Wirksamkeit zehrt davon, daß sie einem fragmentierten adoleszenten Körper-Ich den Zerrspiegel von Ganzheit und Unversehrtheit, was immer auch meint: eine Entlastung von ödipaler Dramatik und Kastrationsangst, vorhält. Die Organe des politischen Körpers, selbst wenn dieser einstweilen nur an die alte Fratze erinnert und in verschiedenen Spielarten der Modernitätskritik herumgeistert, kommen diesem Entlastungswunsch entgegen. Zur Erfüllung gelangt dieser allerdings erst, wenn er sich die direkte körperliche Gewalt zum Gehilfen nimmt.

Freuds Modell der Wunscherfüllung ruht bekanntlich auf der halluzinatorischen Wahrnehmungsidentität einer Triebregung, die das Szenario einer primären Befriedigung zu wiederholen sucht. Der jugendliche Gewalttäter findet diese Wahrnehmungsidentität in einer vergleichbaren Halluzination, wenn ihm der geschundene und letztlich vernichtete Körper des Opfers als Vexierbild eigener körperlicher Größe und leiblicher Totalität dient. Was ihm dabei an gesellschaftlicher Wahrheit entgeht, ist die Erkenntnis, daß das *Fragment* längst zu einer Allegorie dieser Zeit geworden und Körperlichkeit allein noch als Torso zu denken ist.

VIII.

Diese Erkenntnis führt uns neuerdings eine von Walter Benjamin und Georg Simmel inspirierte Gegenwartsdiagnose vor Augen. Die Motive der Ruine und des Fragments waren für beide zunächst als ästhetische Themen des Barock von Interesse, finden sich indes zugleich im Zentrum einer geistigen Disposition, die sich um ein Verständnis moderner Gesellschaft und postmoderner Kultur bemüht (vgl. van Reijen 1992; Turner 1992). „Allegorien sind im Reiche der Gedanken, was Ruinen im Reiche der Dinge", hieß es bei Benjamin. Der fragmentierte Körper ist zu einem Signifikanten der Ruine geworden und zählt als solcher längst – vom Kubismus bis zu Francis Bacon – zum Repertoire der künstlerischen Moderne und ihrer musealen Inszenierung.

Auf dieser Folie drängt sich uns abschließend ein erweiterter Blickwinkel auf das Phänomen des jugendlichen Rechtsextremismus auf. Daß dieser zumal in Deutschland nicht aus unbewußt wirksamen, transgenerationell überlieferten Identifikationen mit zwei Diktaturen herausgelöst werden kann, wird niemand ernsthaft bestreiten. Beide Diktaturen waren aber zwei historisch folgenreich gescheiterte Bewältigungsversuche gesellschaftlicher Modernisierung. Deshalb siedelt sich die Untersuchung des jugendlichen Rechtsextremismus heute am aussichtsreichsten im Kontext einer kritischen Theorie der Moderne an, die der Dialektik der Aufklärung eingedenk bleibt.

Wenn rechtsextreme Orientierungen Jugendlicher im Brennpunkt einer Hermeneutik des Leibes, am Leitfaden des Begriffs vom fragmentierten Körper-Ich eingekreist werden, bringen sie eine Facette der Dialektik der Aufklärung auf den dramatischen Punkt. Unmißverständlich signalisieren Gewaltakzeptanz und reale Gewalt der Jugendlichen ein entstelltes und verstümmeltes *Interesse am Körper.* Horkheimer und Adorno sprechen in den „Aufzeichnungen und Entwürfen" ihrer Schrift, die nicht von ungefähr im Wissen um den hohen diagnostischen Wert des Begriffs als „Philosophische *Fragmente*" untertitelt ist, von ebendiesem Interesse am Körper. Darin stellen sie ihre Geschichtsphilosophie unter das Zeichen einer „Verstümmelung", von der „vor allem das Verhältnis zum Körper (betroffen ist)" (Horkheimer und Adorno 1969, S. 246). Die Generalthese ihres verdüsterten Blicks auf die Zivilisation, daß die Unterwerfung der Natur unter das Diktat technoider Rationalität mit dem Preis einer Versklavung innerer Triebnatur erkauft werden muß, läßt sich an der „unterirdischen Geschichte" des Körpers exemplifizieren. Die Geschichte der Zivilisation, besonders die europäische Neuzeit, radikalisieren beim Individuum eine Haßliebe zum Körper, die aber nicht ambivalent ist, sondern einen Keil der Spaltung in sich getrieben hat. Ermöglichte die Sublimierung der Liebe zum Körper die kulturellen Leistungen, setzte der Haß dessen Verdinglichung zum „corpus", seine Erniedrigung in sadistischer Grausamkeit frei. Von dieser ist keine Herrschaft entbunden, schon gar nicht die Herrschaft sich körperlich stark gerierender Jugendlicher über die Fragilität ihrer Opfer. Wir können füglich diese tief sitzende Haßliebe als eine der großen Triebkräfte im unversöhnlichen Unbehagen in der modernen Kultur orten.

Freud hat dessen anthropogenetische Wurzeln in einer organischen Verdrängung sondiert, die den aufrechten Gang des Menschen unweigerlich begleitet, eine Entschärfung des Geruchssinns bewirkt und zur Reaktionsbildung des Ekels führt. All dies finden wir in unserer ersten Prämisse, der szenischen Miniatur der beiden Gelsenkirchener Brüder, vereint: Noch aufrecht, sehen sie sich dem am Boden liegenden, verpißten und stinkenden Obdachlosen konfrontiert. Ein Ekel, in dem die organische Verdrängung auch sie in dieser Situation ereilt, entfesselt in ihnen sämtliche Bindungen an die Kultur und treibt sie zum grausamen Massaker. Was sie als Phantasma, als wunschbildende Phantasie aber zugleich treibt, ist die Illusion, sie könnten die Folgen der organischen Verdrängung in den bruchlosen Organen des politischen Körpers besänftigen – in den Organen des politischen Körpers als eines autoritären Staates, der über einer homogenen Gemeinschaft thront, der die Nation als Körperschaft heiligt. En miniature und dem Blick einer Hermeneutik des Leibes, die im besonderen Einzelfall die Strukturgesetzlichkeit des Allgemeinen freilegt, enthüllt sich hier im Eingang eines Gelsenkirchener Kaufhauses eine obskure Nische der Dialektik der Aufklärung:

> „Im Verhältnis des einzelnen zum Körper, seinem eigenen wie dem fremden, kehrt die Irrationalität und Ungerechtigkeit der Herrschaft als Grausamkeit wieder (...) Die Haßliebe gegen den Körper färbt alle neuere Kultur. Der Körper wird als Unterlegenes, Versklavtes noch einmal verhöhnt und gestoßen und zugleich als das Verbotene, Verdinglichte, Entfremdete begehrt. Erst Kultur kennt den Körper als Ding, das man besitzen kann, erst in ihr hat er sich vom Geist, dem Inbegriff der Macht und des Kommandos, als der Gegenstand, das tote Ding, „corpus", unterschieden. In der Selbsterniedrigung des Menschen zum corpus rächt sich die Natur dafür, daß der Mensch sie zum Gegenstand der Herrschaft, zum Rohmaterial erniedrigt hat. Der Zwang zur Grausamkeit und Destruktion entspringt aus organischer Verdrängung der Nähe zum Körper, ähnlich wie nach Freuds genialer Ahnung der Ekel entsprang, als mit dem aufrechten Gang, mit der Entfremdung von der Erde, der Geruchssinn, der das männliche Tier zum menstruierenden Weibchen zog, organischer Verdrängung anheimfiel" (Horkheimer und Adorno, ebd., S. 247).

Doch ist damit der Schliff des jugendlichen Rechtsextremismus zum Prüfstein einer kritischen Theorie der Moderne, seine Bindung zur rekursiven Schlaufe in der Dialektik der Aufklärung, keineswegs erschöpft. In seinem Hang zur Biopolitik, seiner triebhaften und narzißtisch befeuerten Suche nach einer fiktiven Ganzheit seines Körpers besiegelt er, wiederum mustergültig und indizienhaft, das Scheitern eines Versprechens der Moderne. Diese war, seit Hegel an ihr eine unheilbare Zerrissenheit der sittlichen Totalität diagnostizieren mußte, mit dem Versprechen angetreten, die Freiheit des modernen Menschen stets auch als Befreiung des Körpers aus der christlichen Dualität von Leib und Seele zu lancieren. Wie die neuen elektronischen (Medien-)Technologien heute in aller Deutlichkeit zeigen, war das Paradigma moderner Zivilisation eines der Immaterialisierung von gewichtiger Materialität, der „Abstraktion vom Körper" (D. Kamper). In solcher Abstraktion schraubt sich der Zivilisationsprozeß zu feinsinnigsten sublimatorischen Höhen hoch. Zum Refugium des Körpers wurden, vom Sport einmal abgesehen, mehr oder weniger repressiv entsublimierte Orte der Erotik und Sexualität sowie die ästhetisch-expressive Wertsphäre der Kunst. Doch schon Freuds Psychoanalyse, die vor 100 Jahren durch diese Orte zu flanieren begann, wurde mit ihrer Einsicht in das Unbehagen in der Kultur zur Zeugin einer im Zentrum der Moderne angelegten Tendenz:

> „Es waren ja tatsächlich fast alle wichtigen und dynamischen Tendenzen der Moderne gegen den Körper gerichtet; sie maßen dem Körperlichen nur einen geringen Wert bei und versuchten ständig, es zu bändigen, zu disziplinieren oder zu ersetzen" (Fehér und Heller, a.a.O., S. 14). Radikaler hieß dies bei Horkheimer und Adorno: „Der Körper ist nicht wieder zurückzuverwandeln in den Leib. Er bleibt die Leiche, auch wenn er noch so sehr ertüchtigt wird. Die Transformation ins Tote, die in seinem Namen sich anzeigt, war ein Teil des perennierenden Prozesses, der Natur zu Stoff und Materie machte. Die Leistungen der Zivilisation sind das Produkt der Sublimierung, jener erworbenen Haßliebe gegen Körper und Erde, von de-

nen die Herrschaft alle Menschen losriß" (a.a.O., S. 248f.).

Die Rache der Natur, ihre Resurrektion, die als Motiv die „Dialektik der Aufklärung" trägt, zeigt sich heute nicht nur im drohenden ökologischen Kollaps; sie bekundet sich ebensosehr im gewalttätigen und grausamen Versuch Jugendlicher, einem fragmentierten Körper den trügerischen Schein einer phallischen Fülle des Leibes zu verleihen. Auch in ihm „kommt die unsublimierte und doch verdrängte Rebellion der verpönten Natur herauf" (ebd., S. 250). Als Modernisierungsverlierer fallen sie aus dem Geltungsradius der Kompensation gesellschaftlicher Modernisierung, deren Schäden und Wunden eine – wie es eine neokonservative Therapeutik gerne hätte – wiederverzaubernde Kunst balsamieren soll: „Die Modernisierung wirkt als ‚Entzauberung' (Max Weber); die moderne Entzauberung der Welt wird – modern – kompensiert durch die Ersatzverzauberung des Ästhetischen" (Marquard 1986, S. 105).

Dagegen steht die Behauptung: Gewiß, die moderne Kunst *kompensiert* und läßt die Menschen auf dem Drahtseil der Sublimierung balancieren; dieweil *agiert* der rechtsradikale Jugendliche unten auf dem harten Pflaster sozialer Existenzsicherung, ohne je das Seil erklommen zu haben. Das museale Refugium einer ästhetisch-expressiven Rationalität bleibt ihm verschlossen. Vor seinen Toren inszeniert er im strengen und paradoxen Sinne des Begriffs der *aisthesis* – „*Aisthesis* war der Körper als Objekt *par excellence* und die höchste Quelle der Schönheit" (Fehér und Heller, a.a.O., S. 13) – eine Antiästhetik der Destruktion, die im Verbund mit Antiintellektualismus und Irrationalismus zur Konstante dessen zählt, was Umberto Eco „Urfaschismus" nennt: „Irrationalismus ist auch abhängig vom Kult der Aktion um der Aktion willen. Eine in sich schöne Aktion muß vor dem Denken erfolgen oder ganz ohne Denken. Denken ist eine Form der Kastration. Daher wird Kultur verdächtigt, sobald sie mit kritischen Einstellungen identifiziert wird. Mißtrauen gegen die Welt des Intellekts war immer ein Symptom des Urfaschismus" (Eco 1995).

Zur gegenwärtigen Konjunktur von Ästhetik und *aisthesis* setzt der zeitgenössische jugendliche Rechtsextremismus einen antagonistischen Kontrapunkt. Was die Literatur de Sades, Nietzsches Theorie oder Artauds Theater der Grausamkeit noch in die ästhetischen Gefäße der Kultur gießen konnten, holt die Gewalt der Jugendlichen auf die Bühne des Realen zurück. Es ist deswegen nicht abwegig, sie – wie es Walter Benjamin schon an faschistischer Politik aufgezeigt hat - im Rahmen dieser Konjunktur zu sichten.

Wir haben gesehen, daß der adoleszenztypische Abwehrmechanismus der Intellektualisierung beim gewaltbereiten Jugendlichen als Tragfläche eines nichtpathologischen Krisenverlaufes offenkundig versagt. Es kommt vielmehr zu einer Resomatisierung, die sich nunmehr als eine Verkehrung romantischer Sehnsüchte nach ästhetischen Gegenwelten in einer entzauberten Moderne interpretieren läßt. Wenn es ein Streben nach Einheit, Ganzheit und bruchlosem Sinn ist, was diese Gegenwelten charakterisiert (vgl. Klinger 1995), dann ist die Gewalt des jugendlichen Rechtsextremismus das zur Zeit akute soziale Symptom dieses Strebens am eigenen und fremden Körper. Er wird im gleichen Maße zum Bestandteil des „romantischen Syndroms" (Klinger) in einer in sich zerrissenen Moderne, wie der Faschismus nationalsozialistischer Prägung ein arisiertes rassisches Streben nach Einheit, Ganzheit und Sinn zunächst im Medium einer ästhetisierten Politik, schließlich in der Vernichtungsmaschinerie des Genozids verfolgte. Dessen Biopolitik beschränkte sich nicht darauf, die Kultur eines verfemten Volkes zu zerstören; sie zielte letztlich dahin, die körperliche und seelische Individualität jedes einzelnen Juden zu vernichten.

IX.

Daß das Versprechen der Moderne auf eine Befreiung des Körpers scheiterte, spiegelt sich heute ironischerweise in den Reflexionen über die postmoderne Kultur. Darin scheint der Körper gleichsam als revitalisierte Leiche herumzugeistern wie einst der ermordete Vater Hamlets in dessen quälenden Phantasmagorien. Und wenn das Kursbuch jüngst die Richtung einer „Verteidigung des Körpers" (115/1995) anpeilte, so ist dies gleichfalls Indiz einer freilich sublimen und veredelten Resomatisierung der Gegenwartskultur.

Richard Shusterman spricht von einer „somatischen Wende" in den aktuellen Kulturpraktiken, und so steht zu vermuten, daß die gewaltförmige Resomatisierung rechtsextremer Jugendlicher die alarmierende Variante dieser Wende bildet. Shustermans an sich kontextfrei gemeinte Kulturdiagnose hört sich in unserem bisherigen Kontext denn als zweifelhafte Formulierung an. Doch immerhin wird abermals klar, daß dem Unbehagen in der Kultur heute und im besonderen seinen adoleszenten Erlebnisweisen nur mit einer Hermeneutik des Leibes begegnet werden kann.

> „Die somatische Wende könnte Ausdruck des Bedürfnisses sein, in einer durch raschen Wandel geprägten, zunehmend verwirrenden Welt einen stabilen persönlichen Halt zu finden und zu pflegen. In der postmodernen Lebenswelt (...) sind die Umwelten und Sprachspiele, die unsere Identität bestimmen, zu vielfältig und veränderlich, als daß sie uns ein stabiles Ich-Gefühl bieten könnten. Auch das Netz unserer Beziehungen zu anderen erscheint zu zerbrechlich und fragmentiert, als daß es eine stabile Identität zu vermitteln vermöchte. Unser Körper jedoch ist in diesem verwirrenden postmodernen Strom stets bei uns. Das Soma als ständiger Begleiter bietet eine Grundlage für personale Identität (...) Angesichts dieser Aufgabe einer Gründung des Selbst kann es nicht überraschen, wenn es zu den zentralen Zielen und Metaphern der erlebensbezogenen Somatik (und insbesondere der Bioenergetik) gehört, den Körper zu gründen, ihm das Gefühl eines festen und stabilen Halts auf dem Erdboden zu geben, damit er in ähnlicher Weise der Persönlichkeit Halt zu bieten vermag" (Shusterman, a.a.O., S. 251).

Die beiden Gelsenkirchener Jugendlichen haben, zusammen mit ihren gleichgesinnten Kombattanten der letzten Jahre, auf ihre Weise eine somatische Wende vollzogen. Die adoleszente „Gründung" ihres Körpers im „Gefühl eines festen und stabilen Halts auf dem Erdboden" sah sich in der Begegnung mit dem darniederliegenden Obdachlosen aufs radikalste erschüttert. Dessen fragiler Körper erschien ihnen als Ruine, als lebendes Beispiel einer *gefallenen*, eben ruinierten Existenz. Das lateinische *ruinare* meinte auch den Fall aus einem Zustand grandioser Ganzheit und somit – wie wir psychoanalytisch ergänzen können – das Schicksal des Menschen unter dem Zeichen des Kastrationskomplexes, der sexuellen Differenz, der Endlichkeit und Hinfälligkeit.

Die projektive Identifikation mit dem Obdachlosen, also das unbewußte Gefühl, selbst ruinös und fragmentiert zu sein, dieses aber durch dessen Vernichtung auflösen zu wollen, hat ihren Lebensentwurf wohl auch in einem objektiven Sinne ruiniert. Ein vergleichbares Strukturmuster erinnert an das Projekt von Nazi-Deutschland, als „Volk ohne Raum" einen stabileren Halt auf dem Boden anderer Völker und Nationen zu erobern, dabei das europäische Judentum zu vernichten, um sich nach 12 Jahren in Schutt und Asche, in Trümmern und Ruinen wiederzufinden.

Karl-Otto Apel hat im Versuch, den Nationalsozialismus moralphilosophisch zu deuten, die Krise der Aufklärung in Deutschland vor Hitlers Machtergreifung als „paradigmatische(n) Fall im Rahmen der andauernden Adoleszenzkrise der Menschheit" verstanden (Apel 1990, S. 474). In einer entwicklungslogischen Perspektive ist damit das dringliche (sich jedem Jugendlichen konkret stellende) Problem des Übergangs von den konventionellen Stufen des Moralbewußtseins (Loyalität, Traditionalismus der Üblichkeiten, „Law and Order") zum postkonventionellen Universalismus von Vernunftprinzipien und autonomem Gewissen gemeint. Ob konventionell oder postkonventionell, beide Male sieht sich das moralische Bewußtsein in der Lage, Handlungen und Taten zu begründen. Auf die Moral von „Law and Order" etwa bezog sich selbst Eichmann in Jerusalem, indem er behauptete, er habe stets gehorsam seine Beamtenpflicht erfüllt. Und auf dieselbe Moral berief sich Dietrich Bonhoeffer, als er den Widerstand gegen Hitler mit einer Ergänzung der Notwendigkeit des Gehorsams durch die Notwendigkeit von Zivilcourage begründete.

Dagegen waren die Antworten der Gelsenkirchener Brüder auf die Frage nach ihren Motiven trotz Nähe zur NPD begründungsleer. Die moralische Regression, die zum sozialpsychologischen Kitt des Nationalsozialismus gehörte, indem persönliches Gewissen, Über-Ich und Ich-Ideal an Hitler delegiert wurden, wird von einer moralentlasteten Resomatisierung noch einmal unterboten. Die Begründungsleere der Täter ist zunächst Reflex einer sozialpsychologisch längst beklagten Rückbildung hinreichend gereifter, postödipaler Überich-Funktionen in der spätmodernen vaterlosen Gesellschaft. Dieser Leere korrespondiert aber ebenso die (Angst vor der) Leere eines Haut-Ich, das letztlich mit gewaltsamen Mittel mehr um die Integrität des eigenen Körpers besorgt ist, als daß es für die Überzeugungen einer noch so verwerflichen „Weltanschauung" kämpft. Ob der analytische Blick nun beim jugendlichen Rechtsextremismus verweilt oder anderweitig umherschweift: So oder so steht zu befürchten, daß die von Apel diagnostizierte Adoleszenzkrise der Menschheit noch lange andauern wird. Auf den Horizont dieser Krise indes bleibt jede binnenwissenschaftliche Reflexion und Forschung zum Thema Jugend, Gewalt und Rechtsextremismus bezogen.

Literatur

Adorno, T.W. (1958): Der Essay als Form. In: Noten zur Literatur I. Frankfurt 1963 (Suhrkamp), S. 9–49.

Adorno, T.W. (1964): Jargon der Eigentlichkeit. Zur deutschen Ideologie. Frankfurt 1974 (Suhrkamp).

Anzieu, D. (1985): Das Haut-Ich. Frankfurt 1991 (Suhrkamp).

Apel, K.-O. (1988): Diskurs und Verantwortung. Frankfurt 1990 (Suhrkamp).

Beck, U. (1986): Risikogesellschaft. Auf dem Weg in eine andere Moderne. Frankfurt (Suhrkamp).

Bettelheim, B. (1954): Die symbolischen Wunden. Pubertätsriten und der Neid des Mannes. Frankfurt 1982 (Fischer).

Bion, W.R. (1963): Elemente der Psychoanalyse. Frankfurt (Suhrkamp) 1992.

Blos, P. (1962): Adoleszenz. Eine psychoanalytische Interpretation. Stuttgart 1992 (Klett-Cotta).

Bohleber, W. (1993): Die Nation als imaginäre Gemeinschaft. Zur Psychoanalyse von Nationalismus und Fremdenhaß. In: I. Behrens, F. Berger, T. Plänkers (Hg.): Fremdenhaß, Antisemitismus und Gewalt. Die Gegenwart des Vergangenen. Herbsttagung der Deutschen Psychoanalytischen Vereinigung. Frankfurt, S. 89–110.

Bude, H. (1995): Das Altern einer Generation. Die Jahrgänge 1938–1948. Frankfurt (Suhrkamp).

Döbert, R. und G. Nunner-Winkler (1975): Adoleszenzkrise und Identitätsbildung. Psychische und soziale Aspekte des Jugendalters in modernen Gesellschaften. Frankfurt 1982 (Suhrkamp).

Eco, U. (1995): Urfaschismus. In: DIE ZEIT, Nr. 28, 7.7.1995.

Eisenberg, G. und R. Gronemeyer (1993): Jugend und Gewalt. Reinbek bei Hamburg (Rowohlt).

Fehér, F. und A. Heller (1994): Biopolitik. Frankfurt und New York 1995 (Campus).

Freud, S. (1923): Das Ich und das Es. GW XIII, S. 237–289.

Grunberger, B. (1980–1986): Narziß und Anubis. Die Psychoanalyse jenseits der Triebtheorie. Band 1. München, Wien 1988 (Verlag Internationale Psychoanalyse).

Heim, R. (1992): Fremdenhaß und Reinheit – die Aktualität einer Illusion. Sozialpsychologische und psychoanalytische Überlegungen. In: Psyche, 46, S. 710–729.

Heim, R. (1993): Die Rationalität der Psychoanalyse. Eine handlungstheoretische Grundlegung psychoanalytischer Hermeneutik. Frankfurt (Stroemfeld).

Heim, R. und N. Spangenberg (1995): Thesen zur Fremdenfeindlichkeit als Symptom des Öffentlichkeitsverfalls. In: Psychoanalytische Beiträge zu Rechtsextremismus und Fremdenfeindlichkeit. Materialien aus dem Sigmund-Freud-Institut 14. Münster (Lit), S. 72–127.

Heitmeyer, W. (1987) Rechtsextremistische Orientierungen bei Jugendlichen. Weinheim und München 1992 (Juventa).

Hopf, Ch., P. Rieker, M. Sanden-Marcus und Ch. Schmidt (1995): Familie und Rechtsextremismus. Weinheim, München (Juventa).

Horkheimer, M., und T.W. Adorno (1947): Dialektik der Aufklärung. Frankfurt 1969 (S. Fischer).

Joas, H. (1992): Die Kreativität des Handelns. Frankfurt (Suhrkamp).

Jung, T. und S. Müller-Dohm (Hg.) (1993): „Wirklichkeit" im Deutungsprozeß. Verstehen und Methoden in den Kultur- und Sozialwissenschaften. Frankfurt (Suhrkamp).

Klinger, C. (1995): Flucht Trost Revolte. Die Moderne und ihre ästhetischen Gegenwelten. München (Hanser).

Kohut, H. (1971): Narzißmus. Frankfurt 1976 (Suhrkamp).

König, H.-D. (1993): Die Methode der tiefenhermeneutischen Kultursoziologie. In: T. Jung und S. Müller-Dohm (Hg.) (1993), 190–222.

Kuhlmann, A. (Hg.) (1994): Ansichten der Kultur der Moderne. Frankfurt (Fischer).

Lacan, J. (1966): Das Spiegelstadium als Bildner der Ichfunktion. In: Schriften I. Frankfurt (Suhrkamp) 1975, 61–70.

Laufer, M. und M.E. Laufer (1984): Adoleszenz und Entwicklungskrise. Stuttgart (Klett-Cotta) 1989.

Lorenzer, A. (1984): Intimität und soziales Leid. Archäologie der Psychoanalyse. Frankfurt (S. Fischer).

Lukàcs, G. (1971): Über das Wesen und die Form des Essays. In: Die Seele und die Formen. Neuwied und Berlin (Luchterhand).

Mahler, M., F. Pine und A. Bergman (1975): Die psychische Geburt des Menschen. Frankfurt (Fischer) 1980.

Mahony, P.J. (1982): Der Schriftsteller Sigmund Freud. Frankfurt (Suhrkamp) 1989.

Marquard, O. (1986): Apologie des Zufälligen. Stuttgart (Reclam).

Mendel, G. (1969): Die Revolte gegen den Vater. Eine Einführung in die Soziopsychoanalyse. Frankfurt (S. Fischer) 1972.

Mitscherlich, A. (1983): Krankheit als Konflikt 1: Zu einer Theorie der Psychosomatik. In: Gesammelte Schriften. Band II. Frankfurt (Suhrkamp).

Oevermann, U. (1993): Die objektive Hermeneutik als unverzichtbare methodologische Grundlage für die Analyse von Subjektivität. In: T. Jung und S. Müller-Dohm (Hg.) (1993), 106–189.

Pohlen, M., und M. Bautz-Holzherr (1995): Psychoanalyse – Das Ende einer Deutungsmacht. Reinbek bei Hamburg (Rowohlt).

van Reijen, W. (Hg.) (1992): Allegorie und Melancholie. Frankfurt (Suhrkamp).

Richter, H.-E. (1995): Zur Psychoanalyse des Rechtsradikalismus. In: Psychoanalytische Beiträge zu Rechtsextremismus und Fremdenfeindlichkeit. Materialien aus dem Sigmund-Freud-Institut 14. Münster (Lit), S.

6–18.

Schmidt, T.E. (1995): Politische Körper. Nachmoderne Dramatisierungen von Politik und Gesellschaft. In: Frankfurter Rundschau, Nr. 42, 18.2.1995.

Seidler, G.H. (Hg.) (1994): Das Ich und das Fremde. Klinische und sozialpsychologische Analysen des destruktiven Narzißmus. Opladen (Westdeutscher Verlag).

Shusterman, R. (1994): Die Sorge um den Körper in der heutigen Kultur. In: A. Kuhlmann (Hg.) (1994): Ansichten der Kultur der Moderne, S. 241–277.

Sofsky, W. (1994): Die Meute. Zur Anthropologie der Menschenjagd. In: Neue Rundschau, 105, 4, S. 9–21.

Streeck-Fischer, A. (1992): „Geil auf Gewalt". Psychoanalytische Bemerkungen zu Adoleszenz und Rechtsextremismus. In: Psyche, 46, S. 745–768.

Theweleit, K. (1978): Männerphantasien. Band 2. Männerkörper. Zur Psychoanalyse des weißen Terrors. München 1995 (dtv).

Turner, B.S. (1992): Ruine und Fragment. Anmerkungen zum Barockstil. In: W. van Reijen (Hg.) (1992): Allegorie und Melancholie, S. 202–223.

Robert Heim
Burnitzstr. 65
60596 Frankfurt/Main

Über „Mutanten-Mentalität“ oder die verschiedenen Leben des ausländerfeindlichen jugendlichen Skinhead Bernd

Annette Streeck-Fischer

Einleitung

Als Mutanten werden in der Biologie Organismen bezeichnet, bei denen sich das Erbgut spontan verändert hat oder bei denen Veränderungen aus Erbgut künstlich vorgenommen wurden. Darüber hinaus wird dieses Wort im Alltag in verschiedenen Zusammenhängen gebraucht: Mutant ist ein Schimpfwort, das Jugendliche gebrauchen, um eine unliebsame Person als ‚miesen Typen‘ abzuwerten. Mutanten finden wir auch in Kinderzimmern; es sind Spielfiguren, die – so durch die Film- und Spielzeugindustrie vorgegeben – als außerirdische Lebewesen mit den Erdbewohnern im Kampf liegen. Schließlich spricht auch Enzensberger in seinem Buch „Aussichten auf den Bürgerkrieg“ von Mutanten. Er schreibt dort: „In Wirklichkeit hat der Bürgerkrieg längst in den Metropolen Einzug gehalten ... geführt wird er nicht nur von Terroristen und Geheimdiensten, Mafiosi und Skinheads, Drogengangs und Todesschwadronen, Neonazis und schwarzen Sheriffs, sondern auch von unauffälligen Bürgern, die sich über Nacht in Holigans, Brandstifter, Amokläufer und Serienkiller verwandeln. Wie in den afrikanischen Kriegen werden diese Mutanten immer jünger (Enzensberger, S. 19).

Enzensberger bezeichnet hier Personen, die ein Doppelleben führen, als Mutanten. Es sind Menschen, die als Normalbürger ein angepaßtes Leben führen und zugleich im Verborgenen antisoziale Aktionen unternehmen, z.B. gewalttätig oder kriminell sind. Menschen, die ein Doppelleben führen, sind in der Psychiatrie bekannt als Personen mit dissozierten Ichzuständen oder als multiple Persönlichkeiten. Das Ausmaß von Spaltungen einer Person in verschiedene Leben oder Persönlichkeitsanteile kann unterschiedlich ausgeprägt sein. Im Extrem können es Personen sein, die zwei völlig voneinander abgetrennte Leben führen, eventuell sogar ohne voneinander zu wissen. Als Dr. Jekyll und Mr. Hyde sind sie in die Literatur eingegangen. Oder es können Personen sein, die nur unliebsame oder tabuierte Anteile stabil abspalten und in einem anderen Umfeld leben (z.B. bei Perversionen).

In der klinischen Psychotherapie begegnen wir dem Phänomen, zentrale Anteile von der eigenen Person abgespalten werden, oft bei Jugendlichen mit dissozialen, gewaltbereiten und rechtsextremen Einstellungen. Ihr Auftreten ist gekennzeichnet von einer mitunter beeindruckenden „Schein-Normalität“ einem vordergründig gut angepaßten, unauffälligen Verhalten. Davon abgetrennt existiert eine ganz andere Seite, die oft nur aus Berichten von Begleitpersonen, Eltern oder pädagogischen Begleitern zu erfahren ist und meist in ihrer Bedeutung heruntergespielt wird. Mit ihrer Art der Beziehungsgestaltung bereiten diese Jugendlichen psychotherapeutisch Tätigen oftmals Kopfzerbrechen, da es ungemein schwierig ist, mit ihnen jenseits ihrer vorgegebenen Normalität an ihren tatsächlichen Problemen zu arbeiten.

Die Art des Umgangs mit sich und anderen, die Wandlung von einem angepaßten Typ Mensch in einen anderen z.B. antisozialen oder gewaltbereiten bezeichne ich als Mutantenmentalität. Am Beispiel eines jugendlichen rechtsextremen Skinhead möchte ich verdeutlichen, welche lebensgeschichtlichen, inneren und äußeren Umstände dazu führen, als Mutant zu leben. Ich gebrauche diesen Begriff, auch wenn er – wie die o.g. unterschiedlichen Verwendungen zeigen – nicht wertfrei ist. Denn gerade die Bewertungen, die mit dem Wort verknüpft sind und die das Mutantsein idealisieren oder entwerten, erscheinen zum Verständnis dieses Auftretens von Bedeutung.

Da die Adoleszenz eine Zeit der Verwandlung und Veränderung ist -in Österreich wird der Junge, bei dem der Stimmbruch eingesetzt hat, als Mutant bezeichnet -wird es wichtig sein, die Entwicklungsprozesse dieser Zeitspanne mit zu berücksichtigen. Es stellt sich auch die Frage, inwieweit ein passageres Mutantenleben für Jugendliche eine Form der Bewältigung auf der Suche nach neuen und eigenen Wegen ist.

Überlegungen zur Adoleszenz und Männlichkeit

Ausgelöst durch die psychobiologischen Reifungsvorgänge geht in der Adoleszenz die bis dahin gewährleistete relative Übereinkunft des Jugendlichen mit sich selbst und mit den Eltern als den wichtigen äußeren Objekten allmählich – mitunter auch abrupt – verloren. Die Erfahrung, in Verbindung mit diesen Veränderungen anderen und sich selbst fremd geworden zu sein und auf gesicherte Bewältigungsformen nicht mehr zurückgreifen zu können, mobilisiert Beschämungsgefühle und _ängste, die das Selbst-System des Jugendlichen labilisieren. Konfrontiert mit dieser Fremdheit geraten Jugendliche in eine Krise – die Schamkrise (Brouchek 1991, Streeck-Fischer 1994) – die zu adoleszenztypischen Veränderungen im Auftreten, in der Erscheinung und der inneren Befindlichkeit führt. Es handelt sich hierbei um „physiologische“ Schritte der Ablösung, die mit einer vorübergehenden Phase eines gesteigerten Narzißmus (Blos 1973) einhergehen. Während männliche Jugendliche sich deutlich von sozialen Erwartungen der Eltern, Lehrer und anderer Erwachsener distanzieren, nehmen bei Mädchen Innenwendung und Selbst-Exploration zu (Fend 1990). Dieses unterschiedliche Verhalten ist Folge von verschiedenen Formen narzißtischer Stabilisierung: sie gehen bei männlichen Jugendlichen vorwiegend mit Selbst-Vergrößerung und bei weiblichen Jugendlichen eher mit Selbst-Entwertung einher. Unabhängig von der sukzessiven Desidealisierung der bis dahin idealisierten Elternbilder der Kindheit (Bohleber 1982) verläuft der Ablösungsprozeß von den realen Eltern zwischen deren Idealisierung und Entwertung. Zumeist gerät dabei die Mutter als primäres Objekt, aber auch aufgrund ihrer familiären und sozialen Situation in die Position der Entwerteten. Die Entwertung der Mutter dient dazu, dem Abhängigkeitssog und der Gefahr der Wiederverschlingung durch das mütterliche Objekt zu entgehen – je bedrohlicher die Nähe, umso mehr. Der Vater als derjenige, der Autonomie und Befreiung verkörpert gerät demgegenüber in die idealisierte Position. Indem männliche Jugendliche sich eher mit einem agrandisierten Selbst stabilisieren, stellen sie eine Verbindung mit dem idealisierten Vaterbild der Kindheit her, und klammern entwertete Selbst- und Objektanteile, die sie z.T.

mit der Mutter verknüpfen, aus ihrer Selbst-Stabilisierung aus.

In Familie und Gesellschaft tradierte Konstruktionen von Männlichkeit bekommen jetzt eine wichtige Bedeutung. Der männliche Jugendliche löst sich abrupter und radikaler von der Mutter ab; denn Schwäche, Gefühlshaftigkeit und Abhängigkeit werden jetzt mit Weiblichkeit verknüpft und entwertet. Männer, oft die eigenen Väter oder Gleichaltrige unterstützen diese abrupte Ablösung, indem sie mit Spott und Hänseleien auf Verhalten reagieren, das sie für weichlich-weibisch halten (Eggert-Schmidt-Noerr 1992). In jeder Gesellschaft liegen solche Entwicklungsschablonen bereit, mit deren Hilfe Ausdrucksformen von Männlichkeit und Weiblichkeit erprobt und eingesetzt werden können. Mutproben und hyperphallisches Agieren orientieren sich an Mythen vom „richtigen Mann" (Gilmore 1991). Solche Mythen werden durch die Medien verbreitet und sind in Jugendgruppen gang und gäbe. Sie werden vor allem bedeutsam für Jugendliche mit einem sogenannten erschütterten Selbst. Die Lust des Grauens, Angstlust, Alkohol-, Drogen- und Gewaltexzesse sind Grenzerfahrungen, die der Bestätigung von potentieller männlicher Heldenhaftigkeit dienen sollen (Streeck-Fischer 1994). Es sind Spiele der Adoleszenz (Plaut 1979), die angesichts der Neigung männlicher Jugendlicher, sich mit narzistischer Selbstvergrößerung hervorzutun, zu Grenzerfahrungen führen und die vorübergehend die Funktion haben, männliche Rollen zu erproben.

Die Zeit der Adoleszenz ist gekennzeichnet durch den Beginn einer zweiten Wirklichkeit (Coppolillo 1991), einer Zeit, in der äußeres Verhalten von innerem Erleben abgetrennt wird und der Jugendliche mehr zu dem wird, was er sein möchte. Das äußere Erscheinungsbild wird mehr oder weniger intensiv mithilfe von Szenekleidung und spezifischen Accessoires gestaltet, die dabei helfen sollen, die Grenze zwischen sich und anderen, Innen und Außen zu sichern. Solche Kostümierungen sind als passagere Schutzvorrichtungen gegenüber überwältigenden Schamgefühlen, Depersonalisation und Derealisation anzusehen. Jugendliche schützen sich damit vor eindringenden und bloßstellenden Blicken Anderer. Da die Subjekthaftigkeit ihrer eigenen dualen Natur, nämlich Subjekt und Objekt eigener und fremder Betrachtung zu sein, durch die Wandlungsprozesse der Adoleszenz in Frage gestellt ist, sind solche Schutzmaßnahmen notwendig (Streeck-Fischer 1994). Mit ihrer Hilfe sucht der Jugendliche letztlich Kontrolle und Steuerung über sich und über die Art, wie er gesehen werden möchte, zu erreichen. Die zeitweiligen Verleugnungen von Realitäten und von unannehmbaren eigenen Persönlichkeitszügen dienen Imageaufbesserungen und unterstützen Grenzziehungen zwischen sich und anderen.

Solche Imagepflege kann bis zu Uniformierungen und Maskierungen führen, wie dies z.B. bei jugendlichen rechtsextremen Skinheads der Fall ist. Die Entwicklung zu mehr Eigenständigkeit und Individualität wird durch vordergründige Einheitssymbole, wie Glatze und Springerstiefel, kaschiert, wenn nicht gar vermieden. Inwieweit dem Jugendlichen progressive Schritte hin zu mehr Eigenständigkeit gelingen, ist abhängig von der basalen Struktur des Selbst. Je labiler diese Struktur, umso mehr gerät der Jugendliche in einen inneren Notstand, den er mit verschiedenen Mitteln zu überwinden versucht. Sich anzugleichen an die Erwartungen und Forderungen anderer, sich veränderten Umweltbedingungen wie ein Chamäleon anzupassen, ist eine Form der Bewältigung, um Selbst-bedrohende Ablösungs- und Individuationsschritte zu umgehen. Statt die verschiedenen „Angleichungs"-Selbstanteile zu integrieren, erreichen sie als Mutanten eine gewisse Stabilität durch doppelte oder multiple Lebensführung. Shengold nennt solche Entwicklungen Abteilungsidentitäten (Shengold 1989). Dabei existieren verschiedene Abteilungen innerhalb einer Persönlichkeit nebeneinander. Solche Jugendliche können nicht, wie in diesem Alter üblich, in verschiedenen Experimentierfeldern Rollen erproben, die der Selbstfindung und der Entwicklung einer integrierten Identität dienen, sondern leben voneinander abgespalten, verschiedene Leben. Lediglich an ihrem äußeren Erscheinungsbild sind Widersprüche erkennbar, die zeigen, daß noch andere Welten existieren, z.B. an ihren kurzen Haaren oder Ansteckern. Wenn man sie darauf anspricht, werden diese Zeichen in ihrer Bedeutung geleugnet. Es scheint dann nur eine Abteilung, ein einziger Teil ihrer selbst zu existieren. Mit dieser Leugnung oder Verweigerung eines komplexeren Lebens und Innenlebens vermeiden sie Individuierung. Denn Auseinandersetzung mit sich selbst würde sie mit unerträglichen Leere- und Spannungsgefühlen konfrontieren, die sie mit ihren Angleichungen zu verhindern suchen.

Über die Mutantenmentalität

Der 17-jährige Bernd war ein netter Jugendlicher, der sehr motiviert erschien, seine Probleme in der Schule, mit Alkohol und seine Neigung zu aggressiven Durchbrüchen in den Griff zu bekommen. Er wurde auf Veranlassung seiner Adoptiveltern zur stationären Behandlung vorgestellt. Diese machten sich Sorgen, daß er ins rechtsextreme Milieu geraten und an kriminellen Aktivitäten teilnehmen könnte. Der Kontakt zu ihm war vordergründig gut, aber immer von Skepsis gekennzeichnet, was er wohl alles verbergen würde. Während er in der stationären Behandlung eine gute Entwicklung zu nehmen schien, zeigten gleichzeitig Zeitungsausschnitte an seiner Pinwand mit Berichten von ausländerfeindlichen Aktionen und Symbole für rechtsextreme Orientierungen an seiner Kleidung Einstellungen, die er, wenn er darauf angesprochen wurde, nicht weiter zu erkennen gab. Es entwickelten sich dann mit ihm gleichsam leere Dialoge oder „Papageiendialoge", wie Balzer solche Dialoge bezeichnet hat (Balzer 1993). Er war immer sehr bemüht, vor allem solche Personen, die eng mit ihm zusammenarbeiteten, glaubhaft davon zu überzeugen, daß er ein guter, seine Probleme anpackender Patient war. Davon stabil abgespalten zeigte er unter Jugendlichen, insbesondere in der rechtsorientierten Gruppierung an seinem Heimatort, gefährliches, destruktives Verhalten. Bittner spricht bei solchen Jugendlichen von psychopathischen Entwicklungen, die ein in sich gespaltenes Ich haben: „Das Ich hat einen bewußten Anteil, der vernunft- und willensbegabt und „moralisch ist" und einen archaischen infantilen Anteil, der nur sich selbst, nur seine eigene Lust sucht und geradezu raffiniert und gewissenlos in der Durchsetzung seiner Wünsche ist." (Bittner 1994, S. 181).Die politische Motivation solcher Jugendlicher sei größtenteils Fassade, ein „willkommenes Klischee eines Ich-Ideals", das Tätlichkeiten gegen Schwächere zur Kompensation eigener Insuffizienz- und Wertlosigkeitsgefühle nicht nur sanktioniert, sondern geradezu fordert.

Heitmeyer (1988) hat das unauffällige Auftreten solcher Jugendlicher, bei denen eine Diskrepanz zwischen objektiv vorhandener und subjektiv verschwiegender Deprivation vorliegt, als Abwehrbias beschrieben.

Es sind Kinder, Jugendliche und junge Erwachsene, die diagnostisch oft falsch eingeschätzt werden. Diese Fehleinschätzung resultiert aus der hohen Anpassungsfähigkeit solcher Entwicklungen. Pine beschreibt sie als Entwicklungen, bei denen die innere Desorganisation Folge einer äußeren Desorganisation ist (Pine 1974). Kommen solche Patienten in ein strukturiertes Umfeld, z.B. die Klinik, integrieren sie sich rasch, sind unauffällig, angepaßt und bis zu einem gewissen Ausmaß vertrauens- und bindungsfähig. Zurück im alten Milieu oder konfrontiert mit desorganisierenden Bedingungen, z.B. im Kontakt mit dissozialen Jugendlichen, treten die Probleme sofort wieder auf. Positiven Veränderungen in solchen Behandlungen sind trügerisch und ganz an äußere Bedingungen geknüpft.

Man könnte bei solchen Jugendlichen wie Bernd auch von der Pflege eines doppelten Images sprechen. Je nach Bewertungszusammenhang wird das eine oder andere Gesicht gezeigt, das im jeweils anderen Kontext entweder angesehen ist oder für lebensunwert gehalten wird. Es wird nicht – wie für die Adoleszenz charakteristisch – eine doppelte Wirklichkeit mit einem zunehmend funktionsfähigen Ich entwickelt, das zwischen innen und außen vermittelt, sondern die doppelte Wirklichkeit wird gelebt. Es wird keine Schamgrenze zwischen innen und außen errichtet, sondern es existieren zwei äußere Wirklichkeiten – die Forderungen der Erwachsenenwelt und die einer speziellen Jugendlichenwelt. Ziel ist die Vermeidung von Gefühlen des Entblößtseins und von Schamüberflutung. Mit Hilfe von Täuschungen, Bemühungen, sich und den anderen zu belügen und zu betrügen, entgeht der Jugendliche der befürchteten sozialen und seelischen Tötung durch die eine oder andere Gruppierung. Er entgeht auch dem Selbsthaß, indem er unakzeptable fremde, lebensunwerte Seiten abspaltet, sei es als angepaßter Normalbürger, sei es als gewaltbereiter, ausländerfeindlicher Jugendlicher.

Wie sind die Entwicklungsbedingungen solcher Jugendlicher mit „Mutantenmentalität“, und wie sind ihre Angleichungen zu verstehen? Bernd war bis zu seinem 6. Lebensjahr verschiedenen Traumatisierungen ausgesetzt: in den ersten drei Lebensjahren wurde er durch eine emotional unzuverlässige und lebensunfähige Mutter und einem zu Alkohol und Gewalttätigkeit neigenden Vater versorgt. Danach kam er – durch das Jugendamt veranlaßt – in ein Heim, das wegen verwahrloster und pädagogisch fragwürdiger Bedingungen geschlossen wurde, als er sechs Jahre alt war. Zu dieser Zeit wurde er von seinen jetzigen Eltern adoptiert. Seine Entwicklungsrückstände konnte er bei ihnen schnell überwinden. Als gefälliges und freundliches Kind konnte er sich in der Familie einigermaßen gut zurechtfinden. In der Schule zeigte er gewisse Probleme der Einordnung, leichtere Lernprobleme und schien gelegentlich zu klauen, Verhaltensweisen, die seine Eltern auf dem Hintergrund seiner früheren Probleme nicht sonderlich beunruhigten. Mit 13 Jahren hatte er erstmals einen Freund, mit dem zusammen er sich an Gewaltvideos berauschte. Über diesen Freund entwickelte er eine Faszination für rechtsextreme Einstellungen, Ausländerhaß und Gewalttätigkeit. Bernd hatte eine von vordergründiger Anpassung bestimmte Persönlichkeit entwickelt. Die von Mangel und Traumatisierungen gekennzeichnete frühe Mutter-Kind-Beziehung hatte zu einer vorzeitigen Ich-Reifung mit vorzeitiger Besetzung der äußeren Realität geführt. Die Anpassung und Verschmelzung mit dem als bedrohlich erfahrenen bzw. traumatisierenden mütterlichen Objekt war für ihn in frühester Zeit lebensnotwendig gewesen.

Winnicott hat solche Persönlichkeitsentwicklungen als falsche Selbstentwicklungen bezeichnet (Winnicott 1965). Er hat in seiner Entwicklungsreihe des falschen Selbst verschiedene Formen charakterisiert, die von einer frühen bedingungslosen Anpassung an äußere Verhältnisse reichen bis hin zu einer Organisation höflicher und gesitteter gesellschaftlicher Haltungen, die nur Teile der Persönlichkeit bestimmen. Mit dem von Winnicott sog. falschen Selbst wird in der Regel jene frühe bedingungslose Anpassung bezeichnet, die zu einer Als-Ob-Persönlichkeit gehört. Das falsche Selbst ist von Gefühlen des Unwirklichen und Nichtigen bestimmt. Das wahre Selbst bleibt im Extremfall rudimentär und abgespalten. Das wahre Selbst kann nur eine lebendige Realität werden, wenn es der Mutter in der frühen Bemutterung gelingt, der spontanen Geste oder sensorischen Halluzination des Säuglings so zu begegnen, daß er die Erfahrungen von Omnipotenz oder Wirkmächtigkeit (Dornes 1993) macht. Eine mangelhafte oder noxische Mutter zwingt den Säugling dazu, ihrer eigenen, also einer fremden Geste Sinn zu geben. Das Kind wird kolonialisiert (s.u.).

Anna Freud hat solche Angleichungen mit dem Mechanismus der Identifizierung mit dem Angreifer erklärt (A. Freud 1936). Sie spricht sowohl von Angleichung an als auch von Identifizierung mit dem gefürchteten Objekt der Außenwelt. Angleichung oder Identifizierung sind jedoch Vorgänge, die auf verschiedenen Objektbeziehungsniveaus stattfinden und unterschiedliche Auswirkungen haben. Angleichung an ein bedrohliches Objekt scheint mir nur vorstellbar in Gestalt des Mimikry bei Überwältigung des Ichs. Mit dem Begriff ‚Identifizierung' verbinde ich dagegen ein intaktes Ich. In Anlehnung an Anna Freud definieren Laplanche und Pontalis den Abwehrmechanismus ebenso komplex: „Das Subjekt identifiziert sich mit dem Angreifer, indem es sich selbst für die Aggression als solche verantwortlich macht oder die Person des Angreifers physisch und moralisch imitiert oder sich bestimmte Machtsymbole aneignet, die es kennzeichnen" (Laplanche 1972). Sie gehen nicht darauf ein, inwieweit das Ich dabei in seiner Funktion intakt oder überwältigt ist.

Bernd, der sich an die jeweiligen Bedingungen seiner Umwelt – ob auf der Station oder in der rechtsextremen kriminellen Jugendgruppe – anpaßt bzw. angleicht, reinszeniert ein frühes Beziehungsmuster, das mit diesem Mechanismus nicht zutreffend erfaßt wird. Jolanda Gampel verwendet den Begriff der „radioaktiven Identifizierung". Mit ihm will sie das Eindringen unsichtbarer und vernichtender Schadstoffe in den psychischen Apparat bezeichnen. Sie kennzeichnet „radioaktive Identifizierung" als einen Vorgang, der eintritt „wenn der Einzelne durch schreckliche, gewalttätige und destruktive Aspekte der äußeren Realität, gegen die er schutzlos ist, überwältigt wird, das Ich in seinen Funktionen ausgeschaltet und schädigende Anteile in die Persönlichkeit übernommen werden, ohne es zu wissen" (Gampel 1993). Auch hier erscheint es mir unzutreffend von „Identifizierung" zu sprechen. Ich halte es für genauer in solchen Fällen von radioaktiver Infizierung zu sprechen, einer Ansteckung, die die Abwehrkräfte des Ichs überrennt. Parin hat sich meines Wissens mit der Neigung, sich an das soziale Umfeld anzupassen oder anzugleichen am umfassensten befaßt. Anpassungsmechanismen des Ichs sind – so Parin – Bewältigungsformen gegenüber sozialen Anforderungen, die unbewußt, automatisch und immer wieder gleich ablaufen, und die einen konfliktfreien Umgang mit dem jeweiligen Umfeld ermöglichen. Er erklärt diese Mechanismen aus der defizienten Wahrnehmung des „beobachtenden Ichs"(Parin 1977). Dabei er unterscheidet nicht zwischen einem Ich, das in seiner Struktur und seinen Funktionen intakt ist und das, um einige Funktionen ausschaltet oder automatisiert, um neurotische Konflikte oder Konflikte mit gesellschaftlichen Verhältnissen zu umgehen, und einem Ich, das durch gewaltsame Eingriffe in familiären oder gesellschaftlichen totalitären Strukturen außer Funktion gesetzt wurde – das „bewußtlos" ist oder geworden ist.

Glasser nennt solche „bewußtlosen" Persönlichkeiten, die traumatischen Bedingungen ausgesetzt waren und ein Doppelleben führen, „kolonialisierte Persönlichkeiten", bei denen gleichsam eine Untergrundbewegung existiert, die abgespalten und von der Öffentlichkeit ferngehalten, bzw. verheimlicht wird (Glasser 1992). Der Begriff der Kolonialisierung ist insofern passend, als damit die Inbeschlagnahme eines fremden Territoriums durch Mächtige ausgedrückt wird, die dieses Territorium nach ihren eigenen Interessen beherrschen. Sie setzen ihre Vorstellungen notfalls mit Gewalt und Terror durch, ohne sich für die Eigenheiten der Bewohner zu interessieren.

Mit der Bezeichnung „Mimikryentwicklung" wird vielleicht noch anschaulicher das

Dilemma solcher Menschen wie Bernd beschrieben. Die Mimikry-Entwicklung stellt eine Anpassungsnotwendigkeit an eine existenziell bedrohliche Situation dar. Das Mimikry wird durch Schutz- und Abwehrmechanismen erreicht, die der Selbsttäuschung und Täuschung des gefährlich-bedrohlichen Objekts dienen. Kinder, Jugendliche und Erwachsene mit solchen Entwicklungen simulieren und imitieren Alsobhaft-Entwicklungen, die bei Abwesenheit des Objekts, an das sie sich angleichen, aufgegeben wird. Das äußere und introjizierte bedrohliche Objekt wird in Kontrolle gebracht und zugleich beschwichtigt. Diese falsche Verbindung ist lebensnotwendig, weil damit Vernichtungs- und Zerfallsängste abgewehrt werden können. Der frühen Beziehung dieser Kinder fehlt empathische Sorge. Die Versorgung war allenfalls auf notwendigste Triebbefriedigung reduziert. Die Mutter war zugleich Quelle der Befriedigung und Ort drohender Vernichtung. Sie verweigert Containerfunktionen und konfrontiert das Kind gleichsam mit einer negativen Container-Contained-Beziehung. Diese noxische Erfahrung führt zu einem traumatischen Bruch im frühen Dialog zwischen Mutter und Kind und zu Brüchen, Dissoziationen und Abspaltungen im rudimentären Selbst des Kindes. Es kommt zu einer stabilen, wenn auch falschen Strukturbildung (vgl. Winnicott: falsche Selbst), die zwar einerseits mit einer verbesserten Anpassungsfähigkeit einhergeht, andererseits aber zu einer Unfähigkeit zur Identifikation führt, verbunden mit einer Unfähigkeit, in Beziehungen zu lernen (Glasser 1992). Im abgespaltenen fremden Selbstanteil sind gefährliche destruktive Anteile untergebracht, die oft über das Latenzalter hinaus im Verborgenen bleiben.

Als Kinder stabilisieren sie sich mit einer „Pseudolatenz-Organisation" (Burgner 1985), die von einer „defensiven und unecht integrierten Adaptation" gekennzeichnet ist. Die Angleichung an die äußeren Objekte, an Eltern oder andere Erwachsene, kaschiert ihre tatsächliche Störung. Die Entwicklungsaufgaben der Adoleszenz führen unter solchen Umständen zu einer massiven Labilisierung. Indem die Eltern in dieser Zeit „physiologischerweise" als lebensnotwendige Selbst-Stützen infrage gestellt sind, gerät der Jugendliche in einen Notstand, der zu unterschiedlichen Lösungen zwischen Kolonialisierung und Untergrundbewegung führt.

Die Adoptiveltern als bis dahin ausschließliche Leitfiguren wurden für Bernd jetzt unwichtig. Mit seinem Angleichungsselbst entwickelte er zwei Leben. Er lebte als Mutant in der Erwachsenenwelt und in der Rechtsextremenszene. Die Anziehungskraft, die für Bernd von den rechtsextremen Gruppierungen ausging, die von Gewalt und antisozialen Einstellungen geprägten waren, hatte einerseits mit der inneren Vertrautheit dieses Gewalt- und Demütigungsmilieus durch frühe Kindheitserfahrungen zu tun, zum anderen fand er hier eine äußere Lösung für seinen inneren Notstand. Er begegnete dort der Doppelgesichtigkeit seines bedrohlichen inneren Objekts, das bedingungslose Unterwerfung und Angleichung fordert und ihn zugleich einen Austragungsort für seine abgespaltenen fremden Selbst-Objektanteile ermöglichte, die er im Haß gegen Ausländer kanalisieren und kontrollieren konnte. Parin hat in Anlehnung an eine Arbeit von Amigorena und Vignar (1979) dieses Introjekt als „tyrannische Instanz" bezeichnet (Parin 1983). Amigorena und Vignar haben beschrieben, wie es zu Persönlichkeitsumstrukturierungen unter den Bedingungen grausamer Diktaturen kommt. Abhängig von dem Ausmaß der inneren und äußeren Bedrohung wird das Introjekt „tyranniche Instanz" mobilisiert. Es veranlaßt den Betroffenen sich bei Gefahr anzugleichen, um Sicherheit zu finden. Je größer die Bedrohung, umso größer der Traumatisierungseffekt, der Mimikry hervorruft. Jugendliche wie Bernd werden keine Führer – sie sind Mitläuferpersönlichkeiten, die aufgrund eigener traumatischer Erfahrungen manipulierbar sind. Sie ähneln dem manipulativen Charakter, wie ihn Adorno (1950) beschrieben hat. Von rassistischem Gedankengut geprägte Männlichkeitsmythen bieten solchen Jugendlichen, Plomben oder willkommene Klischees, um ihre Identitätslosigkeit hinter ihrem Doppelleben zu verbergen.

In der Regel zeigen Jugendliche ein besonderes Gespür für widersprüchliches, doppelbödiges und unehrliches Verhalten von Erwachsenen. Jugendliche mit sogenannten „linken" Einstellungen bekämpfen die Hypokrisie Erwachsener – das Unvermögen der vorangegangenen Generation, die Ideale, auf die sie pocht, mit den tatsächlich geforderten Lebenspraktiken (Mitscherlich 1970) in Einklang zu bringen. Jugendlichen wie der beschriebene Bernd, scheint diese Hypokrisie, die Doppelbödigkeit oder auch Unehrlichkeit entgegenzukommen, denn sie legitimiert ihre doppelte Lebensführung.

Ausblick

Hanna Ahrendt schreibt zum Betrügerischen in der Politik: „Wahrhaftigkeit zählte niemals zu den politischen Tugenden und die Lüge galt immer als erlaubtes Ziel. Wer über diesen Sachverhalt nachdenkt, kann sich nur wundern, wie wenig Aufmerksamkeit man ihm im Laufe unseres philosophischen und politischen Denkens geschenkt hat." (Ahrendt 1967, S. 8) Auch in der Psychoanalyse hat die Beschäftigung mit dem Betrügerischen nicht viel Beachtung gefunden – möglicherweise, weil das Problem des Lügens und des Betrügen die „Achillesferse" des psychoanalytisch Tätigen berührt, dessen Bestrebungen auf Wahrhaftigkeit ausgerichtet sind. Smirnoff (1987) meint, daß das Vergnügen des Analytikers wesentlich auch in der narzißtischen Besetzung des „interpretativen Moments" liegt (Smirnoff zit. n. Balzer 1993). Dieses Vergnügen wird durch solche Fassadenidentitäten wie Bernd ad absurdum geführt – wenn ihr Mimikry nicht erkannt und bearbeitet wird. Der Psychoanalytiker läuft Gefahr, sich mit „falscher Plausibilität" und „erzwungenen Bedeutungen" (Beland 1990) in einer trügerischen Übereinkunft mit dem Patienten zu wähnen und den anderen Teil seiner Persönlichkeit oder seines Lebens auszublenden. Täuschung, Selbsttäuschung, Imagepflege, Ideologisierung und Entwirklichung sind charakteristische Phänomene einer schweren narzißtischen Krise*). In der psychoanalytisch orientierten Behandlung von solchen Jugendlichen wie Bernd können wir leicht in narzißtischen Krisen geraten. Selbsttäuschung, Imagepflege oder Ideologisierung sind dann mitunter probate Mittel, die die Infragestellung eigener psychoanalytischer Potenz verhindern und den Prozeß der psychischen Entleerung und Entfremdung kaschieren. Die Schwierigkeiten in der Behandlung werden dann unter Umständen ganz am Jugendlichen festgemacht, z.B. daß er sowieso nicht therapierbar ist, so daß das eigene Versagen nicht mehr hinterfragt wird.

Jugendliche, denen die Doppelbödigkeit oder Unehrlichkeit Erwachsener für ihre eigene betrügerische Lebensgestaltung entgegen kommt, spiegeln uns eine Problematik wieder, auf die Psychoanalytiker hingewiesen haben, die aber aus der Betrachtung immer wieder verloren geht, nämlich die Neigung sich ungeprüft anzupassen oder sich infizieren zu lassen unter dem Druck von sozialen Institutionen, gesellschaftlicher Verhältnisse und bestimmter Weltanschauungen, die freies und unabhängiges Denken mitunter mit Ausschluß aus der Gemeinschaft ahnden. „Der Mensch ist nicht Meister im sozialen Haus, sondern gehorcht" – automatisch, ohne zu prüfen (meine Ergänzung) oder – „bewußtlos den Imperativen sozialer Institutionen." (Parin 1977 S.480)

* Es ist interessant, daß H. Ahrendt (1967, S. 41) dieses Phänomen an der Politik der Vereinigten Staaten während des Vietnamkriegs beschrieben hat.

Einen Grund , warum Psychoanalytiker Anpassungs- und Angleichungsneigungen des Menschen in seinen interpersonellen und sozialen Beziehungen nicht genauer untersucht haben, sieht Parin darin, daß die Psychoanalyse zumeist schlechte Erfahrungen gemacht hat, wenn sie sich auf Einwirkungen der äußeren Realität bezog. Die innere Realität blieb deshalb das Hauptgebiet psychoanalytischer Forschung. Diese Einstellung wird zwar heute mehr und mehr relativiert, ohne daß Anpassungs- und Angleichungsvorgänge an äußere Realitäten bisher genügend betrachtet worden wären.

Wieviel wird das von Anpassung bestimmte Verhalten des Einzelnen in unserer Gesellschaft von einem funktionsfähigen Ich überprüft und gesteuert, und wo wird es von Angleichung bestimmt, die – anhaltend oder nur vorübergehend – mit Verleugnungen und evtl. auch der Neigung zu Betrügerischem einhergeht? In narzißtischen Krisen sind wir für Täuschung, Imagepflege und Entwirklichung anfällig, wie sich auch am Beispiel der Fallbehandlung von Dora durch Freud erkennen läßt (Freud 1905). Freud war als Pionier mit seiner damaligen Unkenntnis von Gegenübertragungsprozessen und adoleszenzspezifischen Bedingungen besonders schwierigen therapeutischen Verhältnissen ausgesetzt. In seiner Fallschilderung hat er mit beeindruckender Plausibilität die Zusammenhänge von unbewußten Triebwünschen und Sehnsüchten an Doras Träumen verdeutlicht. Aber er verbirgt dahinter auch eine demütigende Niederlage, die ihm Dora bereitet hat, indem sie die Behandlung abbrach. Dora fühlte sich von Freud, der versuchte, ihr seine Bedeutungen gleichsam aufzuzwingen – „und das es so ist, werde ich ihr beweisen" (Freud 1905) – , nicht verstanden. Es gelang Freud nicht, Dora wirklich zu sehen und zu erkennen. „Ich weiß," – so räumt Freud in einem anderen Kontext in einem Brief an Lou Andreas Salome selbst ein – „daß ich mich bei meiner Arbeit künstlich abgeblendet habe, um alles Licht auf die eine dunkle Stelle zu sammeln" (Freud 1916). Zu der Zeit als er Dora behandelte, war er selbst in einer Krise und im Begriff, seine Traumatheorie partiell aufzugeben, was bei ihm dazu führte, sich eben der inneren Realität zu zuwenden und zu meinen, Doras Problematik resultiere vor allem aus unbewußten sexuellen Triebwünschen. Freud betrieb hier jene – von Parin erwähnte – Ausklammerung von äußerer Realität. Diese „Abblendung" enthob ihn, sich mit der Doppelmoral der damaligen bürgerlichen Gesellschaft und den gesellschaftlichen Mißständen unmittelbar zu befassen. Er unterlag damit selbst einem gewissen Anpassungs- oder Angleichungsprozeß, mit dem er – so stellt es sich aus heutiger Sicht dar – seine soziale Existenz sicherte und einen geschützten Raum schuf, der für die Weiterentwicklung der Psychoanalyse notwendig war.

In einer renommierten Frauenzeitschrift war vor einiger Zeit ein Artikel angekündigt „warum es sich mit Lügen leichter lebt". Um Konflikte in öffentlichen und privaten Bezügen zu vermeiden, werden Verleugnungen, Täuschungen oder Maskierungen gerne verwendt. Sie dienen der Imagepflege, um Anerkennung zu finden, oder auch der existentiellen Lebenssicherung. Denn mit vordergründigen Anpassungen und Angleichungen lebt es sich konfliktfreier und vielleicht auch leichter, jedoch führen sie auf die Dauer zu Selbstentfremdungen, -entleerungen und psychischen Blindheiten.

Mit meinem Exkurs auf Einstellungen, die wir an verschiedenen Orten in der Gesellschaft begegnen, lag mir daran deutlich zu machen, daß wir einen Bernd mit Mutantenleben nicht nur bei den dissozialen, gewaltbereiten Jugendlichen finden.

Literatur

Adorno, Th.W. (1950): Studien zum autoritären Charakter. Frankfurt 1995 (Suhrkamp).

Amigorena, H; Vignar, M. (1979): Zwischen In-

nen und Außen. Psyche 33: S. 610–619.
Ahrendt, H. (1967): Wahrheit und Lüge in der Politik. München (Piper).
Balzer, W.: (1993): Der Tod und der Kompaß. In: Jahrbuch der Psychoanalyse 31.
Beland, H. (1990): Bion zur analytischen Haltung – ein Überblick. DPV-Information Nr. 7: S. 2–8.
Bittner, G. (1994): Problemkinder. Göttingen (Vandenhoeck & Ruprecht).
Blos, P. (1962): Adoleszenz. Stuttgart: Klett.
Bohleber, W. (1982): Spätadoleszente Enwickungsprozesse. In: E. Krejci und W. Bohleber (Hg.): Spätadoleszente Konflikte. Göttingen (Vandenhoeck) S. 11–52.
Brouchek, F.J. (1991): Shame and the Self. New York (Gilford Pr.).
Burgner, M. (1985): The odipal experience: Effects on development of an absent. Int. J. Psycho-Anal. 66: S. 311–320.
Coppolillo, H.P. (1991): The Tides of Change in Adolescence. In: St.I.Greenspan; G.H. Pollock: The Course of Life, Adolescence. Vol. 4. Madison Inc. S. 235–252.
Dornes, M. (1993): Der kompetente Säugling. Frankfurt (Fischer).
Eggert-Schmid-Noerr, A. (1992): Aggression und Geschlcht. In: U. Finger-Trescher; H.G. Trescher: Aggression und Wachstum. Mainz (Grünewald) S. 56–74.
Fend, H. (1990): Vom Kind zum Jugendlichen. Der Übergang und seine Risiken. Entwicklungspsychologie der Adoleszenz. Stuttgart-Bern (Huber).
Freud, A. (1936: Das Ich und die Abwehrmechanismen. In: Die Schriften der Anna Freud. München 1980 (Kindler) S. 193–351.
Freud, S. (1905): Bruchstück einer Hysterie-Analyse. GW V, S. 161–286.
Freud S. (1916): Brief an Lou Andreas Salome vom 25.5.16. In: Freud, S./Salome, L.: Briefwechsel. Frankfurt 1980 (Fischer).
Gampel, Y. (1993): Die endlose Verstörung durch gesellschaftliche Gewalt ... in DPV Herbsttagung 1993, Kongreßband.
Gilmore, D.D. (1991): Mythos Mann. München (Artemis und Winkler).
Glasser, M. (1992): Problems in the Psychoanalysis of Certain Narcissistic Disorders. Int. J. Psychoanal. 73: S. 493–503.
Heitmeyer, W.; Peter, J.-I. (1988): Jugendliche Fußballfans – soziale und politische Orientierungen, Gesellschaftsformen, Gewalt. München (Juventa).
Laplanche, J.; Pontalis, J.-B. (1972): Das Vokabular der Psychoanalyse. Frankfurt (Suhrkamp).
Mitscherlich, A. (1970): Protest und Revolution. Psyche 24: S. 510–520.
Parin, P. (1977): Das Ich und die Anpassungsmechanismen. Psyche 35: S. 481–515.
Parin, P. (1983): Die therapeutische Aufgabe und die Verleugnung der Gefahr. In: P. Passett; E. Modena (Hrsg.): Krieg und Frieden aus psychoanalytischer Sicht. München (Piper) S. 22–35.
Pine, F. (1974): On the Concept „Borderline" in Children. Psychoanal. Study Child 29.: S. 341–369.
Plaut, E. A. (1979): Play and adaption. Psychoanal. Study. Child 34: S. 217–234.
Shengold, D. (1989): Soul Murder. Frankfurt 1995 (Brandes & Aspel).
Smirnoff, V. (1987): Der Psychoanalytiker und sein Vergnügen. Informationsschrift der DPV zur Tagung in Essen 1987, S. 3–15.
Streeck-Fischer, A. (1994): Entwicklungslinien der Adoleszenz. Psyche 48: S. 509–528.
Streeck-Fischer, A. (1994): Männliche Adoelszenz, Fremdenhaß und seine selbstreparative Funktion am Beispiel junger rechtsextremer Skinheads. Prax. Kinderpsychol. Kinderpsychiat. 43: S. 259–266.
Winnicott, D.W. (1965): Reifungsprozesse und fördernde Umwelt. Frankfurt (Fischer).

Annette Streeck-Fischer
NLKH Tiefenbrunn
37124 Rosdorf

Arbeitslosigkeit, Adoleszenskrise und Rechtsextremismus

Eine Kritik der Heitmeyerschen Sozialisationstheorie aufgrund einer tiefenhermeneutischen Sekundäranalyse

Hans-Dieter König

I. Die Fragestellung, die Methode und das Fallbeispiel Charly

Heitmeyer geht es um ein soziologisches Verständnis des jugendlichen Rechtsextremismus: In Anschluß an Beck (1986) versucht er jugendlichen Rechtsextremismus aus den Folgen von Individualisierungsschüben zu erklären, die sich aus der Modernisierung hochindustrialisierter Gesellschaften ergeben: Da infolge der Freisetzung aus den sozialmoralischen Milieus der Klasse und Schicht und der Entzauberung traditionaler Glaubensgewißheiten der spätere soziale Status von der eigenen Bildung und beruflichen Qualifikation abhängig wird, stellt die Individualisierung von Lebenslagen und die Pluralisierung von Lebensstilen nicht nur eine Chance zur Individuation dar, sondern bringt auch neue Risiken hervor. Wo Jugendlichen der Zugang zur ökonomischen Selbstständigkeit versagt wird, weil sie arbeitslos werden oder davon bedroht sind, da stellen sich Heitmeyer (1992 a) zufolge „Identitätsprobleme“ ein (S. 29), die häufig durch den Rückgriff auf vormoderne Gewißheiten gemeistert werden. Entweder greifen Jugendliche dann auf rechtsextremistische Ideologien der Ungleichheit zurück, akzeptieren die demokratischen Strukturen und höhlen sie auf eine „machiavellistische“ Weise aus (ebd., S. 32), oder setzen sich gegen Andere mit Gewalt durch. Von rechtsextremistischen Orientierungsmustern und Handlungsweisen spricht Heitmeyer dann, wenn beide Grundelemente „zusammenfließen“, wenn nämlich „die strukturell gewaltorientierte Ideologie der Ungleichheit verbunden wird mit Varianten der Gewaltakzeptanz als Handlungsform“ (ebd., S. 14).

Nachdem Heitmeyer (1987) vermittels einer großflächigen Studie mit 1300 Jugendlichen im Alter von 16-17 Jahren die Verbreitung autoritär-nationalistischer Sichtweisen quantitativ untersucht hat, nimmt er in seiner qualitativen Längsschnittstudie „fallspezifische Tiefenbohrungen“ vor (Heitmeyer 1992 a, S. 50). So hat er die Verlaufsformen der Biographien von 31 Jugendlichen im Alter von 16-21 Jahren mit Hilfe problemzentrierter und fokussierter Interviews erhoben. Interpretiert wurde das Datenmaterial mit Hilfe eines Lebenskontext, Arbeitsorientierungen, politische Orientierungen und Identitätsformationen berücksichtigenden Auswertungsrasters, für das die Beantwortung der Frage zentral war, ob die spezifische Problembelastung der sozialen Ausgrenzung vom Arbeitsmarkt, „sei es als eigene latente Bedrohung oder als manifeste Erfahrung“, anfällig macht für rechtsextremistisch akzentuierte Problemlösungen (S. 60).

Dabei ist Heitmeyer die Einschränkung wichtig, daß nicht allein die Integration in die berufliche Normalbiographie vor Rechtsextremismus schützt. Denn Jugendliche, die aufgrund einer „instrumentalistischen Orientierung" (ebd., S. 54) die Arbeit als „notwendiges Übel der Existenzsicherung" betrachten (ebd., S. 66), leiden darunter, „daß keine dauerhaft tragfähige Sinnhaftigkeit von beruflicher Tätigkeit mehr präsent ist" (ebd., S. 474). Wenn aber Arbeit „inhaltsleer" wird, dann ist die Gefahr groß, daß die aufgrund des Instrumentalismus entstehenden „Leerräume" durch den Rückgriff auf rechtsextremistische Orientierungen „aufgefüllt" werden (ebd.). Erst ein „sachlich-inhaltliches Interesse" an der eigenen Berufstätigkeit, aufgrund derer Jugendliche die Arbeit als sinnstiftend erleben (ebd., S. 54), garantiert Heitmeyer zufolge „Schutz vor gewaltakzeptierenden Orientierungen und fremdenfeindlichen Anleihen" (ebd., S. 91 f.). Ob Heitmeyer instrumentelle oder sachlich-inhaltliche Arbeitsorientierungen untersucht, er will die „Eigenlogik der Subjekte" analysieren, welche die Realität immer schon auf eine „produktive" Weise „verarbeiten" (ebd., S. 15).

Eben diesen Anspruch vermag Heitmeyer freilich nicht einzulösen: Obwohl er danach fragt, wie Jugendliche Arbeitslosigkeit oder sinnentleerte Arbeit subjektiv verarbeiten, richtet er seinen Blick lediglich auf die Auseinandersetzung der Jugendlichen mit der aktuellen sozialen und ökonomischen Krisensituation. Dabei entgeht es ihm, daß die innere Verarbeitung der äußeren Realität von der im Verlaufe einer Lebensgeschichte entfalteten Identität abhängt, deren basale Strukturen in familialen Sozialisationsprozessen hergestellt werden* und in der Adoleszenz reorganisiert werden. Denn mit Erikson (1968) kann man davon sprechen, daß moderne Gesellschaften den Jugendlichen ein „psychosoziales Moratorium" einräumen, eine Übergangsperiode, in der sie sich vom Elternhaus lösen und in einem mehr oder weniger „freien Experimentieren" mit verschiedenen sozialen Rollen die Angebote der Kultur prüfen können, um „einen passenden Platz in irgendeinem Ausschnitt der Gesellschaft" zu gewinnen (S. 151). Es geht damit auch um einen Prozeß der jugendlichen Selbstfindung, dessen Ausgang davon abhängt, daß der Heranwachsende die Kindheitsidentifizierungen teilweise verwirft und sie teilweise in eine neue Gestalt der Identitätsbildung integriert, die in Übereinstimmung mit den „Arbeitsmöglichkeiten" einer Berufsrolle entfaltet werden (ebd., S. 152). Welche Folgen dieser Mangel der Heitmeyer-Studie hat, zwar die individuellen Reaktionen auf die Erfahrung von Arbeitslosigkeit zu analysieren, nicht aber zu rekonstruieren, wie diese Krisensituation auf der Grundlage der Identitätskrise verarbeitet wird, die Heranwachsende in der Adoleszenz durchlaufen, soll exemplarisch am Beispiel von Charly untersucht werden, jenem Jugendlichen, von dem allein ein komplettes Interview aus dem Jahre 1987 vorliegt, das Heitmeyer (1992 b) im Materialband zur Bielefelder Rechtsextremismusstudie veröffentlicht hat.

Rekonstruiert wird Charlys Lebensgeschichte mit Hilfe der von Lorenzer (1986) entwickelten Tiefenhermeneutik, eine Me-

* Über der Tatsache, daß auf den folgenden Seiten Heitmeyers (1992 a) identitätstheoretisches Konzept in Anschluß an Erikson kritisiert wird, darf eine wesentliche Differenz nicht übersehen werden. Denn Erikson (1959) nimmt in Anschluß an Hartmann an, "daß der menschliche Säugling mit einer Anlage geboren wird, sich an eine 'im Mittel zu erwartende Umwelt' anzupassen" (S. 193). Damit unterstellt Erikson aber eine "biologische Anpassung des Menschen" (ebd., S. 194), wo es in Wahrheit um eine Anpassungsfähigkeit geht, die, wie Lorenzer (1972) gezeigt hat, erst im Zuge der durch das Zusammenspiel zwischen Mutter und Kind bestimmten Interaktionspraxis gesellschaftlich hergestellt wird. Zur Kritik der idealistischen Voraussetzungen von Eriksons Identitätskonzept vergleiche auch Volmerg (1978).

thode, die aus der Anwendung der in der psychoanalytischen Therapie praktizierten Verfahrensweise des „szenischen Verstehens" auf die Kultur- und Sozialwissenschaften entstanden ist (vgl. König 1993, 1996). Dabei richtet sich die Analyse auf die bewußten und unbewußten Lebensentwürfe, die das Individuum im sozialen Handeln im Einklang mit den in dieser sozialen Welt geltenden Regeln und Normen realisiert oder aber unterdrückt. Während der manifeste Sinn sozialen Interagierens durch die Lebensentwürfe bestimmt wird, die sich aufgrund ihrer sozialen Akzeptanz im Handeln und Sprechen der Akteure durchsetzen, wird der latente Sinn durch die Lebensentwürfe bestimmt, die aufgrund ihrer sozialen Anstößigkeit verpönt sind, jedoch auf einer verborgenen Bedeutungsebene zur Geltung kommen. Während die sozial anerkannten Lebensentwürfe ohne Schwierigkeiten entzifferbar sind, werden die verbotenen Lebensentwürfe erst dadurch zugänglich, daß der Sozialforscher sich durch die im Textprotokoll zutage tretenden Ungereimtheiten, Widersprüche und Brüche irritieren läßt, die damit den Zugang zu einer quer zum manifesten Sinn gelegenen zweiten Sinnebene erschließen. Damit ist die Verfahrensweise der tiefenhermeneutischen Sozialforschung so weit umrissen, daß zur Fallrekonstruktion übergegangen werden kann*:

Vergegenwärtigen wir uns zunächst die wichtigsten Daten aus Charlys jugendlicher Biographie, die durch seinen verspäteten Eintritt ins Berufsleben bestimmt wird: Im Oktober 1985 wohnt Charly noch bei seiner Mutter und ihrem Freund. Aufgrund seines schlechten Abgangszeugnisses findet er keine Lehrstelle. Charly schließt sich „Blue Army" an, einer gewalttätigen Fan-Clique des ehemaligen Fußball-Bundesligisten Arminia Bielefeld, die vor allem aus arbeitslosen Jugendlichen bestanden hat. In dieser nationalistisch und fremdenfeindlich orientierten Fanclique nimmt Charly an den Saufgelagen seiner Kameraden teil, randaliert gemeinsam mit ihnen oder zieht mit ihnen los, um Ausländer zu verprügeln.

Im August 1986 tritt Charly nach einem Jahr Arbeitslosigkeit eine Lehrstelle in einem Friseurladen an. Er leistet sich nun eine eigene Wohnung. Zwar bleibt seine Fremdenfeindlichkeit ungebrochen, aus Angst um seinen Arbeitsplatz verzichtet er jedoch auf Gewaltausübung, die er allerdings bei Anderen billigt. Als er die Lehrstelle im Januar 1987 wegen einer Nickelallergie aufgeben muß und erneut arbeitslos wird, schlägt seine Fremdenfeindlichkeit in offenen Ausländerhaß um. Der Hilfe seiner Freundin Sabine verdankt Charly es, daß er nicht wieder in die Fan-Clique von „Blue Army" abrutscht. Nach fünf Monaten Arbeitslosigkeit findet er eine Lehrstelle in einem Sportgeschäft. Aufgrund seines großen Arbeitseinsatzes ist er als Lehrling sehr erfolgreich und findet die Anerkennung seiner Chefin und seiner Arbeitskollegen. Im Zeitraum zwischen 1987 bis 1988 wird die Verkäuferlehre zur Ausbildung zum Einzelhandelskaufmann erweitert. Seine Freizeitaktivitäten nehmen unter dem Einfluß seiner Berufsausbildung eine neue Gestalt an: 1987 tritt er in eine Tennisschule, im darauffolgenden Jahr in drei weitere Sportvereine (Squasch, Volleyball, Badminton) ein. Da er den zweiten Versuch, eine berufliche Normalbiographie aufzubauen, nicht gefährden will, bändigt Charly die eigene Gewaltbereitschaft und delegiert sie an die neonazistische FAP, die gleichsam stellvertretend für ihn das „Ausländerproblem" lösen soll.

Ich breche an dieser Stelle die Skizze von Charlys Lebenslaufs ab und fasse zusammen, was der Fall nach Auffassung von Heitmeyer

* Für eine kritische Diskussion der Erstfassung des Textes danke ich den TeilnehmerInnen des Frankfurter Arbeitskreises für Tiefenhermeneutik und Sozialisationstheorie. Besonders danken möchte ich Jürgen Belgrad und Reinhard Niemann, die verschiedene Versionen des Textes gelesen und mir durch ihre kritischen Kommentare wichtige Anregungen zur Überarbeitung gegeben haben.

(1992a) zeigt: Seines Erachtens ist „Charlys Fremdenfeindlichkeit“ auf Prozesse „ökonomischer und sozialer Desintegration“ zurückzuführen, die aufgrund von Arbeitslosigkeit zustande kommen (S. 347). Ob Charly ein Jahr lang keinen Arbeitsplatz findet, oder ob er nach der Lehrstelle im Friseurladen wieder arbeitslos wird, in beiden Fällen wünscht er der Langeweile und Ohnmacht durch die Flucht in die Fan-Clique zu entgehen, deren Ideologie der Ungleichheit er so übernimmt, wie er sich auch an deren Gewaltaktionen gegen Ausländer beteiligt. Wie in der ersten Lehrzeit verzichtet Charly auch während der Lehre im Sportgeschäft aus Sorge um seinen Arbeitsplatz auf Gewaltausübung. In dem Maße, wie sich seine Berufssituation in den beiden folgenden Jahren stabilisiert, distanziert sich Charly auch von der rechtsextremistischen FAP und gibt schließlich auch seine Fremdenfeindlichkeit auf. Freilich hält er an staatlicher Ungleichbehandlung von Deutschen und Ausländern fest und rechtfertigt eigene Gewalt im Privatleben. Charly ist deshalb für Heitmeyer das Beispiel eines „stillgelegten Rechtsextremismus“ (ebd. S. 312). Wie Charly als Arbeitsloser den Rechtsextremismus offen bejaht, so steht er ihm als Lehrling ambivalent gegenüber, weil er aufgrund seiner erfolgreichen Berufsarbeit eine „identitätsstiftende Kompetenzerfahrung“ gemacht hat (ebd., S. 469).

II. Versuch einer tiefenhermeneutischen Sekundäranalyse von Charly

Wenn nun Heitmeyers Analyse von Charly einer tiefenhermeneutischen Sekundäranalyse unterzogen wird, dann ist freilich zu beachten, daß diese Fallrekonstruktion nicht nur wegen des diesem Aufsatz gesetzten Rahmens, sondern auch deshalb bruchstückhaft bleiben muß, weil Heitmeyer kein biographisches Interview durchgeführt hat.

Arbeitslosigkeit als soziale Zumutung und der Rückgriff auf eine irrationale Weltanschauung

Das erste Interview findet im Oktober 1985 statt. Charly ist ein 17 Jahre alter Jugendlicher, der bereits durch seine Kleidung seine Zugehörigkeit zur Fan-Clique „Blue Army“ demonstriert. Er trägt „einen Deutschland-Aufnäher, auf dem das Deutsche Reich in den Grenzen von 1937 abgebildet und der Spruch „Deutschland, mein Vaterland eingedruckt ist“ (Heitmeyer 1992 a, S. 314). Aus Milieubeobachtungen ist zudem bekannt, daß er „im Rahmen von 'Blue Army' auch 'beim Aufmischen' ausländischer Jugendlicher mitmachte“ (ebd., S. 316). Im darauffolgenden Jahr beschmiert er in „alkoholisiertem Zustand (...) eine Schule in Bielefeld mit juden- und ausländerfeindlichen Parolen“ (ebd., S. 321). Durch seine äußere Erscheinung und durch seine politischen Aktionen drückt Charly seine weltanschaulichen Überzeugungen aus: Da er sich „halt als Deutscher“ fühle, lasse er nichts auf „sein Land“ kommen und wolle auch dafür „eintreten“ (1992 b, S. 91). Dazu gehöre „auch, daß die Ausländer nun endgültig 'rauskommen“ (ebd., S. 91). Denn sie hätten nicht „das Gefühl für das Land“, das irgendwie „vom Inneren herkommen“ müsse (ebd., S. 85). Wenn „es jetzt mal Krieg gäbe“, da würde doch kein Türke „für Deutschland sterben“ (ebd., S. 86). Dazu seien eben nur die „reinen Deutschen“ bereit (ebd., S. 85), die ihr Land „irgendwie“ lieben, weil sie mit dem Land „so verbunden“ sind (ebd., S. 85 f.). Auf die Frage, was er denn so an Deutschland liebe, erwidert Charly nach einem Zögern:

> „(...) ich liebe halt, was weiß ich, die Landschaft so, nä. So alles das ganze Drum und Dran. Ich meine, Deutschland ist ja an sich ein recht reiches Land so, vom wirtschaftlichen her, kann man sagen, stehen wir ja an sich recht hoch. Wir (haben) gute Versicherungen, wir haben Sozialversicherungen, wir haben gute

> Gewerkschaften, wir haben eigentlich alles, was ein Land haben möchte. Nur, wir haben halt übermäßig Ausländer. Und diese Liebe zum Land, das kann man irgendwie nicht ausdrücken, das ist halt einfach im Gefühl, nä" (ebd., S. 86).

Es fällt auf, daß die Politik, die durch sein Eintreten für Deutschland und durch seinen Kampf gegen Ausländer bestimmt wird, für Charly zur Bühne für das Ausleben persönlicher Wünsche wird. Charly spricht nämlich so merkwürdig über Deutschland, wie ein Mann normalerweise nur über die Liebe zu einer Frau sprechen würde, die er nicht rational begründen, sondern nur bildhaft umschreiben kann. Wie im Zuge einer blind machenden Verliebtheit idealisiert Charly die eigene Nation grenzenlos. Sie wird für ihn zum Sinnbild des „Reichen" und „Guten". Die Ausländer stellt er hingegen als einen Fremdkörper dar, der aus Deutschland ausgesperrt werden sollte. Der das Selbstgefühl aufwertenden Verbindung mit der Eigengruppe der „reinen Deutschen", die seines Erachtens auch für ihr Vaterland bereitwillig Opfer bringen, korrespondiert die Verachtung der Ausländer, die für Charly „keine Mitmenschen" sind, mit denen er „irgendwie leben könnte" (ebd., S. 92). Sie sind für ihn „Leute, die hier nicht hingehören", weil sie eine „andere Kultur haben, eine andere Religion, (...) eine andere Lebensform" (ebd.).

Auf eine manichäische Weise bringt Charly den Gegensatz zwischen Eigengruppe und Fremdgruppe mit moralischen Tugenden der Sauberkeit und Reinlichkeit in Verbindung. Seines Erachtens hängt die kulturelle Differenz nämlich von der Hygiene ab, die bei den Ausländern „total anders" sei. Denn „Ausländer hängen ihre Wäsche nach draußen, wir hängen unsere in den Keller" (ebd., S. 93). Diese Worte befremden, weil ihnen die Realität widerspricht. Denn wo die Wäsche aufgehängt wird, hängt von regionalen und schichtenspezifischer Wohnverhältnissen ab. Welcher latente Sinn sich hinter Charlys irrationaler Zuschreibung verbirgt, wird erst faßbar, wenn man sich deren sinnlich-bildhafte Bedeutung vergegenwärtigt: Wenn Charly für die wohlanständigen Deutschen Partei ergreift, dann begeistert er sich für diejenigen, die verbotene Triebregungen genau so wie anstößige Wäschestücke in den Keller ihres Unbewußten verbannen. Und wenn er sich über die Ausländer empört, dann regt er sich über diejenigen auf, die ihre Triebe so hemmungslos ausleben, wie sie ihre Wäsche auf eine schamlose Weise in aller Öffentlichkeit zur Schau stellen.

Charlys Fremdenfeindlichkeit ist darauf zurückzuführen, daß er die Ausländer in mehrfacher Weise für die sozialen Fragen verantwortlich macht, die ihn beunruhigen:

- Die Gefühle der Ohnmacht und Angst, mit denen er auf seine Arbeitslosigkeit reagiert, vermag Charly nicht rational zu verarbeiten, indem er sich die Regeln des Marktes und ihre Folgen vergegenwärtigt. Vielmehr würden die Ausländer „uns die Arbeitsstellen weg(nehmen)" (ebd., S. 84). Sobald man nicht mehr mit Ausländern um Arbeitsplätze zu konkurrieren brauche, gäbe es nur noch einen „natürlichen Konkurrenzkampf", der seines Erachtens überhaupt kein Problem ist (ebd., S. 90).
- Für die ihn belastenden sozialen Probleme, die infolge der durch Urbanisierung bedingten Vermassung und Vereinzelung entstehen, zieht Charly ebenfalls die Ausländer zur Rechenschaft:

> „(...) ich meine, irgendwie, ich lebe in Deutschland und ich bin ein Deutscher, aber ich komme mir nicht mehr vor, als wenn ich ein Deutscher wäre. Wenn ich abends durch die Stadt gehe, dann sehe ich mehr Ausländer als Deutsche, und das beunruhigt mich irgendwie" (ebd., S. 83 f.).

Die Worte, daß er sich aufgrund der vielen Ausländer in diesem Land nicht mehr als Deutscher fühle, offenbaren, wie sehr die Folgen von Modernisierungsprozessen sein Identitätsgefühl erschüttern. Sein Selbstvertrauen und sein Vertrauen in die Welt und in die Mitmenschen droht daher in ein Mißtrauen gegen jedermann umzuschlagen. Die in ihm aufsteigenden sozialen Ängste vermag Charly nur dadurch unter Kontrolle zu bringen, daß er nach Schuldigen sucht und zur Wurzel des Übels die zunehmende Gewalt in den Städten erklärt, die auf die immer wieder „kriminell auffallen(den)" Ausländer (ebd., S. 89) zurückzuführen sei. Man könne nämlich „heutzutage (...) nach Einbruch der Dunkelheit überhaupt nicht mehr auf die Straße gehen" (ebd., S. 87):

> „Ich glaube, wir sollten, auch gerade in solchen Gebieten, wo sehr viele Ausländer, äh Ausländertum herrscht, (...) da sollte man schon (...) so Streifenwagen einsetzen. Ich sehe das zum Beispiel in Irland, da fahren ja so stündlich diese Panzerwagen durch die Gegend, die dann auch wirklich durchgreifen. Also so was sollte es schon geben" (ebd., S. 87).

Nachdem Charly die Ausländer als die Verkörperung des Bösen identifiziert hat, fühlt er sich von den zu finsteren Mächten erklärten Fremden verfolgt: Die Städte würden sich daher nachts in einen „Asphaltdschungel" verwandeln, der durch die Ausländer unsicher gemacht werde. Sie könnten in der Dunkelheit nur noch durch Streifenwagen und Panzer unter Kontrolle gehalten werden.

- Auch dafür, daß im Zuge des die Moderne beherrschenden Rationalisierungsprozesses die tradierten Glaubensgewißheiten entzaubert und die Individuen aus den sozialmoralischen Milieus der Klasse und Schicht freigesetzt werden, macht Charly die Ausländer verantwortlich, deren Mentalität, deren Glaubensvorstellungen, deren Sitten und Gebräuche er nicht leiden kann (vgl. ebd., S. 88). Denn die Ausländer sind für Charly auch deshalb gefährlich, weil sie durch das Mitbringen „anderer Kulturformen" die als schwach imaginierte deutsche Kultur immer mehr „zurückdrängen". Die Worte, Deutschland drohe ein „Mischland" zu werden, das „halt nicht mehr Deutschland" sei (ebd., S. 90), bringen die Angst zum Ausdruck, die geliebte eigene Nation könne durch eine Verbindung mit dem Fremden verunreinigt und vergiftet werden.

Die Analyse zeigt, daß Charly keine Ideologie vertritt, die sich als Ausdruck eines gesellschaftlich notwendigen falschen Bewußtseins erweist. Vielmehr verficht er eine aus ideologischen Fragmenten, Alltagsstereotypien und psychopathologischen Versatzstücken zu-

---

* Wenn in Bezug auf den Rechtsextremismus von einer Weltanschauung gesprochen wird, dann wird damit auf den Begriff zurückgegriffen, der für die totalitäre Ideologie des Nationalsozialismus reserviert wurde, um sie von den klassischen Ideologien vergangener Jahrhunderte zu unterscheiden. Während diese Manifestationen eines „gesellschaftlich notwendigen falschen Bewußtseins" waren, das in seiner „Unwahrheit, als Ausdruck solcher Notwendigkeit [...] auch ein Stück Wahrheit" war (Adorno 1961, S.161), an dem die Kritik sich abarbeiten konnte, zeichnen sich „totalitäre Ideologien" dadurch aus, daß „in solchem sogenannten 'Gedankengut' [...] kein objektiver Geist sich" widerspiegelt, „sondern es ist manipulativ ausgedacht, bloßes Herrschaftsmittel" (Adorno 1956, S. 169). Schnädelbach (1969) präzisiert diesen qualitativen Unterschied zwischen Ideologien und Weltanschauungen, die nach einer sozialpsychologischen Untersuchung verlangen, folgendermaßen: „Ohne Zweifel haben auch die klassischen Ideologien psychische Bedürfnisse befriedigt", jedoch in einer „sublimeren" und „indirekteren" Weise, weil sie „Resultate rationaler Anstrengung" „psychisch gesunder Menschen" waren (S. 89 f.). Politische Wahnsysteme wie der Nationalsozialismus befriedigen hingegen die „elementaren psychischen Bedürfnisse" jener Individuen, die sich aufgrund der schwindendenden Fähigkeit, „die gesellschaftliche Totalität zu durchschauen", als ohnmächtig und orientierunglos erleben und in historischen Krisensituationen zu „irrationalen Reaktionen" neigen (ebd., S. 90).

sammengesetzte Weltanschauung*, die Ausdruck eines von einer sozialen Gruppe geteilten kollektiven Wahnsystems ist, mit dem auf eine paranoide Weise die zu finsteren Mächten stilisierten Ausländer für das Leiden unter den negativen Folgen der Modernisierung zur Verantwortung gezogen werden.

Arbeitslosigkeit und Weltanschauung im Zusammenhang mit einer adoleszenten Identitätskrise

Die Frage, warum Charly eine Weltanschauung übernimmt, die soziale und politische Fragen auf eine derart irrationale Weise zu lösen verspricht, wird erst verständlich, wenn man sich vergegenwärtigt, wie dieser Jugendliche die Arbeitslosigkeit erlebt:

> „Die Langeweile, daß man den ganzen faulen Tag nichts zu tun hat. Ich schlafe immer ziemlich lange, meist so bis 11 Uhr. Die meisten von meinen Kumpels (...) sind ja auch alle arbeitslos, treffen wir uns jeden Nachmittag oder auch mittags in der Stadt. laufen da rum, gehen irgendwo in eine Kneipe, trinken was, und dann läuft noch was, bis es Abend wird ... Man weiß nicht richtig, was man tun soll" (Heitmeyer 1992 a, S. 313).

Die Tatsache, daß es für ihn schwierig ist aufzustehen, der Sachverhalt, daß er sich langweilt und den „faulen Tag" lang „nichts zu tun" hat, das „Herumlaufen" und das Trinken „irgendwo", der Umstand schließlich, daß man nicht weiß, „was man tun soll", offenbaren, daß die Arbeitslosigkeit Charly in einen „Lähmungszustand" versetzt (Erikson 1968, S. 162), in dem sich die räumliche und die zeitliche Orientierung auflöst. Wenn es sich hierbei aber um einen Zustand der „allgemeinen Verlangsamung" (ebd., S. 164) handelt, der vielleicht nicht nur eine „leichte Depression", sondern auch den Wunsch eines verzweifelten Ichs anzeigt, „sich selbst sterben zu lassen" (ebd., S. 165), dann ist zu fragen, ob es bei Charly nicht auch um das Leiden unter einer von Erikson so bezeichneten „Identitätsverwirrung" geht, in der sich eine jugendliche Identitätskrise häufig ausdrückt (ebd., S. 161).

Tatsächlich wiegt der Umstand, daß es Charly quält, wegen des schlechten Abgangszeugnisses keine Lehrstelle gefunden zu haben, um so schwerer, als er kein Verständnis bei seinen Eltern findet, sie ihm vielmehr sein Nichtstun verübeln. So gipfelt „der beständige Streit mit der Mutter (...) in Charlys zeitweiligem Auszug in ein Jugendwohnheim" (Heitmeyer 1992 a., S. 313). Während die Mutter darüber empört ist, daß der nun 18 Jahre alte Sohn ihr „nicht immer auf der Tasche liegen" könne, wirft der Vater ihm vor, ein „fauler Sack" zu sein, der den „ganzen Tag im Bett" liege und nichts mache (ebd., S. 319). Charlys Kommentar, daß er bei solchen Sprüchen „schon wieder das Kotzen" kriegt (ebd.), verraten, daß die elterlichen Vorhaltungen ihm so nahe gehen, daß sie ihm auf den Magen zu schlagen drohen. Die Tatsache, daß ihm das, was er stillschweigend schluckt, unangenehm aufstößt, verrät, daß Charly sich von Vater und Mutter nicht abgrenzen kann, weil er emotional immer noch an die Eltern gebunden ist.

Damit wird deutlich, daß Charly nicht nur unter der vergeblichen Suche nach einer Lehrstelle leidet, sondern auch darunter, daß die Arbeitslosigkeit die Lösung der von Erikson beschriebenen Entwicklungskrise der Adoleszenz erschwert. Da Charly sich aufgrund seiner Arbeitslosigkeit nicht mit einer Berufsrolle identifizieren kann, die ihm zur Entwicklung von „Kompetenz und Erfindungsgabe" verhelfen würde (ebd., S. 125), wird er von einem „Gefühl des Identititätsverlustes" erfaßt (ebd., S. 127), gegen das er sich, „um selbst nicht auseinanderzufallen", durch die Übernahme einer Weltanschauung verteidigt (ebd.). Wie eine Weltanschauung zur Überwindung einer jugendlichen Identitätsverwirrung beitragen kann, hat Erikson eingehend beschrieben: Unter anderem wirkt die Weltanschauung der auch bei Charly beobachtbaren „Zeitverwirrung" durch den Entwurf einer „vereinfachten Zukunftsperspektive" entgegen; zudem setzt die Weltanschauung an die Stelle des durch Arbeitslosigkeit gestörten freien Experimentierens mit verschiedenen sozialen Rollenangeboten ein in der Fanclique praktiziertes „kollektives Experimentieren mit Rollen und Techniken"; und schließlich vermittelt die Weltanschauung auch „ein geographisch-historisches Weltbild als Rahmen für die keimende Identität des Einzelnen" (ebd., S. 183). Wie es dazu kommt, daß die Ideologie auch noch eine „stark empfundene Übereinstimmung zwischen der inneren Welt der Ideale und Sünden und der sozialen Welt mit ihren Zielen und Gefahren" vermittelt (ebd.), wird faßbar, sobald man sich die Mechanismen vergegenwärtigt, vermittels derer die Weltanschauung die Individuen sozialisiert: Eine Weltanschauung verspricht nämlich nicht nur eine einfache Lösung der Charly beunruhigenden sozialen und politischen Probleme, sondern auch die Beantwortung seiner persönlichen Konflikte:

1. Indem er als Arbeitsloser erklärt, die Ausländer seien für das Konkurrieren um Arbeitsplätze verantwortlich, entlastet Charly sich durch Schuldzuweisung von der eigenen Mitverantwortung für seine Arbeitslosigkeit. Denn er findet ja vor allem wegen seines schlechten Abgangszeugnisses keine Lehrstelle. Wenn er als Lehrling ein Jahr später einräumt, daß dem an seinem Arbeitsplatz herrschenden „Teamgeist" so „ein bißchen" sein „Konkurrenzkampf" widerspricht (ebd., S. 79), dann gesteht er zudem eigene aggressive Impulse ein und projiziert sie zugleich auf die Ausländer, die Bösewichte, die mit den Deutschen konkurrieren und ihnen die Arbeitsplätze wegnehmen.
2. Wie gewalttätig Ausländer seien, erlebe Charly, wenn er abends in der Disko „mal einen Ausländer anrempelt" (ebd., S.. 88). Seine Worte, daß dann „die Hölle los" sei, ja, daß „eventuell (...) so ein Bär vor dir" steht, der „dir sofort einen auf den Kopf hauen" will (ebd., S. 88), verraten, daß Charly mit den Ausländern auch Teuflisches verbindet und er sie gefühlsmäßig wilden Tieren gleichsetzt, vor denen man auf der Hut sein muß. Mit der Bemerkung, er habe Ausländer nur dann als gewaltätig erlebt, wenn er sie „provoziert" habe (ebd., S. 88), räumt Charly zwar ein, daß er selbst es ist, der Ausländern gegenüber gewalttätig ist. Zugleich verleugnet er jedoch seine aggressive Triebimpulse und projiziert sie auf die Fremden, die aufgrund ihrer „kriminellen Energien" angeblich die deutschen Städte unsicher machen.
3. Die Gefährlichkeit dieser Ausländer zeigt sich auch darin, daß Charly „sehr viele deutsche Frauen" kennt, die „halt sehr oft von Ausländern belästigt werden" (ebd., S. 88). Daß Ausländer einfach denken, „sie können sich hier ausleben und deutsche Frauen wären für jeden zu haben" (ebd., S. 88), gipfelt in der Vorstellung, daß Ausländer immer wieder deutsche Frauen vergewaltigen (vgl. ebd., S. 89). Wie sehr diese Phantasie Ausdruck einer projektiven Abwehr ist, wird faßbar, sobald Charly über seine Freundin Sabine und die Trennung von ihr spricht. Denn seine Bemerkung, daß es keine „Trennung auf Leben und Tod" gewesen sei (ebd., S. 77), verrät unterschwellige Haßgefühle. Die Verneinung, daß es ja nicht darum ging, einander „tot zu schlagen", offenbart, daß Charly seine aggressiven Impulse gegen seine Freundin verleugnet und sie auf die als Sexualverbrecher perhorreszierten Ausländer projiziert, die angeblich deutsche Frauen vergewaltigen.

Fassen wir zusammen, wie Charly durch die Übernahme einer Weltanschauung die jugendliche Identitätskrise meistert, die sich aufgrund von Arbeitslosigkeit zu einer bedrohlichen Identitätsverwirrung verschärft: Über die weltanschauliche Orientierung, daß man für ein „reines Deutschland“ und gegen die Ausländer kämpfen müsse, die für alle Übel verantwortlich seien, werden sowohl die ungelösten persönlichen Konflikte als auch die beunruhigenden sozialen Fragen falsch beantwortet, die einen arbeitslosen Jugendlichen wie Charly aufgrund seiner Identitätsverwirrung ängstigen.

Unbewußte Lebensentwürfe und Gewaltbereitschaft, Kindheit und Adoleszenz

Über der Tatsache, wie Arbeitslosigkeit durch die Verschärfung einer jugendlichen Identitätskrise für Rechtsextremismus anfällig macht, darf freilich nicht übersehen werden, daß nicht alle Jugendliche, sondern nur einige arbeitslose Jugendliche mit Neonazis sympathisieren. Hinzu kommt, daß es auch eine ganze Reihe von berufstätigen Jugendlichen gibt, die für Rechtsextremismus anfällig sind. Die Frage stellt sich damit, aufgrund welcher biographischer Konstellationen ein Jugendlicher wie Charly dazu gelangt, das Leiden unter Arbeitslosigkeit im Rückgriff auf eine rechtsextremistische Orientierung lösen zu wollen. Die Beantwortung dieser Fragestellung soll mit der Untersuchung von Charlys Gewaltbereitschaft verknüpft werden, die das Gegenstück zu seiner nationalistischen und fremdenfeindlichen Weltanschauung darstellt.

Solange Charly Mitglied der Fanclique „Blue Army“ ist, erlebt er Gewalt im Zusammenhang mit Fußball als „ganz normal“ (Heitmeyer 1992 a, S. 316).

> „Das ist eben so. Der Stärkere hat eben den Vorteil, der Schwächere ist eben der Unterdrückte. (...) ich unterdrücke auch Schwächere, kann ich sagen, ne. Wenn Leute schwächer sind als ich, über die läster ich auch schon manchmal. Und sage, was willst denn Du Miesling“. (ebd.).

Sobald er eine Lehrstelle gefunden hat, verläßt Charly aus Angst um seinen Arbeitsplatz die Fanclique. Als er im Januar 1987 erneut arbeitslos wird, drängt es ihn erneut zu seiner Fanclique: Zwar ist er sich der Tatsache bewußt, daß es „irgendwie (...) nichts gebracht“ hat, mit „den alten Leuten“ wieder loszuziehen (ebd., S. 72). Allerdings räumt er ein, daß es ihn „juckt“, wenn er „so Bilder im Fernsehen“ sieht, wo „auch wieder Ausschreitungen (...) gezeigt“ werden (ebd.). Oder wenn er einmal ein Fußballspiel besucht und danach „die Fans alle auf den Platz gelassen“ werden, dann „juckt es einen schon wieder“ (ebd.):

> „Ich wollte dann auch sofort da runter, weil irgendwie kommt das dann so über mich, nä, dann dachte ich so, jetzt voll drauf, und dann bin ich dann halt, meine Freundin hat mich so zurückgehalten so, und dann sagte sie, sag mal, spinnst du, jetzt bist du raus aus dem Mist, jetzt willst du wieder anfangen, so nä. Irgendwie juckt einen das schon ein bißchen, also das kann man nicht anders sagen“ (ebd.).

Zwar ist Charly so vernünftig, daß er sich unter dem Einfluß seiner Freundin davon abhalten läßt, sich an Fußballrandale zu beteiligen. Allerdings geht es dabei um so heftige Wünsche, daß er sie nicht allein unter Kontrolle bekäme. Denn seiner Meinung nach „kommt das dann so über mich“ (ebd., S. 72).

In der Lust an Fußballrandale verschaffen sich aggressive Impulse einen Ausdruck, die auf zweierlei Weise entstehen:

- Wo ein Jugendlicher seine Fähigkeiten nicht durch Arbeit entwickeln kann, wird das „Minderwertigkeitsgefühl“ wiederbelebt, das sich Erikson (1968) zufolge bei Grundschülern einstellt, wenn es ihnen in der Latenzzeit nicht gelingt, etwas in der Schule zu leisten. Dann setzt sich nämlich die Empfindung fest, „daß man nie 'etwas taugen' wird" (S. 120). Die Folge einer solchen Frustrierung des sich in der Latenzzeit entfaltenden Tätigkeitsdranges - eine Erfahrung, die Charly aufgrund seiner Schulschwierigkeiten in hohem Maße gemacht hat - sind „unterdrückte Wutgefühle" (ebd., S. 121), die durch Charlys Ärger darüber reaktiviert werden, lange vergeblich nach einer Lehrstelle suchen zu müssen.

- Außerdem reagiert Charly auch mit Wut auf das Leiden unter der sozialen Deklassierung, die mit der zweiten Arbeitslosigkeit verbunden ist. Es habe sich um „eine recht beschissene Zeit" gehandelt (Heitmeyer u. a. 1992 b, S. 71), in der „die Rennerei mit den Ämtern" losgegangen sei, weil Charly seine Wohnung halten wollte (ebd.). Es habe Monate gedauert, bis er endlich Geld bekam. Vor allem habe er „unheimlich viel Freizeit gehabt", mit der er „nicht so recht was mit anzufangen" wußte (ebd.). Freilich habe er bei seiner Freundin und ihren Eltern, die ihn auch finanziell unterstützten, „einen recht guten Rückhalt gehabt" (ebd.). Sonst wäre er sicherlich „wieder in die Zeit zurückgerutscht", in der er mit seiner Fanclique unterwegs war (ebd.).

Wie heftig die auf diese Weise aufkommenden aggressiven Impulse sind, verdeutlichen Charlys Schilderungen der Prügeleien, die er sich vor zwei Jahren im Rahmen seiner Fan-clique mit gegnerischen Fußballfans geliefert hat:

> „Man kann richtig losbrüllen endlich mal, man kann alles aus sich rauslassen, was sich im Laufe der Woche gestaut hat, und dann hinterher sitzt man eben zusammen, erzählt so, den habe ich umgehauen und den, und der andere hat den. Dann trinken wir gemütlich ein Bier zusammen. Ja, manchmal kommt es auch vor, daß, wenn zwei Mannschaften sich schlagen, setzen sich danach zusammen in 'ner Kneipe und trinken sich einen" (zit. nach Heitmeyer u. a. 1992 a, S. 316).

Wie diese Worte illustrieren, haben das Minderwertigkeitsgefühle erzeugende Nichtstun und die durch Arbeitslosigkeit bedingten sozialen Zumutungen ein Erleben von Ohnmacht und heftiger Wut zur Folge, Affekte, für die Charly sich durch ein machtvolles Brüllen in der Fan-Clique und durch Gewaltaktionen entschädigt:

> „(...) wenn man so und so viel Menschen im Krieg umgebracht hat, dann kriegt man einen Orden und da, wenn man so und so viele umgehauen hat, da wird man dann praktisch als Held gefeiert. Zwar nur einen Abend lang, ne, dann wird einem Bier ausgetan und dann besäuft man sich hinterher. Das ist schon irgendwie ein bißchen reizvoll" (ebd., S. 321).

Zweifellos befremdet es, daß das Fußballstadion zu einem Schlachtfeld stilisiert wird, auf dem sich Charly und seine Kameraden wie in den Weltkriegen „Orden" verdienen. Freilich darf nicht übersehen werden, wie Charly dadurch, daß er durch Fußballrandale zum Helden wird, das durch die Arbeitslosigkeit angeschlagene Selbstwertgefühl reparieren und seine unterdrückte Wut ausleben kann. „Faszinierend" sei die Fußballrandale gewesen, weil es nach Auffassung von Charly „irgendwie schon" darum ging, „was Besonderes geleistet" zu haben. Eben weil Charly sich aufgrund seiner Arbeitslosigkeit entwertet und depotenziert fühlt, „juckt" es ihn, sich durch Fußballrandale seiner Männlichkeit und Stärke zu vergewissern. So wie sie durch den Kampf miteinander ihre gewandten und kraftvollen Männerkörper spüren, so wird das identitätsstiftende Gefühl, ein Mann unter Männern zu sein, anschließend durch Trinkgelage befestigt, bei denen die Stärke der Männer an der Höhe ihres Alkoholkonsums gemessen wird und die Gewaltaktionen nachträglich als Heldentaten gefeiert werden.

Wie zu Beginn des Abschnitts ausgeführt wurde, läßt sich die Frage, wie Charly dazu kommt, die durch Arbeitslosigkeit aufkommenden Gefühle von Ohnmacht und Wut durch Gewaltaktionen im Rahmen einer rabiaten Fanclique zu lösen, zureichend nur durch die Einbeziehung von Charlys Biographie beantworten. Denn nur im Rückgriff auf die verfügbaren Spuren seiner insgesamt von ihm selbst und den beteiligten Forschern ausgeblendeten Kindheit lassen sich die unbewältigten Identitätskonflikte rekonstruieren, die im Zuge familialer Sozialisatonsprozesse entstanden sind und im Rahmen der adoleszenten Identitätskrise wiederbelebt werden. Wie Charly seine Kindheit erlebt hat, läßt sich vor allem durch die Art und Weise erschließen, wie er auf frühere Jahre zurückblickt:

> „(...) es (gab) halt irgendwo nie jemanden, der sich da so für interessierte (...). Die meisten haben mich halt irgendwo immer wursteln lassen, ob's jetzt Mutter war oder irgendwie mein Vater. Da kam von der Seite irgendwo nichts. Das konnt ich auch nicht verlangen" (Heitmeyer 1992 a, S. 346).

Es fällt auf, wie schonend Charly mit seinen Eltern umgeht: Zwar wirft er seinen Eltern vor, sich nicht für ihn und sein Tun „interessiert" und ihn sich selbst überlassen zu haben. Aber das drückt er nur zögernd und indirekt aus. Denn er redet davon, daß es „halt irgendwo nie jemanden" gab, der sich „da so für interessierte", und „die meisten" ihn „halt irgendwo immer wursteln" ließen. Wie Charly mit den Worten „da so für" ausspart, daß es um ihn ging, so spricht er ausweichend von „halt irgendwo nie jemand" und von „die meisten", obwohl er seine Eltern meint. Das nicht weniger deplazierte wirkende und dreimal verwandte „irgendwo", das er sowohl in Bezug auf sich selbst als auch in Bezug auf die Eltern benutzt, verrät, daß das familiäre Rollengefüge so diffus und unstrukturiert war, daß das Elternhaus für Charly kein sozialer Ort war, wo er Halt und Orientierung hätte finden können. Eine Antwort auf die Frage, warum Charly keine Anspüche an die Eltern stellt, sondern Verständnis für deren Gleichgültigkeit hat („das konnt ich auch nicht verlangen"), läßt sich aufgrund des verfügbaren biographischen Materials zumindest plausibel konstruieren:

Da die Mutter seit Jahren „unter schubartig auftretenden depressiven Erkrankungen" leidet (Heitmeyer 1992 a, S. 312), konnte sie ihm als Kind aller Wahrscheinlichkeit nach nicht genügend Zuwendung entgegenbringen. Zu dem die Entwicklung des kindlichen Selbstgefühls empfindlich störenden Versagen der Mutter kommt die Abwendung des Vaters hinzu, der vor neun Jahren nach der Scheidung aus der gemeinsamen Wohnung auszog. Wenn Charly in der 7. Klasse der Realschule solche Schwierigkeiten machte, daß er der Schule verwiesen wurde, dann hat er auf diese Weise zweifellos auch versucht, die Eltern, die sich um ihn nicht genügend kümmerten, auf sich aufmerksam zu machen. Da er jedoch auch in dieser Situation erfahren mußte, von den Eltern Zuwendung „nicht verlangen" zu können, blieb er weiterhin sich selbst überlassen und konnte in der 10. Klasse der Hauptschule wegen Disziplinschwierigkeiten leistungsmäßig nicht mehr mithalten.

Wie notwendig es auch wäre, diese Analyse durch ein narratives Interview mit Charly zu überprüfen, das fragmentarische biographische Datenmaterial erlaubt dennoch eine erste Rekonstruktion der unbewußten Lebensentwürfe, die Charlys rechtsextremistischer Orientierung aller Voraussicht nach zugrunde liegen: Die Tatsache, daß Charly als arbeitsloser Jugendlicher „so den ganzen Tag praktisch nur rumgehangen" hat (Heitmeyer 1992 b, S. 71), bedeutet ja auch, daß er aufgrund der vergeblichen Suche nach einer Lehrstelle zumindest in eine leichte Depression geraten ist, aufgrund derer er antriebslos und passiv wurde. Im Zuge dieser jugendlichen Identitätsverwirrung drohte Charly das Schicksal der unter Depressionen leidenden Mutter einzuholen, die aufgrund ihrer Arbeitslosigkeit seit vielen Jahren Sozialhilfeempfängerin ist (vgl. Heitmeyer 1992 a, S. 312).

Wenn Charly sich der Fanclique „Blue Army“ anschließt, dann wird zunächst einmal deutlich, welche infantilen Affekte unter dem Einfluß der durch Arbeitslosigkeit verschärften jugendlichen Identitätskrise wiederbelebt werden:

1. Da der aufgrund der Arbeitslosigkeit drohende Verlust des Identitätsgefühls, der mit der Angst einhergeht, ins Bodenlose abzustürzen, die frühe Störung des Selbstgefühls wiederbelebt, die in früher Kindheit aufgrund des Interagierens mit einer depressiven Mutter entstanden ist, sucht Charly einen neuen Halt durch die Verbindung mit der Fanclique, die für ihn zu einer Sicherheit spendenden Ersatzmutter wird. Im Schoße dieser Gruppe teilt er mit den Kameraden den Glauben an eine Weltanschauung, die unter anderem die Größenphantasie befriedigt, einer auserwählten Nation anzugehören, die den Kampf gegen die zum Teufel stilisierten Ausländer entschlossen aufnehmen wird.
2. Da Charly aufgrund der Arbeitslosigkeit keine „Werkidentität“ entwickeln kann (Erikson 1968, S. 167), die auf dem in der Latenzzeit entwickelten Erleben beruht, durch „konstruktive Tätigkeit“ die „Neigung des Ichs“ zu entwickeln, „Passivität in Aktivität zu verwandeln“ (ebd., S. 166), regrediert er „zum ödipalen Wettkampf und zur Geschwisterrivalität“ (ebd., S. 167). Wenn Charly sich mit gegnerischen Fußballfans prügelt und sich über die Ausländer empört, die deutsche Frauen vergewaltigen und schamlos ihre Wäsche in der Öffentlichkeit zur Schau stellen, dann lebt er ödipale Haßgefühle aus, die er dem Vater gelten, der ihn im Stich gelassen hat, und auch dem Freund, der ihn bei der Mutter entthront hat, nachdem der Vater aus der gemeinsamen Wohnung ausgezogen war.

Aber wie regressiv es auch erscheint, daß Charly sich einer brutalen Fanclique anschließt, um rechtsextremistische Orientierungen zu übernehmen und gemeinsam mit seinen Kameraden Fußballrandale zu veranstalten, es geht dabei doch auch um den Versuch, eine jugendliche Identitätskrise zu lösen. Wenn er sich nämlich im Stadion mit anderen Fußballfans prügelt, dann entzieht er sich auch dem lähmenden Umkreis der Mutter durch Aktionen, bei denen er gemeinsam mit den Gleichaltrigen die eigene Männlichkeit und Stärke erprobt. Das bedeutet aber, daß die in der Fanclique zelebrierten Rituale der Mannbarwerdung Charly dazu verhelfen, sich von der depressiven Mutter zu befreien und ein Stück weit erwachsen zu werden. Hinzu kommt, daß die Fanclique ihm auch das ersetzt, was er aufgrund seiner Vaterlosigkeit entbehrt hat. Denn aufgrund der jahrelangen Abwesenheit des Vaters ist zu vermuten, daß Charly ein Vorbild dafür gefehlt hat, wie man sich über die Identifikation mit einem erwachsenen Mann von der Mutter lösen kann. Aus diesem Grunde wird nun das Stadion als „Schlachtfeld“ imaginiert, auf dem Charly zusammen mit seinen Kameraden „Heldenkämpfe“ bestehen kann. Daß er sich auf diesem „Schlachtfeld“ Orden verdienen will, verrät, daß an die Stelle des als zu schwach verachteten Vaters, der vor der depressiven Mutter offensichtlich die Flucht ergriffen hat, die kriegerischen Großväter getreten sind, die sich im zweiten Weltkrieg als soldatische Männer bewährt haben.

Infolgedessen kann man mit Erikson (1968) davon sprechen, daß Charly als Arbeitsloser den Verlust des Identitätsgefühls durch die „Wahl einer negativen Identität“ kompensiert (S. 168), im Zuge derer er die Rolle eines „bösen Jungen“ übernimmt, um sich von den Eltern abzugrenzen und ihnen gegenüber eine eigene Position zu gewinnen. Wie destruktiv sich auch die Gewaltaktionen der Fanclique darstellen, an denen Charly sich beteiligt, sie sind nicht Ausdruck einer neurotischen Krise, die sich zu chronifizieren droht. Wie Erikson gezeigt hat, geht es vielmehr um das blinde Agieren von Jugendlichen, eine Symptombildung, die sich in dem Maße wieder verflüchtigt, wie das psychosoziale Moratorium der Adoleszenz erfolgreich durchlaufen wird und die „Überfülle an zur Verfügung stehender Energie" in den Dienst erweiterter Ichfunktionen gestellt werden kann (ebd., S. 158).

Damit wird faßbar, wie sich Charlys Fußballrandale in der Spannung zwischen einem manifesten und einem latenten Sinn entfaltet: Auf der manifesten Bedeutungsebene führt Charlys Verhalten, das durch die Teilnahme an den Gewaltaktionen der Fanclique bestimmt wird, zweifellos in eine Sackgasse. Ob er eine narzißtische Sehnsucht durch die Verbindung mit der Fanclique oder durch den Glauben an die idealisierte Nation befriedigt oder ob er ödipale Impulse durch den Kampf gegen feindliche Fußballfans oder Ausländer auslebt, er wird auf diese Weise zum blinden Anhänger einer irrationalen Weltanschauung. Auf der latenten Bedeutungsebene geht es hingegen um ein jugendliches Experimentieren mit Identitäts-Vorbildern, im Zuge derer er sich aus seiner infantilen Abhängigkeit von der Mutter befreit und durch das Erproben eines aggressiven Modells von Männlichkeit und Stärke ein Stück weit erwachsener wird und sich einen Ersatz dafür verschafft, was der schwache Vater ihm nicht zu geben vermochte.

Autonomie und Selbstdisziplinierung am Arbeitsplatz

Mit dem Antritt einer Lehrstelle als Verkäufer in der Ski- und Tennisabteilung eines Sportgeschäfts wandelt sich Charlys Lebenssituation von Grund auf. Wie er ausführt, habe er „ja wirklich dafür gepaukt" (ebd., S. 79). „Ich mußte auf Seminare, ich mußte auf Messen, um mir überhaupt die Kenntnisse zu vermitteln" (ebd., S. 79). Weder der lange Arbeitstag noch ein langer Samstag stören Charly, weil er „einen Riesenspaß an der Sache" hat (ebd., S. 81). In seiner Freizeit liest er Fachzeitschriften. Einmal in der Woche geht er Tennis spielen. Das macht er „auch von Geschäfts wegen", weil er sich Schläger „zum Testen" mitnehmen kann (ebd., S. 74).

Daß er sich dank seiner Arbeit auf einmal ganz anders fühlt, erklärt Charly folgendermaßen: Hatte er sich als Arbeitsloser so wertlos gefühlt, daß er nur durch Fußballrandale das Gefühl erlangen konnte, etwas „Besonderes zu leisten", so eröffnet ihm die Lehrstelle nun die Chance, „wieder praktisch was aus mir zu machen" (ebd., S. 72). Vor allem genießt er es, nach nur drei Monaten Lehre, „selbständig den Tennis- und Skibereich" zu betreuen (ebd., S. 73). Die neue Lehrstelle erfüllt Charly, weil er durch seine Arbeit etwas leisten kann. Daß er es genießt, „etwas Kreatives zu tun" (ebd., S. 80), heißt auch, daß er die Triebe, die er zuvor direkt ausgelebt hat, im Dienste einer konstruktiven Tätigkeit zu sublimieren und auf diese Weise seine Fähigkeiten zu entfalten anfängt.

Hinzu kommt, daß Charly durch seine Arbeit auch sein Bedürfnis nach Selbstbestätigung befriedigt. So hat es ihm schon großen Auftrieb gegeben, daß die Chefin ihn als Lehrling annahm. Sein Stolz darauf, „von 19 Bewerbern (...) praktisch der sympathischste" gewesen zu sein (ebd., S. 72), offenbart, wie sehr diese Form sozialer Anerkennung seiner narzißtischen Bedürftigkeit entsprach. Diesem Verlangen entsprechend freut Charly sich auch darüber, daß die Chefin mit seiner Leistung „mehr als zufrieden" ist (ebd.).

Betrachtet man Charlys Freude an der Arbeit im Zusammenhang einer jugendlichen Identitätskrise, dann fällt auf, daß er die unter Depressionen leidende Mutter nun dadurch hinter sich läßt, daß er sich in einen aktiven und dynamischen Lehrling verwandelt. Zudem erweist sich die Chefin im Unterschied zur Mutter als eine an seiner Arbeit interessierte Frau, die besorgt ist, daß er in seinem Arbeitseifer nicht zu viel tut (vgl. ebd., S. 74). Damit verrät seine Freude darüber, daß es sich um einen „Familienbetrieb" handelt, auch, daß die aufgrund der guten Zusammenarbeit im Sportgeschäft entstehenden persönlichen Beziehungen eine korrigende Lebenserfahrung darstellen, die ihn ein Stück weit dafür entschädigt, was er im Elternhaus entbehrt hat.

Betrachtet man Charlys Verhältnis zu seiner Arbeit allerdings eingehender, so irritiert mehrerlei: Da ihm „das alles unheimlich Spaß gemacht hat", habe er selbst „gar nicht gemerkt", daß er „halt schon wenig Freizeit" hat (ebd., S. 79). Wie ist es aber möglich, daß Charly jedes Maß für seine Arbeit verliert und daher „nur die anderen" merken, daß er „überhaupt keine Freizeit mehr" hat (ebd., S. 79)? Ähnlich befremdend ist es, daß Charly über seine Arbeit nur in Superlativen spricht. Er hat einen „Riesenspaß an der Sache" (ebd., S. 81) und sieht sich mit Anforderungen konfrontiert, die „unwahrscheinlich reizvoll" seien (S. 74). Irritierend ist zudem, daß die grenzenlose Aufwertung der Arbeit mit einer Entwertung der Beziehung zu seiner Freundin Sabine einhergeht, die er seinen eigenen Worten zufolge „vernachlässigt" und von der er sich schließlich trennt:

> „Es war jetzt nicht eine Trennung auf Leben und Tod und was weiß ich (...) sondern es war halt eine ganz sachliche und vernünftige Trennung (...)" (ebd., S. 76 f.).

Während Charly sich für seine Arbeit begeistert und allein in Bezug auf die Lehre von „Enttäuschungen" spricht, wenn einmal etwas schief geht (vgl. ebd., S. 75), ist die Beziehung zu seiner Freundin mit aggressiven Affekten verbunden und wird wie ein Geschäft „ganz sachlich und vernünftig" abgewickelt.

Die Irritationen erschließen einen Zugang zum latenten Sinn, der sich hinter dem manifesten Sinn verbirgt, daß Charly Ehrgeiz entwickelt, weil er seine Fähigkeiten endlich durch eine Arbeit produktiv entfalten kann. Latent ist nämlich, daß er die durch die jugendliche Identitätskrise virulent gewordene Störung seines Selbstgefühls nun dadurch zu reparieren versucht, daß er wie besessen arbeitet. Nur so glaubt er die für ihn so wichtige soziale Anerkennung seiner Chefin und seiner Kollegen bekommen zu können. Die Tatsache, daß er seine Arbeit maßlos idealisiert, verrät, daß er sein Können nicht realistisch einschätzen kann. Da Charly sich seiner Leistungsfähigkeit, ja, seiner Potenz unsicher ist, steht und fällt sein Selbstgefühl mit seinem beruflichen Erfolg. Der Sachverhalt, daß Charly seine Potenz nicht angemessen narzißtisch zu besetzen vermag, ist zweifellos darauf zurückzuführen, daß er sich nicht genügend mit dem schwachen Vater identifizieren konnte, der ihn vor vielen Jahren mit der Mutter allein gelassen hat.

Damit wird deutlich, wie sich Charlys Arbeitseifer im Spannungsfeld zwischen einem manifesten und einem latenten Sinn entfaltet: Während der manifeste Sinn von Charlys Arbeitseifer darin besteht, daß er es genießt, endlich eine Tätigkeit gefunden zu haben, vermittels derer er seine Kompetenzen entwickeln kann, geht es auf der latenten Bedeutungsebene darum, daß er wie besessen arbeitet, weil er durch seine Arbeit einen unersättlichen Hunger nach Bestätigung zu stillen sucht. Denn er ist sich seiner Männlichkeit nach wie vor unsicher.

Vergleicht man Charlys Arbeitswut freilich mit der Zeit der Fußballrandale, so ist das Voranschreiten der adoleszenten Identitätsbildung unübersehbar. Bemerkenswert ist in diesem Zusammenhang, daß Charly davon träumt, nach der Lehre eine Arbeitsstelle in Süddeutschland zu suchen. Er will nämlich „nicht irgendwie der kleine Verkäufer bleiben" (1992 b, S. 78), sondern direkt in den Urlaubsgebieten arbeiten, wo er als Verkäufer auch „fast täglich" Ski fahren würde (ebd.). Vielleicht könne er dann ja auch Serviceman werden, der bei Skirennen die Bretter präpariert. Charly ist ganz optimistisch, es so weit bringen zu können, weil er sich „so gut präsentieren" kann und „halt versuchen wird, halt immer besser zu sein als mein Nachbar". „Ich glaube, wenn die Leute erst merken, daß ich beser bin, dann kommen die Leute praktisch auch zu mir“ (ebd.). Die Größenphantasien, die Charly zuvor dadurch ausgelebt hat, daß er das Stadion zum Schlachtfeld für den Kampf heldenhafter Männer gemacht hat, integriert er nun in die Arbeit. Sich seiner Potenz nach wie vor unsicher fühlend, idealisiert Charly die Arbeit grenzenlos und entwickelt hochfliegende Zukunftsträume.

Die Entwicklung der Interaktionskompetenz und die Bewältigung einer jugendlichen Identitätskrise

Vervollständigen wir die zu Beginn umrissene Kurzdarstellung von Charlys biographischer Entwicklung als Jugendlicher, indem wir auch den Zeitraum zwischen November 1988 und Oktober 1989 einbeziehen: Da ihm seine alte Wohnung im April 1989 gekündigt wurde, zog Charly notgedrungen zu seiner Mutter. Die Tatsache, daß er mit ihr heftige Auseinandersetzungen hatte und es „zu Hause (...) 'n bißchen katastrophal“ war (Heitmeyer 1992 a, S. 339), führt Charly auf die beengten Wohnverhältnisse und auf die depressive Erkrankung der Mutter zurück. Wenige Monate darauf lernt Charly Tina kennen und zieht mit ihr nach relativ kurzer Zeit in eine gemeinsame Wohnung. Eben dadurch, daß die neue Freundin Charlys wichtigste Bezugsperson wird, verändert sich seine Lebenssituation einschneidend: Um mehr Zeit mit Tina zu verbringen, schränkt er seine Aktivitäten in Sportvereinen ein. Hinzu kommt, daß sich durch diese Beziehung auch sein Verhältnis zu seiner Arbeit wandelt: Zwar bereitet ihm seine Lehre als Einzelhandelskaufmann nach wie vor viel „Spaß“, weil er es weiterhin genießt, selbständig zu arbeiten, „Ideen mit ein(zu)bringen“ und „von den Leuten“ wegen seiner Leistungen „anerkannt“ zu werden (Heitmeyer 1992 a, S. 338). Freilich arbeitet er nicht mehr wie besessen, sondern lehnt nunmehr eine beliebige Verlängerung seines Arbeitstages ab:

> „Ich hab eigentlich halt dadurch, daß ich jetzt mit Tina zusammen bin, hab ich halt eigentlich erst gemerkt, wie ich also wirklich bin (...)“ (ebd., S. 340).

Die Tatsache, daß Charly zwischen den Rollen, die er früher gespielt hat, und dem unterscheidet, „wie ich also wirklich bin“, verweist auf eine Identitätsbildung, die sich auch in einer neuen Beziehungsfähigkeit spiegelt. Denn früher ging er ganz anders mit seinen Freundinnen um. Wie er nämlich aufgrund seines Arbeitseifers seine alte Freundin Sabine „ein bißchen vernachlässigt“ und sich von ihr dann „sachlich und vernünftig“ getrennt habe (Heitmeyer 1992 b, S. 76 f.), so hat er auch die letzte Freundin als eine Art „Nebensache“ betrachtet (Heitmeyer 1992 a, S. 333):

> „Ja, (...) man merkt halt doch, daß man was hat, an dem man sich festhalten kann oder so. Da ich noch alleine wohne, z. B. wenn ich zu Hause bin vielleicht, wenn ich noch so 'ne Mutter hätte, die mich so umsorgen würde. Ist eigentlich 'ne Freundin so in den Bereichen schon ganz gut.“ (ebd.).

Die Tatsache, daß die frühere Freundin ihm „Halt“ und „Wärme“ geben, ihm einen Mangel ersetzen und ihn wie eine Mutter „umsorgen“ soll, offenbart, daß er seine Liebesbeziehungen im Dienste einer narzißtischen Bedürftigkeit funktionalisierte. Wie Erikson (1968) ausgeführt hat, sind solche Interaktionsfiguren typisch für Jugendliche, die ihrer „Identität nicht sicher“ sind und daher „vor der zwischenmenschlichen Intimität“ zurückscheuen oder sich in promiskuöser Weise in intime Akte stürzen (S. 130). Denn sie haben Angst vor „echte(r) Verschmelzung oder wirkliche(r) Selbstaufgabe“ (ebd.). Von früheren Beziehungen unterscheidet sich Charlys Verhältnis zu Tina dadurch, daß er sich aufgrund seiner fortgeschrittenen Identitätsbildung auf eine „echte Intimität" einlassen kann (ebd.):

> „Ja, wie gesagt, 'ne gewisse Unterstützung hat man schon immer gehabt von irgendeiner Seite, aber es war halt eine sehr oberflächliche Unterstüzung. Ich mein, das hat man selbst überhaupt nicht gemerkt, weil man die andere Seite vielleicht nicht kannte. (...) Wenn man mit Leuten zusammen war, war auch Spaß immer, aber mit deinen Problemen standest du doch meistens irgendwo immer alleine da. (...) und das Gefühl, daß es also so was noch tiefer, noch besser, noch schöner geben kann, das ist eigentlich erst seit Neuem (=seit Tina) da" (ebd., S. 341).

Wenn Charly davon spricht, daß frühere Beziehungen doch „sehr oberflächlich" gewesen seien und er „tiefer" erst in der Beziehung mit Tina empfinde, unter deren Einfluß er das, was ihn „wirklich bewegt" und was er sonst „irgendwo unterdrückt" hat, erleben kann, dann bringt er zum Ausdruck, daß er „ein optimales Identitätsgefühl" erreicht hat, aufgrund dessen er sich nun „im eigenen Körper zuhause" fühlt und fortan mehrerlei genießt:

1. Da er zu einem „tiefen Gefühl" der selbstlosen Verbindung mit einer Frau imstande ist, kann er sich fortan „wirklich als sich selbst empfinden" (Erikson 1968, S. 131).
2. Der Fähigkeit zu einer intimen Beziehung entspricht eine Autonomie, aufgrund derer er sich nicht mehr hinter einer „Maskerade" zu verstecken braucht und er auch nicht mehr „total blind" in einer Rolle aufgeht. Vielmehr verfügt er nun auch über die Fähigkeit zur „Distanzierung" (Erikson 1968, S. 131), aufgrund derer er sich von Anderen abgrenzen kann, wenn sie seine Identität gefährden. Eben diese Fähigkeit zur Distanzierung drückt sich auch darin aus, daß Charly sich nicht mehr durch seine Arbeit versklaven läßt.
3. Schließlich spiegelt sich die vorangeschrittene Identitätsbildung in Charlys Fähigkeit zur Selbstreflexion: Wie Charly rückblickend seine Auftritte als „cooler und harter" Typ selbstkritisch betrachtet, so schätzt er rückblickend die Zeit der Fußballrandale mit Abstand ein:

> „Ja, wie gesagt, das war halt in 'nem Alter, sechzehn, siebzehn. (...) ich hab mich halt unheimlich von vielen Leuten beeinflussen lassen. Und für mich hat damals halt 'ne ziemlich große Rolle gespielt, irgendwo dabei zu sein, (...) und da war's mir egal, ob das nun was mit Gewalt zu tun hatte oder nicht" (ebd., S. 345).

Im Alter von 17 Jahren war Charly sich seiner Identität noch so unsicher, daß ihm die Ablösung von der Mutter nur durch die bedingungslose Unterwerfung unter die Anführer einer gewalttätigen Fanclique gelang, deren Weltanschauung er so kritiklos übernahm und an deren Gewaltaktionen er sich begeistert beteiligte. Die weitere Entwicklung seiner Identität wird dadurch bestimmt, daß Charly, um es mit Freud zu sagen, zu „lieben" und zu „arbeiten" lernt.

Im Zuge einer gelungenen Identitätsbildung hören auch die Fremdenängste auf und weichen einem Interesse an fremden Kulturen:

> „Ich mein, was ist daran Schlimmes dabei, wenn die 'ne Wäscheleine aufhängen mit ihren Klamotten. Ich meine, mich stört so was nicht mehr ... Ich war in genügend Ländern, also, was weiß ich, Spanien oder Italien, da gehört das einfach dazu" (Heitmeyer 1992 a, S. 343).

Da er durch seine Urlaubserfahrungen ethnozentrische Vorurteile zu korrigieren lernt, fängt Charly an, die eigene Kultur aus einer kritischen Distanz zu betrachten:

> „C: 'Die Mentalität der Deutschen ist vielleicht nicht so ganz meine Sache...'
> I: 'Was stört Dich daran?'
> C: 'Ja, dieses, dieses spießerische Den-

ken(...).Dieses Nicht-aus-sich-Rauskommen (...) dieses Immer-nur-für-sich-Sein, dieses Unterordnen, also nicht mal so'n bißchen Aufmucken (...) das stört mich so'n bißchen". (ebd., S. 343 f.).

Mit dem kritischen Nachdenken über die eigene Kultur stellt sich für Charly auch die nach wie vor unbewältigte Vergangenheit der Deutschen in einem neuen Licht dar: Hatte er sich noch im Oktober 1986 für „eine nationale Gedenkstätte für die 'deutschen gefallenen Krieger'(...) des 2. Weltkrieges unter Ausschluß der jüdischen Opfer" ausgesprochen (ebd., S. 320), so vertritt Charly nunmehr die entgegengesetzte Überzeugung, daß die Verbrechen der Nazizeit nicht vergessen werden dürften. Aber selbst, wenn Charly über die eigene Person und seine Lebensgeschichte oder über Deutschland und die nationalsozialistische Vergangenheit kritisch nachdenkt, hat er noch mit dem Erbe seiner Lebensgeschichte und der kollektiven Geschichte der eigenen Nation zu kämpfen. So hält er nach wie vor daran fest, daß an der Spitze des Staates eine starke, durch Wahlen legitimierte Führerperson stehen sollte, die „sagt, wo's langgeht" (ebd., S. 342). Mit dem Schwinden seiner Sympathien für die FAP verliert Charly zudem jedes Interesse an Politik. Schließlich hält er beharrlich an einer Reihe von Vorurteilen gegen Ausländer fest:

„Ich mein, ich bin auch weiterhin noch dafür, daß das zum Beispiel mit den Ausländern (...) nicht überhand nehmen sollte(...). Nur, ich seh das jetzt nicht mehr so, daß dann Leute daherkommen müssen mit glattrasierten Köpfen und die Leute verprügeln müssen. Ich meine, es macht mir nichts, solange ich meine Arbeit habe und solange es mir relativ gut geht (...)." (ebd., S. 342 f.).

Charlys Worte sind deutlich: Solange er einen Arbeitsplatz hat, hat er keine Schwierigkeiten, persönliche und soziale Fragen durch Nachdenken, durch Gespräche mit der Freundin oder mit der alten peer group aus der Schulzeit, durch Sport oder durch das Genießen der ihn interessierenden Waren- und Unterhaltungsangebote zu lösen. Mit dem Gedanken, daß er arbeitslos werden könnte, steigen dagegen archaische Ängste wieder auf und alte Vorurteile wie die Voreingenommenheit, daß es im eigenen Land doch Vorrechte für Deutsche geben sollte, verschaffen sich wieder Geltung. Charly hat also nach wie vor Vorurteile gegen Ausländer und behält sich auch bei aller Distanzierung von Gewalt als Mittel der Politik vor, im Privatleben zu „explodieren" und gewalttätig zu werden, „wenn mich jemand sehr reizt" (ebd., S. 344).

Entscheidender ist freilich, daß das Vorhandensein von Vorurteilen, weltanschaulichen Versatzstücken und einer persönlichen Gewaltbereitschaft ihn selbst irritiert. Das läßt sich anhand von zwei Szenen zeigen:

- Wie Charly sich auf Einwände der Vernunft einlassen kann, illustriert jene Szene aus der Schule, als er gefragt wurde, was es für Haarsorten gebe. Spontan antwortete Charly „arisches Haar" (Heitmeyer 1992 a, S. 323). Mit der Frage, was „überhaupt arisch" sei, brachte der Lehrer Charly sogleich in Verlegenheit: „Und da hab ich erstmal gemerkt, mein Gott, was hast Du bloß für einen Stuß geredet" (ebd.).
- Ebenso empfindsam reagiert Charly auf Irritationen des Unbewußten. Denn wenn er in Bezug auf seine Lust an Fußballrandale davon spricht, daß das „irgendwo (...) dann so über mich" kommt (Heitmeyer 1992 b, S. 72), oder wenn er darauf hofft, daß seine ausländerfeindlichen Überzeugungen „vielleicht (...) irgendwann mal" zurückgehen (ebd., S. 75), dann beschreibt er ein Unbehagen daran, daß sein Ich in bestimmten Konfliktsituationen nicht Herr im eigenen Hause ist, sondern hilflos von Triebwünschen überflutet wird.

Eben diese Tatsache, daß Charly mit 21 Jahren

für Einwände der Vernunft und für Irritationen des eigenen Unbewußten in hohem Maße empfänglich ist, unterscheidet ihn von dem 17 Jahre alten Jugendlichen, der ein Rechtsextremist war, weil er „total blind" den „coolen und harten" Typen spielte (Heitmeyer 1992 a, S. 340): Während ein fantatischer Rechtsextremist blindlings agiert, weil er nicht zwischen innerer und äußerer Welt zu unterscheiden kann, er seiner Weltanschauung entsprechend vielmehr finstere Mächte für sein Leiden unter undurchschauten persönlichen und sozialen Konflikten verantwortlich macht, vermag der herangewachsende Charly zwischen Schein und Sein, zwischen seinen wirklichen Impulsen und den sozialen Erwartungen der Anderen zu unterscheiden, eine in seiner Arbeits- und Interaktionskompetenz zum Ausdruck kommende Identitätsbildung, die auch darin zur Geltung gelangt, daß er, um mit Habermas (1968) zu sprechen, eine Fähigkeit zur „Selbstreflexion" entwickelt hat (S. 280), aufgrund derer er den Teufelskreis neurotischen Agierens sprengen kann, den weltanschauliche Angebote durch den Appell an infantile Wünsche immer wieder abzurufen versuchen.

III. Die Entsubjektivierung der Subjekte. Eine Kritik der Heitmeyerschen Sozialisationstheorie

Nach dem Abschluß der szenischen Fallrekonstruktion ist zu fragen, welche Schlüsse sich aus der tiefenhermeneutischen Sekundäranalyse für Heitmeyers Rechtsextremismusstudie ziehen lassen:

Heitmeyers halbierte Sozialisationstheorie

Zweifellos kann man mit Heitmeyer darin übereinstimmen, daß Charlys Fremdenfeindlichkeit „mit seiner eigenen ökonomischen und sozialen Desintegration als Folge seiner Arbeitslosigkeit" zusammenhängt (Heitmeyer 1992 a, S. 347). Freilich abstrahiert er davon, daß das Gegenstück zum individuellen Leiden unter Arbeitslosigkeit die Entfaltung einer adoleszenten Identitätskrise ist, im Zuge derer Charly darum kämpft, sich von den Eltern zu lösen und erwachsen zu werden. Heitmeyer halbiert die Sozialisationstheorie, weil er für Rechtsextremismus anfällig machende „Identitätsprobleme" lediglich als subjektive Reaktion auf objektive Verhältnisse wie Arbeitslosigkeit begreift. Dieser ökonomischen Sichtweise entsprechend ignoriert er, wie die Subjekte aufgrund der bewußten und unbewußten Lebensentwürfe handeln, die in familialen Sozialisationskontexten produziert wurden. Da Heitmeyer die Jugendlichen durch das Abschneiden in familialen Interaktionen hergestellten Identitätsbildung entsubjektiviert, erfaßt er nur die Oberfläche sozialen Handelns: Wer arbeitslos ist oder mit Arbeit instrumentell umgeht, ist seines Erachtens zwangsläufig anfällig für Rechtsextremismus; wer dagegen in den Arbeitsprozeß integriert bzw. sachlich-inhaltlich interessiert ist, ist Heitmeyer zufolge nicht gefährdet.

Dieser eindimensionalen Betrachtungsweise entgeht die Doppelbödigkeit sozialen Handelns, die darauf beruht, daß die Subjekte im Einklang mit den geltenden sozialen Regeln nur bestimmte Lebensentwürfe artikulieren und verpönte Wünsche unterdrücken. Was abgewehrt wird, setzt sich freilich auf einer verborgenen Bedeutungsebene sozialen Interagierens als dessen subversiver Sinn durch. So stellt sich die Doppelbödigkeit sozialen Handelns während Charlys Arbeitslosigkeit folgendermaßen dar: Während manifest ist, daß Charly aufgrund der vergeblichen Suche nach einer Lehrstelle unter einen großen inneren Druck gerät, von dem er sich durch den Anschluß an eine gewalttätige Fanclique zu entlasten versucht, ist latent, daß Charly in der Gruppe der Gleichaltrigen die Männlichkeit und Stärke erprobt, die er im Rahmen eines psychosozialen Moratoriums entwickelt, um sich vom Elternhaus zu lösen und einen Platz in einer individualisierten Lebenslage der sich ausdifferenzierenden Lebenswelt zu finden. Und auch das soziale Handeln des Lehrlings erweist sich als doppelbödig: Während manifest ist, daß Arbeit für Charly „das Wichtigste in seinem Leben" wird, weil er den zweiten Anlauf ins Berufsleben unbedingt schaffen will (ebd., S. 556), ist latent, daß seine Arbeit Ausdruck einer übermäßigen Anpassung ist. Die Tatsache, daß Charly sich rückhaltlos für seine Arbeit aufopfert, ist auf eine anhaltende jugendliche Identitätsschwäche zurückzuführen, die damit korrespondiert, daß er die Beziehung zu seiner Freundin im Dienste einer narzißtischen Bedürftigkeit funktionalisiert.

Heitmeyers Verkennen der „Eigenlogik der Subjekte"

Da Heitmeyer aufgrund einer Halbierung der Sozialisationstheorie die Eigenlogik von Charlys adoleszenter Identitätskrise nicht erfassen kann, wird er seiner Biographie nicht gerecht, deren Verlauf mit dem Aufkommen und Verschwinden einer rechtsextremistischen Orientierung verbunden ist. Das soll anhand von drei Beispielen illustriert werden, die zugleich die Inkonsistenz und Mängel der Heitmeyerschen Argumentation verdeutlichen:

(1) Das erste Problem entsteht für Heitmeyer dadurch, daß Charlys Fremdenhaß nicht aufhört, nachdem er die zweite Lehrstelle angetreten hat. Heitmeyer versucht diese „Ungleichzeitigkeit von 'formaler' Integration in den Arbeitsprozeß und das Weiterbestehen des Fremdenhasses auch über die Zeit seiner Arbeitslosigkeit hinaus" mit Hilfe der These zu erklären, daß Charly „sich seiner neuen Lehrstelle zunächst noch wenig sicher ist" und die „daraus resultierenden Orientierungsprobleme sich offenbar weiterhin in Fremdenhaß" umsetzen (Heitmeyer 1992 a, S. 328).

> „Erst mit der sukzessiven Entwicklung von sachlich-inhaltlichen Arbeitsorientierungen in diesem neuen beruflichen Bereich geht eine tendenzielle Entschärfung von Fremdenfeindlichkeit einher" (ebd.).

Wenn Charly noch kein genügend sachlich-inhaltliches Interesse an der Arbeit hätte, dann wäre seine Fremdenfeindlichkeit verständlich. Denn nach Auffassung von Heitmeyer können Jugendliche mit einer instrumentellen Arbeitsorientierung für Rechtsextremismus anfällig sein, weil sie sich durch ihren Beruf innerlich nicht „ausgefüllt" fühlen (ebd., S. 66). Aber davon kann bei Charly keine Rede sein. Denn wie Heitmeyer wenige Seiten vorher ausgeführt hat, findet Charly das „selbständige Arbeiten" in der Tennis- und Skiabteilung „unwahrscheinlich reizvoll" (ebd., S. 325), er verfolgt „ausgeprägte Weiterbildungsinteressen" und träumt zudem davon, nach der Lehre nach Süddeutschland umzuziehen und dort beruflich aufzusteigen. Heitmeyer bescheinigt Charly daher auch eine „sachlich-inhaltliche Ausprägung der Arbeitsorientierungen" (ebd., S. 325 f.):

> „Die subjektive Logik seiner Arbeitsorientierungen kreist um den Versuch, unter Einsatz seiner gesamten Energie und bei Vernachlässigung anderer Lebensbereiche (Privatleben, Freundin) beim zweiten Anlauf den Sprung in eine berufliche Normalbiographie zu schaffen." (ebd., S. 326).

Auf diese Weise verwickelt Heitmeyer sich in einen unauflösbaren Widerspruch: Einerseits anerkennt er Charlys sachlich-inhaltliche Arbeitsorientierungen, andererseits bestreitet er sie (sie müßten erst „sukzessiv" entwickelt werden), weil deren Existenz mit seiner ökonomistischen These unvereinbar ist, daß für Fremdenfeindlichkeit nur diejenigen Jugendlichen anfällig sind, die arbeitslos sind oder aufgrund einer instrumentellen Orientierung keinen Sinn in ihrer Arbeit sehen.

Wie sehr die Hilfskonstruktion von der „sukzessiven Entwicklung" sachlich-inhaltlicher Arbeitsorientierungen über den Widerspruch der Heitmeyerschen Argumentation hinwegtäuschen soll, belegt auch das im Oktober 1988 durchgeführte Interview. Charlys Worte, daß ihm die Arbeit viel „Spaß" macht, ja daß er in seinem Beruf eigentlich „vollkommen" aufgeht (ebd., S. 331), dokumentieren erneut ein sachlich-inhaltliches Arbeitsinteresse, dem nach wie vor seine Fremdenfeindlichkeit widerspricht. Da er immer noch „stolz darauf" ist, „deutsch zu sein", und sich mit den Ausländern „nicht so abfinden" kann, sympathisiert er weiterhin mit der FAP, die alle „Ausländer raus" haben will (ebd., S. 336).

Den von Heitmeyer nicht auflösbaren Widerspruch, daß Charlys Fremdenhaß anhält, obwohl er ein großes sachlich-inhaltliches Arbeitsinteresse hat, vermag erst die szenische Fallrekonstruktion aufzuheben: Da Charly den Eintritt in die Berufswelt unbedingt schaffen will, unterwirft er eigene Bedürfnisse auf eine zwanghafte Weise seinem bereitwillig-selbstlosen Funktionieren am Arbeitsplatz. Auf diese Weise gerät er unter einen großen inneren Druck, der ihn aggressiv macht. Seine Aggressionen richtet Charly einerseits gegen die Freundin Sabine, die er vernachlässigt und von der er sich trennt, ohne daß sie sich „totschlagen" (Heitmeyer 1992 b, S. 77); andererseits wendet er seine aggressiven Impulse gegen die Ausländer: Notfalls müsse man die „Schrotflinte aus dem Schrank nehmen", um „dem Ganzen mal eine Ende hier" zu machen (ebd., S. 92). Auf die Freundin und auf die Ausländer verschiebt Charly damit die Wut, mit der er auf die am Arbeitsplatz herrschenden Regeln des Leistungsprinzips reagiert, denen er sich so übereifrig unterwirft.

Es geht also nicht nur darum, daß Charly aus Angst um den Arbeitsplatz auf Gewaltausübung verzichtet und die eigene Gewaltbereitschaft an die rechtsextremistische FAP delegiert (vgl. ebd., S. 336 f.). Vielmehr ist auch beobachtbar, daß die Fremdenfeindlichkeit trotz des Eintritts in die berufliche Normalbiographie nicht aufhört, sich nun freilich aus einer anderen Quellen speist: Während Charly vorher aufgrund der Arbeitslosigkeit aggressiv war, ist seine Aggressivität jetzt die Folge seiner übermäßigen Anpassung an Arbeitszwänge. Obwohl sich seine Lebenssituation grundlegend verändert hat, ist Charly infolgedessen nach wie vor fremdenfeindlich. Da er innere Konflikte nach wie vor durch das Ausleben aggressiver Impulse löst, hat sich seiner Meinung nach „die letzten vier Jahre überhaupt nicht(s) geändert" (ebd., S. 329).

Damit wird zugleich deutlich, daß Heitmeyers Unterscheidung zwischen einer sachlich-inhaltlichen und einer instrumentellen Arbeitsorientierung völlig an der Oberfläche bleibt und der Sache selbst nicht gerecht wird. Denn Charly ist ein Beispiel dafür, daß beide Arbeitsorientierungen die zwei Seiten einer Medaille sein können: Was sich auf der manifesten Bedeutungsebene als Ausdruck einer sachlich-inhaltlich begründeten Freude an der Arbeit darstellt, erweist sich auf der latenten Bedeutungsebene als Ausdruck einer Arbeitswut, in derem Dienste Charly sich selbst und seine Beziehungen zu seinen Freundinnen instrumentalisiert.

(2) Zwar registriert Heitmeyer die „materielle und soziale Deprivation" von Charlys Herkunftsfamilie (ebd., S. 312). Aber was diese Tatsache für Charlys jugendliche Identitätsbildung bedeutet, vermag er nicht zu erfassen. Wie sehr Heitmeyer den Einfluß der Familie auf das Aufwachsen dieses Jugendlichen unterschätzt, illustriert seine Fehleinschätzung von Charlys „Klage" über „mangelnde Milieuunterstützung in seinen früheren Jahren" (ebd., S. 346). Wie bereits erörtert wurde, spricht Charly ausdrücklich davon, daß „es (...) halt irgendwo nie jemanden" gab, der sich für ihn und sein Tun interessiert hätte. Die Eltern hätten ihn „halt irgendwo immer wurschteln lassen (...). Da kam von der Seite irgendwo nichts" (ebd., S. 346). Was Charly entbehrt hat, relativiert Heitmeyer als dessen „subjektive

Sicht", dergegenüber man „aus der Außenperspektive davon auszugeheben" habe, „daß der Jugendliche während des gesamten Untersuchungszeitraums, auch bevor er Tina kennenlernte, immer wieder auf eine verläßliche Milieuunterstüzung (...) zurückgreifen konnte" (ebd., S. 36). „Es ist offenbar", so vermutet Heitmeyer, „auch die für ihn subjektiv vollkommen neue Qualität der Beziehung zu Tina, die in seiner Rückerinnerung alle anderen Milieuunterstützungen verblassen läßt" (ebd.).

Obwohl es Heitmeyer in seiner Studie um die Untersuchung der „Eigenlogik der Subjekte" (ebd., S. 15) und daher nicht um „die 'äußere', formale Vollständigkeit oder die formale Einbindung" in das familiäre Milieu, sondern um dessen „'innere' Qualität" geht (ebd., S. 579), nimmt er Charlys „subjektive Sicht" nicht ernst, sondern verläßt sich ganz auf seine „Außenperspektive", die diesen Jugendlichen einer halbierten Sozialisationstheorie entsprechend entsubjektiviert. Indem er darauf beharrt, daß dieser Jugendliche „immer wieder auf eine verläßliche Milieuunterstützung (...) zurückgreifen konnte" (ebd.), nivelliert Heitmeyer die feinen Unterschiede, die Charly herausarbeitet:

- Wenn Charly in Bezug auf „frühere Jahre" davon spricht, daß seine Eltern ihn vor sich hin „wursteln" ließen, dann meint er damit, daß sie ihm in seiner Kindheit nicht die Hilfe gegeben haben, die er gebraucht hätte.
- Und wenn er hinzufügt, daß er „die Unterstützung, die er in den letzten Jahren erfahren hat, nur „sehr oberflächlich" gewesen sei (ebd.), dann hebt er darauf ab, daß diese Beziehungen nicht mit seinem Verhältnis zu seiner neuen Freundin vergleichbar seien, durch die er „erst gemerkt" habe, „wie ich also wirklich bin" (ebd., S. 340).

Nimmt man im Unterschied zu Heitmeyer Charlys „subjektive Sicht" ernst, dann wird deutlich, wie er sich aus eigener Kraft aus einem deprivierten Familienmilieu herausarbeitet, das durch eine depressive Mutter und ein vaterloses Aufwachsen geprägt wurde.

(3) Schließlich entgeht Heitmeyer, aufgrund welcher biographischer Konstellationen sich Charlys Fremdenfeindlichkeit tatsächlich auflöst. Mit dieser Fremdenfeindlichkeit ist es nämlich vorbei, als Charly die neue Freundin Tina kennengelernt hat und er im Zuge des Zusammenlebens mit ihr seine „starke Fixierung auf die Arbeit" aufgibt (ebd., S. 331). Da sich Heitmeyers Blick auf das Verhältnis von Milieuorientierung, Arbeitsorientierung und politischer Orientierung einengt, vermag er nicht zu erfassen, was es bedeutet, daß Charly unter dem Einfluß einer neuen Liebesbeziehung „lockerer und gefühlsbetonter" wird (ebd., S. 340). Die Tatsache, daß er sich im Unterschied zu früher ganz im Sinne von Erikson auf eine „echte Intimität" mit einer Frau einlassen kann, ist Ausdruck eines sicheren Voranschreitens der jugendlichen Identitätsbildung, aufgrund derer Charly nun davon sprechen kann, daß seine Überzeugungen erst jetzt „eigentlich das" sind, „was ich wirklich denke" (ebd., S. 345). Da Charly sich nun der eigenen Identität so sicher ist, daß er sich auf eine erfüllte Liebesbeziehung zu einer Frau einlassen kann, steht er nicht mehr unter einem großen Leistungsdruck und kann daher sein Verhältnis zu seiner Arbeit normalisieren. Auch seine politische Meinung ändert sich nun so „grundlegend" (ebd.), daß an die Stelle seiner Ausländerfeindlichkeit ein offenes Interesse an fremden Menschen und fremden Kulturen tritt.

Heitmeyers Verharmlosung des Rechtsextremismus

Da Heitmeyer das Datenmaterial gewaltsam unter das abstrakte Bezugssystem einer Begriffsnetzes subsumiert, durch dessen Maschen die Besonderheiten der Fallgeschichte hindurchfallen, vermag er das Problem des Rechtsextremismus nur auf eine sehr oberflächliche Weise zu untersuchen. Heitmeyer geht nämlich von einem Sozialisationskonzept aus, das in Anschluß an Geulen und Hurrelmann schematisch ein die Realität „produktiv" verarbeitendes Subjekt unterstellt (Heitmeyer 1992 a, S. 15). Diese Annahme begründet Heitmeyer mit dem soziologischen Argument, daß es um die Folgeerscheinungen von Modernisierungsprozessen gehe. Aufgrund der Individualisierung von Lebensphasen und der Pluralisierung von Lebensstilen würden nämlich „die Kriterien der Begründung für Entscheidungen und Optionen immer subjektiver" (ebd.). Daher sei auch „das Kriterium von Produktivität direkt an das Subjekt gebunden" (ebd.). Wie zentral heutzutage auch der Sozialisationsmodus der Individualisierung ist, über der Tatsache, daß „Stereotypen und Ideologien" wie der Rechtsextremismus „in der Eigenlogik der Subjekte gleichwohl als 'produktiv' erscheinen" können (ebd., S. 15), darf nicht übersehen werden, wie Heitmeyer eine soziologische Fragestellung psychologisiert. Denn er postuliert, daß das Subjekt die sich auch in Jugendarbeitslosigkeit niedergeschlagenen ökonomischen und sozialen Widersprüche der modernen Industriegesellschaft auf eine "produktive" Weise verarbeiten kann. Damit unterstellt er dem Subjekt eine Fähigkeit zur individuellen Ausbalancierung gesellschaftlicher Widersprüche*, die von der auch von Lorenzer (1981) formulierten sozialisationstheoretischen Einsicht abstrahiert, daß sich die sozialen Antagonismen der Industriegesellschaft in familialen Konfliktstrukturen reproduzieren, die zwangsläufig eine punktuelle Beschädigung der Subjektivität zur Folge haben. Grundsätzlich sind daher zwei Formen der subjektiven Verarbeitung von sozialen Krisensituationen wie Arbeitslosigkeit zu unterscheiden:

- Entweder vermag der Einzelne angesichts der Arbeitslosigkeit eine "Ichstärke" zu bewahren, aufgrund derer er die soziale Krisensituation und das durch sie ausgelöste Erleben von Ohnmacht, Angst und Wut zu ertragen, bewußt zu verarbeiten und im Gespräch mit Anderen zur Sprache zu bringen vermag. Weil in diesem Fall die innere und äußere Konfliktsituation sprachsymbolisch bewältigt wird, kann dann in der Tat von einer produktiven Auseinandersetzung mit Arbeitslosigkeit gesprochen werden.
- Oder der Einzelne wird durch die soziale Krisenlage überfordert und dekompensiert. In diesem Fall finden die durch Arbeitslosigkeit ausgelösten Ängste Anschluß an infantile Affekte von Ohnmacht und Wut, derer sich der Einzelne häufig durch ein neurotisches Agieren erwehrt. Wo sich hinter dem Rücken eines geschwächten Ichs unterdrückte Impulse der Wut und des Hasses in die Symptombildung umsetzen, daß für das Leiden unter den sozialen Zumutungen die Ausländer verantwortlich sind, da wird deutlich, daß die rechtsextremistische Orientierung eine destruktive Verarbeitung der Erfahrung von Arbeitslosigkeit darstellt. Denn wie durch den Rückgriff auf die Weltanschauung das Ausleben infantiler Affekte der Angst und des Hasses gerechtfertigt erscheint, weil die Ausländer im Zuge einer projektiven Abwehr der eigenen Aggressivität zur Verkörperung des Bösen werden, so lassen sich auch die sozialen und politischen Ursachen der Arbeitslosigkeit unter Zuhilfenahme nationalistischer und fremdenfeindlicher Vorurteile auf eine falsche, aber simple Weise erklären.

Wenn Heitmeyer in Bezug auf Neonazis von einer „produktiven" Konfliktverarbeitung spricht, verharmlost er daher das Problem des Rechtsextremismus. Denn ihm entgeht, welche ungeheuren Kräfte eine gegen alle Vernunfteinwände immune rechtsextremistische

* Zur Kritik des Habermasschen Identitätsmodells, das dem Subjekt die Fähigkeit unterstellt, „strukturelle Defizite der Lebenswelt individuell" auszubalancieren, vergleiche Belgrad, 1992, S. 162 ff..

Orientierung entfalten kann, die auf der Rebellion lange unterdrückter Affekte beruht. Denn die der eigenen Identität unsicheren Jugendlichen, die aufgrund von Arbeitslosigkeit von heftigen Gefühlen der Angst und Wut überflutet werden, verschaffen sich eine das Selbst stabilisierende Ersatzidentität durch die Weltanschauung, mit deren Hilfe die falsche Antwort auf die beunruhigenden sozialen Fragen mit der falschen Antwort auf die ungelösten Triebkonflikte bzw. die Störungen der Selbstwertregulation zu einem unangreifbaren Bollwerk verbunden werden.

Charlys autoritäres Syndrom und Heitmeyers Dramatisierung des jugendlichen Rechtsextremismus

Über der Tatsache, daß die Gewalt von Neonazis und ihre Weltanschauung auf einem irrationalen Amalgam von Psychopathologie und Ideologie beruht, darf freilich nicht übersehen werden, daß der Rechtsextremismus auf einen bestimmten Modus psychosozialer Konfliktverarbeitung zurückgreift. Der Fall Charly ist nämlich auch ein eindrucksvolles Beispiel dafür, wie ein Jugendlicher die durch Arbeitslosigkeit verschärfte adoleszente Identitätskrise vermittels einer rechtsextremistischen Orientierung auf eine autoritäre Weise zu lösen versucht:

1. Indem Charly von dem „Gefühl für das Land" spricht, mit dem er sich als „reiner Deutscher" verbunden fühlt (Heitmeyer 1992 b, S. 85), indem er von seiner Sorge um den Bestand der deutschen Kultur redet, die auch eine Frage der Hygiene sei, fordert er wie der von Adorno (1950) beschriebene autoritäre Typus „die Unterwerfung unter konventionelle Werte" (Adorno 1950, S. 47).
2. Indem er nach einem starken Mann verlangt, „der mal richtig sagt, das wird jetzt durchgesetzt" (Heitmeyer 1992 a, S. 314), indem er erwartet, daß man, „wenn es jetzt mal Krieg gäbe" (Heitmeyer, 1992 b, S. 86), dazu bereit wäre, „für Deutschland zu sterben" (ebd.), erscheint Charly dadurch als autoritär, daß er mit der bedingungslosen „Unterwerfung unter die Autorität" und mit „Gehorsam" und „Respekt" vor ihr sympathisiert (Adorno 1950, S. 49).
3. Indem er feststellt, daß eine „sehr wichtige politische Sache" das „Ausländerproblem" sei, das nur gelöst werden könne, wenn die Deutschland überflutenden Fremden ausgewiesen werden (Heitmeyer 1992 b, S. 83), tritt er auch dadurch autoritär auf, daß er „die durch die Autoritäten der Eigengruppe erweckte und gegen sie gerichtete Feindseligkeit auf die Fremdgruppen" verschiebt (Adorno 1950, S. 51). Daß er moralisch empört auf die Türken reagiert, die für Deutschland nicht zu sterben bereit seien, ja, daß er sich über Ausländer aufregt, die die Wäsche einfach nach draußen hängen, verrät, wie Charlys Haß sich gegen die Fremden richtet, die die konventionellen Werte verletzen, denen er sich selbst nur in einer äußerlichen Weise unterworfen hat.

Über diese Kernbestandteile des autoritären Syndroms hinaus, die alle das Moralproblem berühren - schließlich geht es um das starre Einhalten konventioneller Verhaltensnormen, um die rückhaltlose Unterwerfung unter die Mächte, welche die tradierten Werte auferlegen, und um den Haß auf diejenigen, die diese Moralvorstellungen verletzen - , finden sich bei Charly weitere Merkmale einer autoritären Konfliktverarbeitung, unter denen nur die drei auffälligsten hervorgeheben werden sollen:

4. Daß Charly auf die Frage hin, wie er sich das Leben auf einer einsamen Insel mit 50 anderen Menschen vorstellen würde, antwortet, „dann würde ich irgendwie eine Gruppe um mich bilden und versuchen, die Macht an mich zu reißen" (Heitmeyer 1992 a, S. 320), offenbart ein autoritäres Streben nach Macht, dementsprechend menschli-

che Beziehungen stets „unter Kategorien wie stark-schwach, überlegen-unterlegen, Führer-Gefolgschaft" betrachtet werden (Adorno 1950, S. 57).

5. Charlys Prahlerei, daß er früher mit „Blue Army" losgezogen sei, um „halt ein paar Ausländern den Schädel" einzuschlagen (Heitmeyer 1992 b, S. 88), und seine Vorstellung, im Ernstfall die „Schrotflinte aus dem Schrank" zu holen und „dem Ganzen mal ein Ende hier" zu machen (ebd., S. 92), offenbart eine „Destruktivität" und einen „Zynismus", Merkmale, die ebenfalls dem autoritären Syndrom zuzurechnen sind (Adorno 1950, S. 58). Im Unterschied zum moralisch begründeten Haß auf diejenigen, die konventionelle Werte verletzen, handelt es sich hierbei um eine „starke untergründige Aggression", die sich „auf andere, nicht-moralisierende Weise äußern" kann (ebd., S. 58 f.). Denn es geht hierbei um eine so weitgehend „generalisierte" Feindseligkeit, daß Charly sich nicht mehr „verantwortlich zu fühlen" braucht (ebd., S. 59).
6. Daß er als vordringliche Aufgabe beschreibt, daß alle kriminellen Ausländer ausgewiesen werden, daß er meint, wegen der Ausländer könne man sich auf deutschen Straßen nicht mehr sicher fühlen, obwohl er einräumt, daß er die Fremden nur dann als gewalttätig erlebt hat, wenn er sie provoziert hat, macht auf eine autoritätsgeleitete Neigung aufmerksam, „seine unterdrückten Impulse auf andere Menschen zu projizieren, um diese dann prompt anzuklagen" (ebd., S. 60).

Aber wenn Charly auch im Zuge seiner rechtsextremistischen Orientierung die durch die Arbeitslosigkeit verschärfte jugendliche Adoleszenzkrise auf eine autoritäre Weise zu lösen versucht, so kann man doch nicht in Adornos Sinne von einem „autoritärer Charakter" sprechen: Während Charly im Alter von 17 Jahren im Rahmen der Teilnahme an den Aktivitäten einer gewaltätigen Fanclique einübt, innere und äußere Konflikte auf eine autoritäre Weise zu lösen, entwickelt er mit dem Voranschreiten seiner Identitätsbildung eine Arbeits-, Interaktions- und Reflexionsfähigkeit, aufgrund derer er persönliche und soziale Konflikte fortan anders psychisch verarbeiten kann.

Zwar widerspricht diese Einschätzung entschieden der Auffassung von Heitmeyer, der in Anschluß an Wackers (1979) psychologisches Mißverständnis der Autoritarismusforschung glaubt, daß es sich bei Adornos Untersuchung um einen für die Untersuchung des Rechtsextremismus untauglichen „persönlichkeitsspezifischen Ansatz" handelt (Heitmeyer 1987, S. 31). Tatsächlich entzieht sich Heitmeyer die sozialisationstheoretische Bedeutung von Adornos Einsichten in das autoritäre Syndrom auch deshalb, weil er im Zuge seiner Forschungsansatzes, der die Arbeitserfahrungen von Jugendlichen und ihre Sozialbeziehungen über fünf Jahre hinweg mit ihren politischen Orientierungen korrelliert, lediglich die Oberfläche sozialen Handelns erfassen kann. Die Tatsache, daß die Begeisterung für eine rechtsextremistische Orientierung auch auf der Anfälligkeit für eine autoritäre Konfliktverarbeitung beruht, die in familialen Sozialisationspraktiken eingeübt wurde, ist erst im Rahmen eines Forschungsansatzes faßbar, der wie die Tiefenhermeneutik die sich in der Spannung zwischen einem manifesten und einem latenten Sinn entfaltende Tiefenstruktur sozialen Handelns zu erfassen vermag.Ob Arbeitslosigkeit produktiv bewältigt wird oder wie im Rahmen einer rechtsextremistischen Orientierung eine destruktive Reaktion zur Folge hat, hängt nämlich davon ab, ob die durch Arbeitslosigkeit verschärften Probleme einer jugendlichen Identitätskrise aufgrund einer Selbstverfügung des Ichs symbolisch verarbeitet oder aber im Zuge eines neurotischen Fehlverhaltens auf eine symptomatische Weise agiert werden. Wenn aber Heitmeyer meint, man dürfe von „persönlichkeitspsychologischen Defekten" nicht reden, weil man dann das Problem „klinifiziere" (ebd., S. 41), dann gelangt er, wie ausgeführt, in die Sackgasse der Verharmlosung des Rechtsextremismus, weil er aus dem gut begründeten methodologischen Einwand, daß man soziale Prozesse nicht durch die naive Anwendung der Psychoanalyse auf das Terrain des Sozialen pathologisieren soll, den falschen Schluß zieht, daß es sich beim Rechtsextremismus um ein soziales und politisches Phänomen handele, bei dem es gar nicht um die Inanspruchnahme von Psychopathologie gehen könne.

Über dieser Verharmlosung des Rechtsextremismus darf freilich nicht übersehen werden, daß Heitmeyer das Problem des Rechtsextremismus in Bezug auf Charly dramatisiert: Da Heitmeyer aufgrund seiner Verfahrensweise nur den manifesten Sinn von Charlys rechtsextremistischer Orientierung erfassen kann, entgeht ihm der latente Sinn, daß Charly eine negative Identität wählt, um sich im Zuge eines Moratoriums gegen die Rollen-erwartungen der Eltern zur Wehr zu setzen. Wer wie Heitmeyer Charly unter die Formel eines „stillgelegten Rechtsextremismus" subsumiert, steht daher in der Gefahr, diesen Jugendlichen eben dadurch zu stigmatisieren, daß er ihn auf Rechtsextremismus festlegt. Auf diese Weise entgeht Heitmeyer, daß Charlys Rechtsextremismus auch Ausdruck einer Störung der Identitätsentwicklung ist, die er in späteren Jahren mehr oder weniger überwindet. Mit Habermas (1976) kann man nämlich davon sprechen, daß Charly sich im Alter von 17 Jahren rechtsextremistisch orientiert, weil er sich noch auf der Stufe einer „Rollenidentität" befindet, derentsprechend er sich von elterlichen Rollenerwartungen nur im Rückgriff auf eine „law and order"-Orientierung abgrenzen kann, wie sie mit der Bindung an das konventionelle Normensystem der eigenen Kultur verbunden ist. Wie beträchtlich seine Distanz zum Rechtsextremismus hingegen im Alter von 21 Jahren ist, läßt sich daran ermessen, daß er sich nun auf der Stufe einer „Ichidentität" bewegt, im Zuge derer er die Geltung konventioneller Normen im Rückgriff auf universale Prinzipien in Frage stellen kann. Denn von Prinzipien läßt Charly sich leiten, wenn er sich mit der mangelnden Beziehungsfähigkeit der Eltern und mit seiner blinden Unterwerfung unter eine rechtsextremistisch orientierte Fanclique so kritisch auseinandersetzt, wie er nun den in früheren Jahren zumindest partiell idealisierten Nationalsozialismus strikt ablehnt und die konventionellen Moralvorstellungen der eigenen Kultur als eine mögliche Wirklichkeit unter denkbaren anderen Wirklichkeiten reflektiert.

Auf diese Weise widerlegt die szenische Fallrekonstruktion Heitmeyers ökonomistische These, derzufolge Rechtsextremismus ein rein soziologisches Problem sei, das sich aus Erfahrungen sozialer und ökonomischer Desintegration erklären lasse. Denn wenn Charly sich nur zeitweilig rechtsextremistisch orientiert, weil er die Erfahrung von Arbeitslosigkeit auf der Basis einer jugendlichen Identitätskrise - im Zuge derer die in der familialen Interaktionspraxis einsozialisierten Wünsche und Phantasien wiederbelebt und reintegriert werden - in einer symptomatischen Weise verarbeitet, dann bestätigt auch sein Datenmaterial die Einsichten der Adornoschen Autoritarismusforschung und daran anschließende neuere Studien, die wie die empirische Untersuchungen von Hopf (1993, 1994) zeigen, daß innerfamiliale Beziehungserfahrungen entscheidenden Einfluß auf rechtsextremistische Orientierungen haben.

Literatur

Adorno, T. W. (1950): Studien zum autoritären Charakter. Frankfurt a.M. 1973 (Suhrkamp).

Adorno, T. W. (1956): Ideologie. In: Soziologische Exkurse. Herausgegeben vom Institut für Sozialforschung, Frankfurt a. M, Köln (EVA), S. 162-181.

Adorno, T. W. (1961): Meinung, Wahn, Gesellschaft. In: Adorno, Eingriffe. Neun kritische Modelle, Frankfurt a. M. 1971(Suhrkamp), S. 147-172.

Beck, U. (1986): Risikogesellschaft. Auf dem Weg in eine andere Moderne. Frankfurt a. M. (Suhrkamp).

Belgrad, J. (1992): Identität als Spiel. Eine Kritik des Identitätskonzepts von Jürgen Habermas. Opladen (Westdeutscher Verlag).

Erikson, E. H. (1959): Identität und Lebenszyklus. Frankfurt a. M. 1973 (Suhrkamp).

Erikson, E. H. (1968): Jugend und Krise. Die Psychodynamik im sozialen Wandel. München 1988 (dtv).

Habermas, J. (1968): Erkenntnis und Interesse. Frankfurt a. M. (Suhrkamp).

Habermas, J. (1976): Moralentwicklung und Ich-Identität. In: J. Habermas, Zur Rekonstruktion des Historischen Materialismus. Frankfurt (Suhrkamp), S. 63-91.

Heitmeyer, W. (1987): Rechtsextremistische Orientierungen bei Jugendlichen. Empirische Ergebnisse und Erklärungsmuster einer Untersuchung zur politischen Sozialisation. Weinheim und München 1992 (Juventa).

Heitmeyer, W. u. a. (1992 a): Die Bielefelder Rechtsextremismus-Studie. Erste Langzeituntersuchung zur politischen Sozialisation männlicher Jugendlicher. Weinheim und München (Juventa).

Heitmeyer, W. u. a. (1992 b): Die Bielefelder Rechtsextremismus-Studie. Erste Langzeituntersuchung zur politischen Sozialisation männlicher Jugendlicher. Materialband. Bielefeld.

Hopf, C. (1993): Autoritäres Verhalten. Ansätze zur Interpretation rechtsextremer Tendenzen. In: H. U. Otto, R. Merten, Hg., Rechtsradikale Gewalt im vereinigten Deutschland. Jugend im gesellschaftlichen Umbruch. Opladen (Leske + Budrich), S.157-165.

Hopf, C. (1994): Rechtsextremismus und Beziehungserfahrungen. In: HSFK, IfS, SFI (Hg.): Rechtsextremismus und Fremdenfeindlichkeit in der demokratischen Gesellschaft. . Frankfurt a. M.(Reader), S. 85-99.

König, H. D. (1993): Die Methode der tiefenhermeneutischen Kultursoziologie. In: T. Jung, S. Müller-Doohm (Hg.): 'Wirklichkeit' im Deutungsprozeß. Verstehen und Methoden in den Kultur- und Sozialwissenschaften, Frankfurt a. M. (Suhrkamp), S. 190-222.

König, H. D. (1996): Methodologie und Methode der tiefenhermeneutischen Kulturforschung in der Perspektive von Adornos Verständnis kritischer Theorie. In: H. D. König, Hg., Neue Versuche, Becketts Endspiel zu verstehen. Sozialwissenschaftliches Interpretieren nach Adorno. Frankfurt a.M. (Suhrkamp).

Lorenzer, A. (1972): Zur Begründung einer materialistischen Sozialisationstheorie. Frankfurt a. M. (Suhrkamp).

Lorenzer, A. (1981): Das Konzil der Buchhalter. Die Zerstörung der Sinnlichkeit. Eine Religionskritik. Frankfurt (EVA).

Lorenzer, A. (1986): Tiefenhermeneutische Kulturanalyse. In: König, Lorenzer u. a.: Kultur-Analysen. Frankfurt a. M. (Fischer), 11-98.

Schnädelbach, H. (1969): Was ist Ideologie? In: Argument Nr. 50, 10. Jg., S. 71-92.

Volmerg, U. (1978) Identität und Arbeitserfahrung. Eine theoretische Konzeption zu einer Sozialpsychologie der Arbeit. Frankfurt a.M. (Suhrkamp).

Wacker, A. (1979): Zur Aktualität und Relevanz klassischer psychologischer Faschismustheorien - Ein Diskussionsbeitrag. In: G. Paul, B. Schoßig, Hg., Jugend und Neofaschismus. Provokation oder Identifikation? Frankfurt a. M. (EVA), S. 105-137.

Priv. Doz. Dr. Hans-Dieter König
J. W. Goethe Universität
FB Gesellschaftswissenschaften
Sozialisation/Sozialpsychologie
Robert-Mayer-Str. 5
60054 Frankfurt/Main

Jugendlicher Rechtsextremismus: Eine Folge der Unfähigkeit zu trauern?

Ludger van Gisteren

Die öffentlichen Auseinandersetzungen um die Wiederkehr rechtsextremer Einstellungen und Gewalttaten unter Jugendlichen in der Bundesrepublik nach der Wiedervereinigung kreisen immer wieder um die Frage nach der historischen Verantwortung. Soziologische und pschyoanalytische Forschungsansätze und -ergebnisse stehen sich in der Regel jedoch verbindungs- und verständnislos gegenüber. Die Soziologie bevorzugt krisenanalytische und generalisierende Erklärungsmuster: Rechtsextremismus wird als charakteristische Folge von Modernisierungs- und Enttraditionalisierungsprozessen der Lebensverhältnisse und Sozialisationsbedinungen begriffen, die durch die Neugewinnung von Perspektiven, etwa durch den Sprung aus der Arbeitslosigkeit in eine „berufliche Normalarbeitsbiographie" (Heitmeyer) behoben werden könne. Ausländerfeindlichkeit und rechtsextreme Einstellungen seien entweder Resultate ökonomischer und sozialer Deprivation unterer oder der Verteidung erworbener Privilegien gehobener Schichten. Die Frage, warum die aktuellen Krisenerfahrungen unserer „Risikogesellschaft" (Beck) gerade zum jetztigen Zeitpunkt zur Wiederkehr des Rechtsextremismus führen, wird von der Soziologie freilich nicht beantwortet.

Um die intergenerative Reproduktion solcher Einstellungen geht es in diesem Beitrag, indem zunächst die Ergebnisse der psychoanalytischen Adoleszenzforschung in einem kurzen Überblick dargestellt und daran anschließend der jugendliche Rechtsextremismus im Zusammenhang des Nachwirkens der nationalsozialistischen Vergangenheit in der Bundesrepublik diskutiert werden.

Eine Überlegung von Batson Brock aufgreifend, bezeichnet Mario Erdheim (1993) die Adoleszenz als Avantgarde des Individuums, in der Tradition auf neue Weise interpretiert und ein verändertes Verständnis der Vergangenheit ermöglicht werde. Im Gegensatz zu der Jones'schen Auffassung (1922), daß sich in der Pubertät lediglich die Triebschicksale der frühen Kindheit wiederholten, nimmt diese Idee die Freudschen Konzepte der Nachträglichkeit und der Zweiphasigkeit der menschlichen Sexualentwicklung wieder auf: So eröffne sich dem Adoleszenten nachträglich eine „zweite Chance" (Eissler) neuartige Lösungen seiner infantilen Konflikte im Prozeß der Loslösung von den primären Objekten und dem Übergang von der Familie zur Kultur zu finden. Die Hauptaufgaben der Adoleszenz sah Freud in der Unterordnung der Partialtriebe unter das Primat des Genitalen, in der nichtinzestuöse Objektwahl sowie in der sozialen Verankerung des Einzelnen in der Gesellschaft. Im Kampf gegen den Wiederholungszwang und regressiven Sog infantiler Objektbeziehungsmuster ringe das adoleszente Ich um die Errichtung des Genitalprimats und die Bildung einer stabilen sozialen Identität. Zugleich werde dadurch „erst der für den Kulturfortschritt so wichtige Gegensatz der neuen Generation zur alten geschaffen". Indem Freud die adoleszente mit der gesellschaftlichen Entwicklung verbindet, bahnt er der Psychoanalyse damit einen Zugang zum Verständnis der Gesellschaft (Bohleber 1996).

In der Folge haben sich vor allem Anna Freud (1936) Eissler (1953), Blos (1962, 1979, 1985) Erikson (1953, 1956, 1969), Laufer und Laufer (1976, 1984), Erdheim (1982, 1993), Bürgin (1980), Kerstenberg (1988) und neuerdings Bohleber (1987, 1992, 1996), sowie aus feministischer Sicht Benjamin (1988), Rohde-Dachser und Mitscherlich-Nielsen (1996), King und Flaake (Hrsg.1992) am intensivsten mit der psychoanalytischen Adoleszenzforschung befaßt und sich um ein weitergehendes Verständnis der adoleszenten Entwicklungsphase bemüht. Blos, der wohl renommierteste psychoanalytische Forscher auf diesem Gebiet, spricht in Anschluß an Mahler et al. (1975) von einer zweiten Individuation.

Dem durch den Triebschub labilisierten adoleszenten Ich gehen alle bisherigen Sicherheiten verloren: Die verinnerlichten Selbst- und Objektrepräsentanzen müssen sich auf einem reiferen psychosexuellen Entwicklungsniveau unter Einbeziehung genitaler Strebungen reorganisieren.

Gewinnen regressive Befriedigungmuster und Versorgungswünsche die Oberhand, gibt der Jugendliche die Genitalität wieder auf und lehnt die positive Geschlechtsrollen-Identifikation mit dem gleichgeschlechtlichen Elternteil ab.

Indem sich der Adoleszente von seinen infantilen Objekten löst, muß er auf die elterlichen Funktionen eines Hilfs-Ichs verzichten und sucht Unterstützung in der Gruppe der Gleichaltrigen. Er benötigt die Zugehörigkeit zu Gruppen, um sich von den Eltern loslösen und eine eigene Identität finden zu können. Zentrale Bedeutung gewinnen die Onanie- und Omnipotenzphantasien, die Tagträume, die Rebellion gegen die bestehenden Werte und Normen und das Agieren im Dienste der Ablösung von ambivalent erlebten Abhängigkeiten und der Bewältigung traumatischer Erlebnisse ein. Die charakteristischen Verhaltensweisen der Adoleszenz sind bekannt:

- Die Pubertätsaskese als Ausdruck von Triebangst und ungelösten inzestuösen Bindungen, die plötzlich, im Unterschied zur neurotischen Triebhemmung, in ihr Gegenteil umschlagen können;
- die Intellektualisierung um Triebvorgänge durch eine Verbindung mit Vorstellungsinhalten wahrnehm- und kontrollierbar zu machen;
- der gesteigerte Narzißmus, der sich in der Gruppenzugehörigkeit, in Ideologiebildungen, im Körper- oder Musikerleben, sowie in Allmachtsphantasien zeigt;
- die Bildung von Ersatzbeziehungen: An die Stelle der verdrängten ungelösten Beziehungen zu den Kindheitsobjekten treten neue idealisierte Bindungen, Bindungen an Gleichaltrige in der Form leidenschaftlicher Freundschaften oder Verliebtheiten und Bindungen an Führerfiguren, Idolen oder vergleichbaren Mediengestalten.

Das schwache adoleszente Ich ist in diesen Phasen von zahlreichen inneren und äußeren Gefahren, die sich im typischen jugendlichen Risikoverhalten äußern, bedroht (vgl. Wirth in diesem Band). Der inneren Gefahr einer Überschwemmung mit an infantilen Objekten fixierten Triebimpulsen, steht die äußere Gefahr der Manipulation durch schädigende gesellschaftliche Einflüsse gegenüber. In der Phase des „transitorischen Narzißmus" (Blos) übernehmen Vorbilder die Funktion innerer regulierender Objekte, die die Eingliederung in die Erwachsenenwelt im Übergang von der Familie zur Kultur fördern. Rechte Ideologen verstehen es, anfällige Jugendliche mithilfe falscher Vorbilder zur Durchsetzung ihrer Weltanschauung und zur Errichtung eines fiktiven Größen-Selbst zu manipulieren. Geschickt werden Körper- und Familienmetaphern zur Bildung von Harmonie- und Homogenitätsvorstellungen (Gruppe-Rasse-Vaterland) benutzt, um die Angst vor dem Fremden (als störenden Dritten) zu schüren. Diese können frühe Trennungs- und Objektverlustängste wachrufen, die die abgespaltenen auf die Fremden projizierten Aggressionen archaisch verstärken. Die Abwehr des Fremden soll die erlösende Verschmelzung in einer homogenen Gruppe eines illusionären Größen-Selbst sichern und überträgt die individuelle Erfahrung des Einzelnen auf den Bereich der rechten Ideologie. In ihren Emblemen und Symbolen, im Habitus und Körperbildern repräsentieren die rechtsextremen Jugendlichen die Ideale ihrer Großvätergeneration und zeigen in den zahlreich dokumentierten Interviews und Fallstudien weder ein Gefühl noch ein Bewußtsein ihrer Schuld (vgl. Ebrecht in diesem Heft). Die Frage nach der Wiederkehr der rechten Ideologie betrifft daher die Genealogie kultureller Identifikationen und Ideale in der deutschen Nachkriegsgesellschaft.

Die erste Generation im Nachkriegsdeutschland hatte ihre historische Schuld und Scham durch Verschweigen, Flucht in die Normalität, sowie der manischen Abwehr im Wiederaufbau verdrängt und derealisiert. Die Vergangenheit wurde im wesentlichen durch affektiven Besetzungsentzug, apologetischen Tendenzen und einer kollektiven Ichspaltung verleugnet (Haesler 1994). Während der affektive Besetzungsentzug der Entlastung durch Relativieren und Beschönigen diente, zielten die apologetischen Tendenzen auf projektive Schuldentlastung durch den Verweis auf „die anderen" als „ebenfalls Schuldige". Diese wurden, zu „Auch Opfern" erklärt - wie noch 1986 im sogenannten Historikerstreit. In einer kollektiven, mit dem von Freud für das Individuum beschriebenen Abwehrmechanismus vergleichbaren Spaltung wurde die unerträgliche Vergangenheit zwar einerseits anerkannt, aber zugleich andererseits ersetzt. Die Leistungen des Wiederaufbaus wurden so gewissermaßen zum kollektiven Fetisch, begleitet von der von oben lancierten „ersten Lebenslüge" der Bundesrepublik, die hieß, „wir sind alle Demokraten" (Enzensberger).

Die durch diese Mechanismen abgewehrten sozialen Inhalte haben am treffensten Adorno (1959) und die Mitscherlichs (1967) beschrieben: Es handelte sich, so die Autoren, um eine „deutsche Art zu lieben": Hitler liebte man nicht als Person, sondern als Personifikation eines an einem „grandiosen Narzißmus" (Adorno) gebundenen kollektiven Ich-Ideals. Die Mehrheit der Deutschen gab, wie es Freud paradigmatsich in „Massenpsychologie und Ich-Analyse" beschrieben hatte, ihr Ich zugunsten des Führers auf, der die Projektionen eigener Größenphantasien und Allmachtsphantasien repräsentierte. Die Größenphantasien sollten die narzißtische Kränkung über die Niederlage von 1918 kompensieren. „Sie brachte", kommentiert Wangh (1996), „eine enorme Entwertung der Väter und ihrer Autorität mit sich, die nur durch Verleugnung oder rachsüchtiges Ungeschehenmachen gemeistert werden konnte" (S.107). Die Vergeltung, die die Nazis den Deutschen angesichts des Verlusts der Selbstachtung durch die Niederlage der Väter, den Niedergang des Wilhelminischen Reiches und den „Ungerechtigkeiten von Versaille" versprochen hatten, sollten das passiv Erlittene in Aktivität umkehren. Anstelle der notwendigen kollektiven Trauer über die (inneren und äußeren) Verluste trat die Flucht in das Größen-Selbst, das Hitler repräsentierte.

Nach 1945 wollten die Deutschen, konfrontiert mit der Realität und dem eigenen Ich, von Hitler als dem narzißtisch besetzten Objekt nichts mehr wissen und identifizierten sich übergangslos mit den Siegermächten. Diese Identifikation hielt das narzißtische Ich-Ideal aufrecht und schloß die Trauer um die eigenen und fremden Toten, sowie das Eingeständnis von Schuld, Scham und Verantwortung erneut aus. „Um die Fähigkeit zu trauern zu entwickeln" erläutert M. Mitscherlich (1979, S. 982) „ist eine besondere Art der Erinnerungsarbeit notwendig, die die Wiederbelebung unserer damaligen Verhaltensweisen, unserer Gefühle und Phantasien einschließt... Es gilt herauszufinden, warum Hitler einen derart unglaublichen Einfluß auf uns, die meisten Deutschen, ausüben und unser Gewissen seinen falschen Idealen entsprechend zu pervertieren vermochte. Die Durcharbeitung dessen, was zum Nationalsozialismus führte, ist, was die Beteiligung des Einzelnen daran, seine seelisch-geistigen Identifikationen mit dieser Zeit betrifft, noch nicht geleistet worden".

Das Durcharbeiten der Nazi-Identifikationen wurde vermieden und die Hypotheken der Vergangenheit an die nächste Generation weitergegeben - mit der unvermeidlichen Konsequenz, daß diese unbekannt bleibt. Es bedurfte der Jugendrevolte um das Schweigen der Eltern zu brechen, die Vergangenheit ins Gegenwartsbewußtsein zu heben und einen für die notwenidge Trauerarbeit erforderlichen Dialog zu beginnen. Doch viele Angehörige der zweiten Generation waren unbewußt bereits selbst in die Verleugnung der Vergangenheit, d. h. der intergenerativen Reproduktion der Schuldproblematik verstrickt. Einige wichen in Gegenidentifizierungen aus und blieben dem Täter-Opfer-Schema durch Umkehrung der Rollen und Identifikation mit den Opfern verhaftet. „Je hartnäckiger", erinnert sich H. E. Richter (1995, S. 152), „die Eltern geschwiegen hatten, um so mehr mußte die Jugend ahnen, daß in sie selbst etwas Unbegriffenes überging, das um so gefährlicher und bedrückender erschien, als die Eltern eben nicht wagten, sich damit anzuvertrauen."

Personalisierung und Tribunalisierung im Umgang mit der Vergangenheit dienten nur der projektiven Externalisierung der eigenen Schuldgefühle und drückten paranoide Einstellungen aus. Dies stellen, die notwendige Voraussetzung zur Erreichung der depressiven Position dar, die eine wirkliche Trauer überhaupt erst ermöglichte (Wangh 1996, S.117). Nur dadurch konnte das Schweigen der ersten Generation in Ansätzen gebrochen, die unbewußten Identifikationen durchgearbeitet und die Täter-Opfer-Dynamik überwunden werden .

Retrospektiv läßt sich sicher feststellen, daß die 68er die verhärteten Positionen und Abwehrformationen der Restaurationsperiode in Frage gestellt, den Anstoß zur (kollektiven) Erinnerungsarbeit gegeben und sich als Katalysator des Kulturfortschritts im Generationenkonflikt behauptet haben. Seitdem hat sich in der alten Bundesrepublik ein tiefgreifender Mentalitätswandel in Richtung einer liberalen politischen Kultur und einer auf universalistischen Prinzipien beruhenden Rechtsstaatlichkeit vollzogen. Doch das tiefsitzende Ich-Ideal einer Mentalität, die wir bereits für überwunden hielten, tauchen jedoch unverkennbar im Wirtschaftsstolz eines wohlstandschauvinistischen DM-Nationalismus und neuerdings in den Unaufrichtigkeiten der Asyldebatte, sowie im Angriff auf den Sozialstaat und dem Treuhand-Vollzug der Einigung wieder auf. Im Zuge der mit Nachdruck betriebenen „Historisierung" der Vergangenheit wurde eine „zweite Lebenslüge" der Bundesrepublik (Habermas 1992), die Überzeugung, daß wir „wieder normal geworden sind" verbreitet. Mit diesem Normalitätsbestreben wurde das alte Ich-Ideal eines grandiosen Narzißmus gleichsam wiederbesetzt. Wir müssen, so heißt es, „aus unserer Nischenexistenz heraus, brauchen uns nicht mehr als moralische Musterschüler überanzustrengen, dürfen uns nicht an den harten Realitäten vorbeidrücken, sollen uns nicht länger zieren, eine europäische Führungsrolle zu übernehmen, und so weiter" (Habermas 1992).

Am deutlichsten bringen die rechtsradikalen Jugendlichen diese Überzeugungen als Symptomträger einer Gesellschaft, dic sich ihrer Vergangenheit nicht wird entziehen können, zum Ausdruck. Längst hat nämlich ein weiterer Generationstransfer (Bohleber 1992, Rosenkötter 1981) der Unfähigkeit zu trauern stattgefunden. Verzweiflung und Sinnleere kompensieren diese Jugendlichen mit einem Rückgriff auf Vorbilder, die Erlösung durch ein fiktives Größenselbst suggerieren und masochistische Abhängigkeitsbedürfnisse durch Unterwerfung unter eine idealisierte Autorität befriedigen.

Literatur

Adorno, T. W. (1951): Die Freudsche Theorie und die Struktur der faschistischen Propaganda, Psyche, 24, 1970, S. 486-508.

Adorno, T. W. (1953/63): Was bedeutet Aufarbeitung der Vergangenheit? In: Eingriffe. Neue kritische Modelle.

Bernfeld, S. (1923): Über eine typische Form der männlichen Pubertät. In: Bernfeld 1974, Bd. 3, S. 64-81.

Bernfeld, S. (1935): Über die einfache männliche Pubertät. In: Bernfeld 1974, Bd. 2, S. 308-328.

Bernfeld, S. (1974): Antiautoritäre Erziehung und Psychoanalyse. Ausgewählte Schriften. Frankfurt/Berlin (Ullstein).

Blos, P. (1962): Adoleszenz. Eine psychoanalytische Interpretation. Stuttgart (Klett) 1973.

Blos, P. (1979): The Qoung Adolescent. Clinical Studies. New York (Free Press).

Bohleber, W. (1987): Die verlängerte Adoleszenz. Identitätsbildung und Identitätsstörungen im jungen Erwachsenenalter. Jahrb. d. Psa., 21, S. 58-94.

Bohleber, W. (1992): Identität und Selbst. Die Bedeutung der neueren Entwicklungsforschung für die psychoanalytische Theorie des Selbst. Psyche, 46, S. 336-365.

Bohleber, W. (1992a): Nationalismus, Fremdenhaß und Antisemitismus - psychoanalytische Überlegungen. Psyche, 46, S. 689-709.

Bohleber, W. (1994): Autorität und Familie heute: Sind die 68er schuld am Rechtsextremismus? In: psychosozial 17, Heft 2, S. 73-85.

Bohleber, W. (1996): Einführung in die psychoanalytische Adoleszenzforschung. In: W. Bohleber Hrsg.: Psychanalytische Adoleszenzforschung.

Chasseguet-Smirgel, J. (1975) : Das Ichideal. Frankfurt 1981 (Suhrkamp).

Eissler, K. R. (1953): The Effect of the Structure of the Ego on Psychoanalytic Technique. J. Amer. Psa. Assn. 1, S. 104-143.

Erdheim, M. (1982): Die gesellschaftliche Produktion von Unbewußtheit. Eine Einführung in den ethnopsychoanalytischen Prozeß. Frankfurt (Suhrkamp).

Erdheim, M. (1993): Psychoanalyse, Adoleszenz und Nachträglichkeit. Psyche 47, S. 934-950.

Erikson, E. H. (1950): Kindheit und Gesellschaft. Stuttgart [4]1971 (Klett).

Erikson, E. H. (1959): Identität und Lebenszyklus. Frankfurt (Suhrkamp) 1966.

Flaake, K., King, V. (Hg.), (1992): Weibliche Adoleszenz. Zur Sozialisation junger Frauen. Frankfurt (Campus).

Freud, A. (1936): Das Ich und die Abwehrmechanismen. München (Kindler), (1973).

Habermas, J.(1992): Die zweite Lebenslüge der Bundesrepublik: Wir sind wieder 'normal' geworden. In: Die ZEIT Nr. 51, S. 48.

Haesler, L. (1994): Psychoanalyse: Therapeutische Methode und Wissenschaft vom Menschen. (Kohlhammer).

Heitmeyer, W. (1987): Rechtsextremistische Orientierungen bei Jugendlichen. Weinheim/München (Juventa).

Jones, E. (1922): Einige Probleme des jugendlichen Alters. In: Ders.: Die Theorie der Symbolik und andere Aufsätze. Frankfurt/Berlin/Wien 1978 (Ullstein), S. 143-163.

Laufer, M. (1976): Zentrale Onaniephantasie, definitive Sexualorganisation und Adoleszenz. Psyche 34, 1980, S. 365-384.

Laufer, M., Laufer, M. E. (1984): Adoleszenz und Entwicklungskrise. Stuttgart 1989 (Klett-Cotta).

Mahler, M. S., Pine, F., Bergmann, A. (1975): Die psychische Geburt des Menschen. Frankfurt 1978 (Fischer).

Mitscherlich A. und M. (1967): Die Unfähigkeit zu trauern (Piper).

Mitscherlich-Nielsen M. (1979): Die Notwen-

digkeit zu trauern. In: Psyche 33, S. 981-990.
Mitscherlich-Nielsen, M., Rohde-Dachser, Ch. (Hg.): Psychoanalytische Diskurse über Weiblichkeit von Freud bis heute. Stuttgart 1996 (Klett-Cotta).
Richter H. E. (1995) Bedenken gegen Anpassung, (Hoffmann und Campe).
Rosenkötter, L. (1981) : Die Idealbildung in der Generationenfolge. In: Psyche 7, S. 593-599.
Wangh, M. (1996) Die Durcharbeitung der Nazivergangenheit in der deutschen psychoanalytischen community. In: Psyche 50, S. 98-122.

Ludger van Gisteren
Blumenstr. 17
61462 Königstein

Aus Forschung und Praxis

Soziale Befindlichkeiten in Ost und West

Elmar Brähler, Michael Geyer,
Aike Hessel und Yvonne Richter

Nach wie vor ist das deutsche Volk nicht „vereinheitlicht", auch im sechsten gemeinsamen Jahr gibt es Unterschiede zwischen Ost und West, beruhend auf differenten Lebensweisen und Erfahrungen sowie sozialen Bedingungen. Die Menschen in den neuen Bundesländern verfügen inzwischen über vielfältige Erfahrungen mit der Marktwirtschaft, teilweise läßt sich eine gewisse „Ostalgie" erkennen; in der DDR war eben doch nicht alles so schlecht, wie nach der „Wende" behauptet wurde(vgl. Winkler 1995). Die Menschen in den alten Bundesländern verfügen ihrerseits nicht minder über „Einheitserfahrungen", die Euphorie ist längst vergessen, teilweise macht sich gar „Ossi-Frust" breit.

Wie sich die noch bestehenden bzw. schon wieder neu entstandenen Unterschiede, aber auch die vorhandenen Gemeinsamkeiten in wissenschaftlichen Ergebnissen abbilden, wird aus der folgenden Darstellung ersichtlich.

Wir berichten Ihnen über eine Untersuchung an einer *repräsentativ* ausgewählten Stichprobe von *1017 Ostdeutschen und 1040 Westdeutschen.* Die Erhebung wurde im Auftrag der Universität Leipzig vom Meinungsforschungsinstitut USUMA Berlin durchgeführt. Ziel der Studie war eine Analyse der sozialen Befindlichkeiten der Menschen in Ost und West im sechsten gemeinsamen Jahr. Hierzu wurden verschiedene Fragebögen eingesetzt, die der Erfassung sozialer Beziehungen, erlebter Unterstützung durch Andere, der Sicht auf die eigene Persönlichkeit, der retrospektiven Erfassung der Beziehung zu den Eltern während der Pubertät, der Erhebung von Daten zu Gesundheit und Krankheit und der Analyse von persönlichen und gesellschaftlichen Kinderwunschmotiven dienen.

Wir informieren im folgenden zusammenfassend über *bedeutsame Differenzen* im Ost-West-Vergleich.

Zwischenmenschliche Unterstützung

Die Analyse erlebter zwischenmenschlicher Unterstützung erfolgte anhand eines speziellen Fragebogens (F-Sozu 54, Sommer, Fyelrich 1987). Dieses, in der Sozialforschung bewährte Erhebungsinstrument, besteht aus 54 Items und erfaßt, wie sich die untersuchten Personen durch andere Menschen gefühlsmäßig und praktisch unterstützt, sozial integriert und sozial belastet fühlen. Die Beantwortung erfolgt mittels einer fünfstufigen Antwortskala, beginnend bei 1= 'trifft nicht zu' bis 5= 'trifft genau zu'. Zwei Beispiele sollen die Konstruktion des Fragebogens zeigen:

- „Wenn ich mal krank bin, kann ich ohne Zögern Freunde/Angehörige bitten, wichtige Dinge (z.B. Einkaufen) für mich zu erledigen."
- „Ich habe genug Menschen, die mir wirklich helfen, wenn ich mal nicht weiter weiß."

Bei 37 der 54 Items ergaben sich signifikante Unterschiede zwischen Ost und West.

Ostdeutsche geben im Vergleich zu Westdeutschen hoch signifikant stärker an, daß

- ihnen im Krankheitsfall Freunde und Angehörige zur Seite stehen
- sie wissen, zu wem sie gehen können, wenn sie sich tief bedrückt fühlen
- sie viele Gespräche mit Bekannten haben
- sie Menschen haben, die Leid und Freude mit ihnen teilen
- sie einen vertrauten Menschen haben, mit dem persönliche Dingen besprochen werden können
- sie Menschen haben, die ihnen helfen, wenn sie nicht weiter wissen
- es genug Menschen gibt, zu denen sie ein gutes Verhältnis haben
- sie einen vertrauten Menschen haben, mit dessen Hilfe sie in jedem Fall rechnen können.

Westdeutsche hingegen geben im Vergleich zu Ostdeutschen hoch signifikant stärker an, daß

- sie sich oft als Außenseiter fühlen.

Die Items des Fragebogens sind auf vier Skalen zusammengefaßt, welche ebenfalls hoch signifikante Unterschiede zwischen Ost und West darstellen. Die folgende Abbildung veranschaulicht die Differenzen auf Skalenebene. Danach haben *Ostdeutsche* im Gegensatz zu Westdeutschen:

- *Stärkere emotionale Unterstützung*
  Sie fühlen sich stärker von anderen akzeptiert und gemocht, können stärker mit anderen positive und negative Gefühle teilen, haben in höherem Maße Vertrauenspersonen und erleben mehr Anteilnahme durch andere.
- *Stärkere praktische Unterstützung*
  Sie finden in höherem Maße praktische Hilfe bei Alltagsproblemen.
- *Stärkere soziale Integration*
  Sie fühlen sich stärker in einem Kreis von Menschen mit ähnlichen Werten und Interessen eingebunden.
- *Geringere soziale Belastung*
  Sie fühlen sich weniger von anderen kritisiert, abgelehnt, eingeengt und überfordert.

Wie in der vorliegenden Untersuchung nachgewiesen wurde, existiert ein proportionaler Zusammenhang zwischen den Merkmalen zwischenmenschliche Unterstützung und Einkommen, je höher das Einkommen, desto stär-

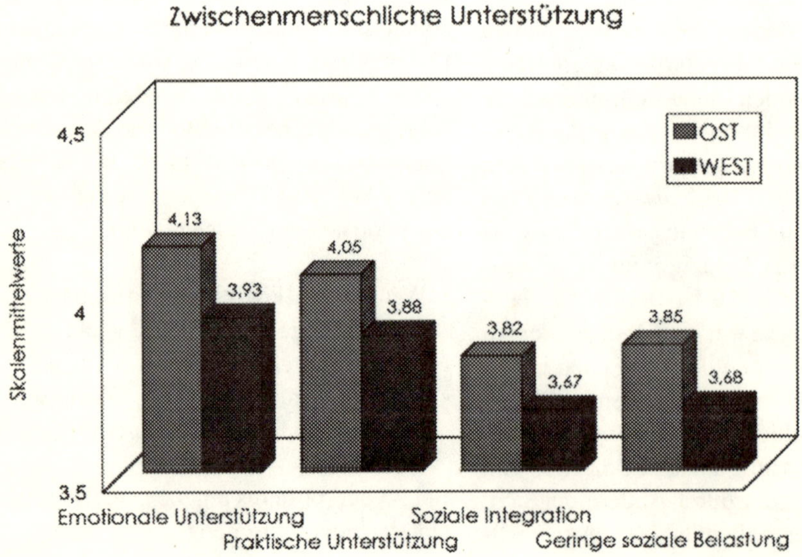

ker ist auch die erhaltene Unterstützung. Auf dieser Basis erscheinen die Ergebnisse um so erstaunlicher, wenn man bedenkt, daß das Einkommen der Ostdeutschen nach wie vor geringer ist als das der Westdeutschen; im Osten geben 46,4%, im Westen dagegen nur 31,9% aller Befragten ein monatliches Haushaltseinkommen von weniger als 2500 DM an, im Westen sind es 15,8%, die über 5000 DM verdienen, im Osten nur 6,4%.

Berücksichtigt man den eben genannten Zusammenhang, so könnte davon ausgegangen werden, daß mit einer Angleichung der „Ostgehälter" an „Westmaßstäbe" im Osten die zwischenmenschliche Unterstützung noch höher sein müßte. Es liegt allerdings nahe, daß die Ostdeutschen aufgrund ihrer miserablen finanziellen Situation idellen Werten wie z.B. „zwischenmenschlicher Unterstützung" eine größere Bedeutung zuschreiben und diese deshalb höher bewerten als die Westdeutschen. Auch waren die strukturellen und emotionalen Belastungen infolge der „Wende" so gravierend, daß die Ostdeutschen stark darauf angewiesen waren und nach wie vor sind, ihre sozialen Beziehungen zu pflegen und ihr „Nest" zu erhalten.

Soziale Beziehungen

Mittels eines Fragebogens zum subjektiven Familienbild wurde erfaßt, wie die untersuchten Personen ihre sozialen Beziehungen wahrnehmen (SFB, Mattejat, Scholz 1994; Geyer, Plöttner 1988). Hierzu antworten die Befragten auf einer 7 Punkteskala mit jeweils acht polar angeordneten Adjektivpaaren. Einen Eindruck von der Konstruktion vermitteln die folgenden zwei Beispiele:

selbständig	1 2 3 4 5 6 7	unselbständig
selbstbewußt	1 2 3 4 5 6 7	schüchtern

Die Adjektivpaare beziehen sich auf verschiedene Fragen, z. B.

„Ich erlebe mich..."
„Ich wünsche mich..."
„So vermute ich, daß mich die anderen sehen...".

Die Auswertung ergab folgendes Bild:

- Ostdeutsche erleben sich selbständiger, interessierter, warmherziger und liebevoller als Westdeutsche.
- In gleicher Weise vermuten Ostdeutsche stär-

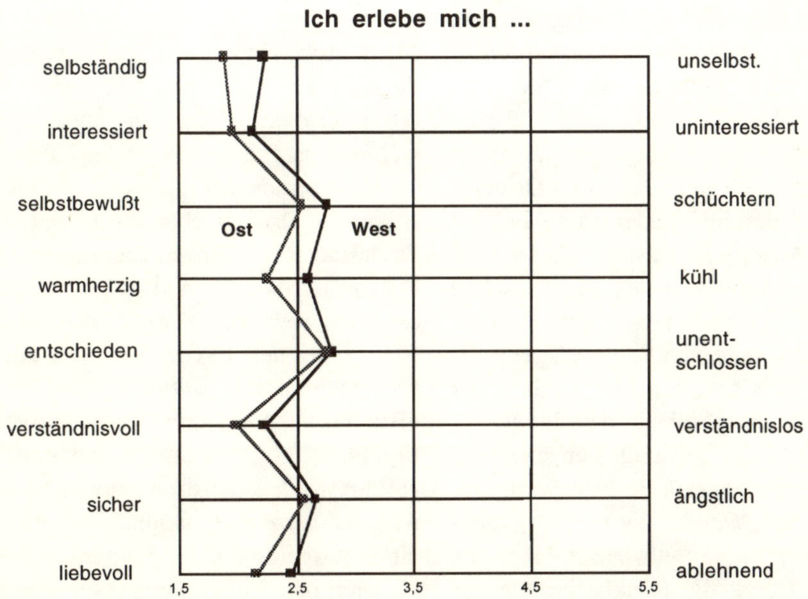

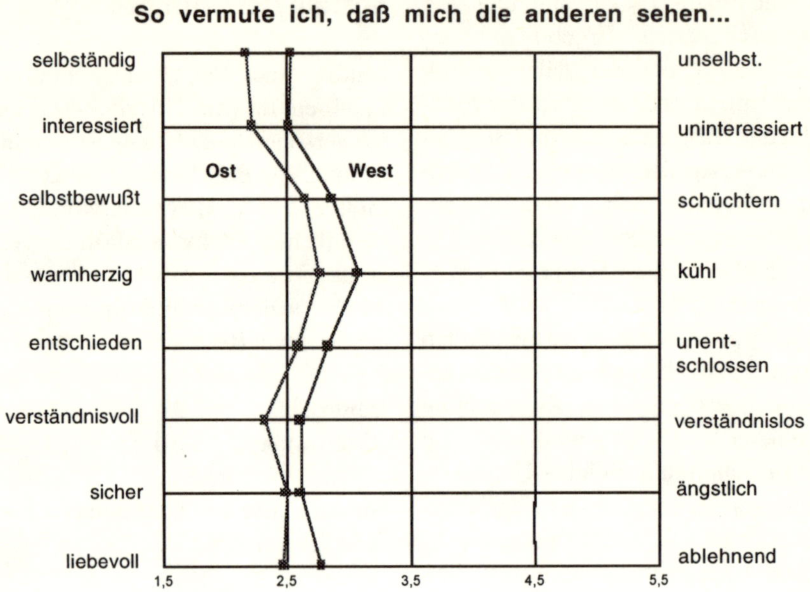

ker als Westdeutsche, daß andere sie als selbständig, interessiert und liebevoll wahrnehmen.

Die Polaritätsprofile machen diese Unterschiede deutlich. Zur besseren Veranschaulichung wurde lediglich der entsprechende Ausschnitt der Skalierung dargestellt.

Auffällig sind die Differenzen zwischen den Angaben über sich selbst und darüber, wie man meint, von den anderen gesehen zu werden.

Das Bild vom „bescheidenen Ossi" und „arroganten Wessi" kann nach diesen Selbsteinschätzungen nicht mehr bestätigt werden (Brähler, Richter 1995). Der Ostdeutsche erlebt sich durchgehend positiver und hat auch höhere Ansprüche an sich selbst als der Westdeutsche. Auch von den Mitmenschen empfindet er sich als sehr positiv eingeschätzt.

Der Westdeutsche sieht sich weniger positiv und fühlt sich von den Menschen seiner Umgebung in seinem Selbstbild bestätigt.

Bei den Ostdeutschen zeigt sich eine neue Entwicklung zu höherem Selbstbewußtsein, nachdem seit der „Wende" bis zum vergangenen Jahr eher negative Selbstzuschreibungen dominierten. Durch die Rückbesinnung auf traditionelle Werte, Gewohnheiten und bisherige Lebensstile (Solidarisierung) kommt es, in Auseinandersetzung mit den neuen gesellschaftlichen Bedingungen und Anforderungen, zur Herausbildung einer neuen Identität. Für diese sind Persönlichkeitsstärke und Teamfähigkeit charakteristisch.

Erinnertes elterliches Verhalten

Mit dem oben beschriebenen Fragebogen wurde auch in der Retrospektive erfaßt, wie sich die Eltern der Befragten ihnen gegenüber während der Pubertät verhalten haben.

Es ist geradezu frappierend, um wieviel positiver die Ostdeutschen die Beziehungen zu ihren Eltern rückblickend beurteilen. Das Verhalten der Mutter wird als selbständiger, interessierter, selbstbewußter, entschiedener und sicherer erinnert, das des Vaters als selbständiger, interessierter, selbstbewußter, verständnisvoller, liebevoller und warmherziger. Diese Ergebnisse können zum einen darauf zurückgeführt werden, daß die Mütter im Osten überwiegend berufstätig waren, wodurch sowohl die Selbständigkeit der Mütter gefördert und als auch den Vätern ermöglicht wurde, eine stärkere gefühlsmäßige Bindung zu ihren Kindern aufzubauen.

Zum anderen war für die DDR typisch, daß die Menschen den reglementierenden Eingriffen des Staates zum Trotz eine hermetisch private Gegenkultur innerhalb der Familie entwickelt hatten. Demnach hatte hier die Familie eher eine „Nischenfunktion". Im Westen hingegen dringt die Gesellschaft in die Familie ein; zum einen motivieren die Eltern ihre Kinder frühzeitig zu Leistung und Konkurrenzverhalten, um ihnen bessere berufliche Chancen zu sichern, zum anderen werden die Kinder durch das berufliche Engagement der Eltern stark mit den gesellschaftlichen Leistungsanforderungen konfrontiert. Dies führt zu einem „Leistungsklima" in der Familie.

Eine genaue Charakterisierung des erinnerten elterlichen Verhaltens kann den folgenden zwei Darstellungen entnommen werden.

Mein Vater verhielt sich mir gegenüber ...

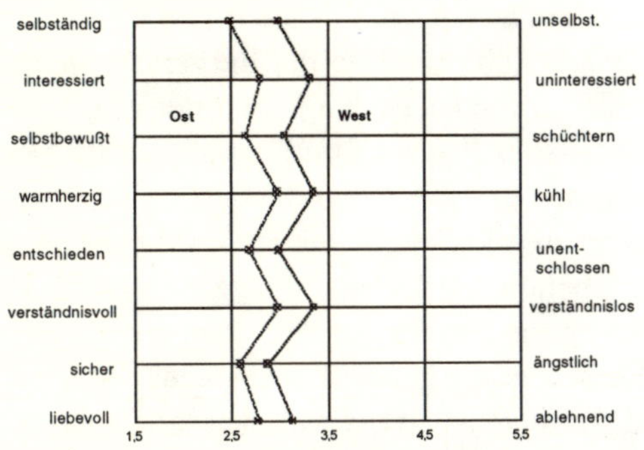

Meine Mutter verhielt sich mir gegenüber ...

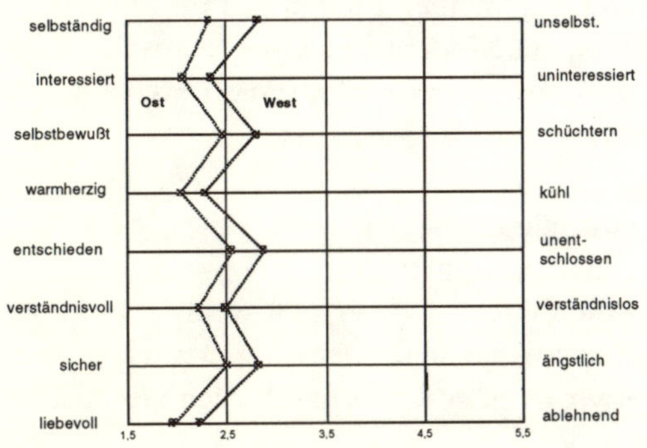

Gesundheit und Krankheit

Den Untersuchungspersonen wurde ein Fragenkatalog zu Gesundheitsverhalten, Erkrankungen und Medikamenteneinnahme vorgelegt.

Obwohl Ost- und Westdeutsche angegeben, gleichermaßen stark auf ihre Gesundheit zu achten, beschreiben Ostdeutsche ihren gegenwärtigen Gesundheitszustand signifikant schlechter als Westdeutsche.

So geben *Ostdeutsche häufige*r als Westdeutsche an, unter folgenden Erkrankungen zu leiden:

- Angina pectoris
- Herzinfarkt
- Bluthochdruck
- Durchblutungsstörungen in den Beinen
- Leberentzündung und Fettleber
- Entzündungen oder Steine der Gallenblase oder Bauchspeicheldrüse
- Zuckerkrankheit
- Entzündung oder Steine der Blase, Niere oder der Harnwege
- Augen- oder Ohrenerkrankungen.

Fragt man sich nach Ursachen für diese Krankheitshäufungen, so kann zum einen die schlechtere Ernährung erklärend herangezogen werden. Zum anderen ist es durchaus möglich, daß sich die Auswirkungen der „Wende" in diesen schweren körperlichen Erkrankungen widerspiegeln.

Diese Erkrankungen können Ursache dafür sein, daß sich die Ostdeutschen bei der Erfüllung alltäglicher Aufgaben (z.B. Haushalt oder Beruf) stärker als Westdeutsche durch ihren Gesundheitszustand beeinträchtigt fühlen.

Unterschiede ergaben sich auch hinsichtlich des täglichen Medikamentenverbrauchs; *Ostdeutsche nehmen dreimal häufiger Herz-/Kreislauf- und Schmerzmittel* und ca. doppelt so häufig Mittel zur Senkung des Blutzuckerspiegels, Rheumamittel sowie Mittel für Lungen und Bronchien.

Es gibt einige Krankheitssymptome, die von Westdeutschen häufiger als von Ostdeutschen genannt werden:

- Darmentzündung und Durchfall
- Verstopfung
- Muskelverspannung
- Kopfschmerzen.

Diese Beschwerden lassen sich unschwer mit Verspannung, Anspannung, Streß und Belastung, also mit Begleiterscheinungen der modernen Leistungs- (und Konkurrenz-) gesellschaft, assoziieren.

Gesellschaftliche und persönliche Motive des Kinderwunsches

Der gravierende Geburtenrückgang in den neuen Bundesländern, welcher seit 1989 in einer für die deutsche Geschichte einmaligen Stärke zu beobachten ist, war Anlaß, nach dem aktuellen Kinderwunsch sowie Motiven dafür bzw. gegen die Erfüllung dessen zu fragen.

Der eigens hierfür entwickelte Fragebogen gliedert sich in drei Teile, es werden allgemeine Angaben (Partnerschaft, Kinderzahl), Einstellungen zu gesellschaftlichen Gegebenheiten und persönliche Motive zum Kinderwunsch erfragt.

Obwohl auch in den neuen Bundesländern das Alter der Erstgravidität im Vergleich zu 1989 extrem gestiegen ist, wünschen sich die Ostdeutschen nach wie vor früher ein Kind als die Westdeutschen. In der DDR lag des Alter der Frauen bei Geburt des ersten Kindes bei ca. 23 Jahren. 1996 geben die Befragten *in den neuen Bundesländern* an, daß sie *mit 28* ihr *erstes Kind* bekommen möchten. Für die *Westdeutschen* ist auch das noch zu früh, sie möchten ihr erstes Kind *erst mit 31*.

Geht es um die Erfüllung des aktuellen Kinderwunsches, so gibt es sowohl in Ost als auch West einen hohen Anteil an Befragten, welcher sich im Moment *gar kein Kind* wünscht. So antworteten auf die Frage, „Wie stark wünschen Sie Sich im Moment ein Kind?“ *im Osten 73,2%* und *im Westen 62,4%* mit „gar nicht“. Ein weiterer Indikator für die zurückhaltende Einstellung der Deutschen gegenüber eigenen Kindern ist die Zahl der *Schwangerschaften in den letzten zwei Jahren.* Von den Befragten waren *im Westen 12,7%* und *im Osten lediglich 8,9%* in den letzten zwei Jahren schwanger.

Dennoch kann das nicht mit einer Abnahme des „Familiensinnes“ gleichgesetzt werden. Auf die Frage „Glauben Sie, daß man eine Familie oder einen Partner braucht, um wirklich glücklich zu sein, oder kann man alleine genauso glücklich leben?“ antworten im Westen 46% und im Osten 55,4%, daß man eine Familie braucht. Einen Partner zum Glücklichsein meinen im Westen 27,6% und im Osten 21,1% zu brauchen.

Es liegt nahe, nach Ursachen für die starke Zurückhaltung hinsichtlich der Geburten von Kindern zu fragen. Für die neuen Bundesländer läßt sich vermuten, daß die veränderten gesellschaftlichen Bedingungen, der Wegfall der DDR-spezifischen familienpolitischen Maßnahmen und der Wunsch, sich im neuen System zu orientieren und eine gute Position zu erarbeiten, hierfür ausschlaggebend sind. Die Festigung der eigenen Position, vor allem im Beruf, und die generell zunehmende Individualisierung ließen sich als ausschlaggebende Ursachen im Westen vermuten.

Die Ergebnisse bestätigen dies größtenteils; nach gesellschaftlichen Bedingungen und allgemeinen Meinungen im Zusammenhang mit Kindern und Kinderwunsch befragt, stimmten *Ostdeutsche stärker* als Westdeutsche den Aussagen zu, daß

- die nötige staatliche Unterstützung für Familien mit Kind fehlt
- die Gesellschaft sich zu wenig um die Bedürfnisse von Kindern kümmert
- wir in einer kinderfeindlichen Gesellschaft leben

- ein Kind zu haben in unserer heutigen Gesellschaft ein Handicap bedeutet

Demgegenüber stimmen *Westdeutsche* eher zu, daß

- Elternschaft soziale Anerkennung bringt
- die Welt ohnehin überbevölkert ist, so daß man auf ein eigenes Kind verzichten kann.

Inwiefern beeinflussen nun verschiedene *Motive* die Erfüllung des persönlichen Kinderwunsches bzw. dessen Verzögerung? Während für die *Westdeutschen* stärker *individuelle Einflüsse* eine Rolle spielen, sind es bei den *Ostdeutschen* eher *die schlechten gesellschaftlichen Bedingungen*. Die Westdeutschen geben an, durch die Zeit, die ein Kind kostet, das Zurückstellenmüssen von privaten Interessen und den Verlust an Zeit für sich und den Partner, den ein Kind mit sich bringt, bei der Erfüllung ihres Kinderwunsches beeinflußt zu sein. Neben diesen persönlichen „Einbußen" spielt zusätzlich eine Rolle, daß man mit einem Kind einen höheren Status in der Gesellschaft hat, aber auch, daß die Welt ohnehin überbevölkert ist, so daß man auf ein Kind verzichten kann.

Die Ostdeutschen dagegen sind in ihrem Kinderwunsch stark davon beeinflußt, daß sie sich ohne Kind signifikant häufiger allein fühlen würden. Negativ wirkt sich allerdings die fehlende staatliche Unterstützung für Familien mit Kind aus; viele denken, daß ein Kind in der heutigen Gesellschaft ein Handicap bedeutet.

Resümee

- Ostdeutsche berichten stärkere zwischenmenschliche Unterstützung als Westdeutsche.
- Ostdeutsche charakterisieren sich positiver als Westdeutsche.
- Ostdeutsche erinnern ihre Eltern positiver als Westdeutsche.
- Ostdeutsche sind stärker gesundheitlich beeinträchtigt als Westdeutsche.
- Trotz stärkerem Wunsch nach familiärer Bindung wünschen sich Ostdeutsche zur Zeit weniger ein Kind als Westdeutsche.

Die Positivbewertungen können nicht als „Ostalgie" im Sinne illusionärer Verkennung von gesellschaftlichen Gegebenheiten interpretiert werden, sondern sind eher Ausdruck eines stetig wachsenden neuen Selbstbewußtseins der Ostdeutschen.

Auffällig ist dennoch der Gegensatz zwischen der so positiv empfundenen zwischenmenschlichen Unterstützung, des eigenen Ichs, sowie der positiven Erinnerung an die Eltern einerseits und dem schlechten Gesundheitszustand sowie dem mangelnden Kinderwunsch andererseits.

Literatur

Brähler, E., Richter, H.-E. (1995): Deutsche Befindlichkeiten im Ost-West-Vergleich, psychosozial 59, S. 7-20.

Geyer, M., Plöttner, G. (1996): Potenz-Valenz-Polaritätenprofil nach Felders. In: Strauß, B., Eckert, J., Tschuschke, V. (Hg.), (1996): Methoden der empirischen Gruppenpsychotherapieforschung. Opladen (Westdeutscher Verlag).

Mattejat, F., Scholz, M. (1994): Das subjektive Familienbild (SFB) - Leipzig-Marburger Familientest. Göttingen (Hogrefe).

Sommer, G., Fydrich, T. (1989): Soziale Unterstützung. Diagnostik, Konzepte, F-Sozu. Tübingen (Deutsche Gesellschaft für Verhaltenstherapie).

Winkler, G. (1995): Sozialreport 1995. Daten und Fakten zur sozialen Lage in den neuen Bundesländern. Berlin (Sozialwissenschaftliches Forschungszentrum Berlin-Brandenburg e. V.).

100 Jahre Psychoanalyse

Horst-Eberhard Richter

Als Freud 1914 darüber nachsann, ob Josef Breuer oder seiner eigenen Person das Verdienst gebühre, die Psychoanalyse ins Leben gerufen zu haben, - sie hatten ja 1895 die „Studien über Hysterie" gemeinsam publiziert -, da begründete er seinen persönlichen Anspruch mit einem denkwürdigen Argument: Während er selbst vielfacher Entrüstung ausgesetzt sei, habe Breuer weit weniger Schimpf und Schande ertragen müssen. „Da ich nun längst erkannt habe, daß es das unvermeidliche Schicksal der Psychoanalyse ist, die Menschen zum Widerspruch zu reizen und zu erbittern, so habe ich für mich den Schluß gezogen, ich müßte doch von allem, was sie auszeichnet, der richtige Urheber sein."

In der Tat hatte Freud eine Wissenschaft begründet, die eine permanente Herausforderung für die Gesellschaft bedeutete. Bereits 1910 hatte er anläßlich der Gründung der Internationalen Psychoanalytischen Vereinigung gesagt: „Sie (die Gesellschaft) muß sich im Widerstand gegen uns befinden, denn wir verhalten uns kritisch gegen sie. Wir weisen ihr nach, daß sie an der Verursachung der Neurosen selbst einen großen Anteil hat. Wie wir den einzelnen durch die Aufdeckung des in ihm Verdrängten zu unserem Feinde machen, so kann auch die Gesellschaft die rücksichtslose Bloßlegung ihrer Schäden und Unzulänglichkeiten nicht mit sympathischem Entgegenkommen beantworten."

Dennoch fand Freud außer erbitterter Ablehnung durchaus auch nach und nach sympathisches Entgegenkommen. Denn er traf mit seinen Entdeckungen auf eine momentane kulturhistorische Aufbruchstimmung, in welcher der westliche Mensch eine neue Identität suchte, wozu ihm die Entdeckungen Freuds durchaus gelegen kamen. Kurt R. Eissler hat diesen Prozeß erst kürzlich in Stichworten zu skizieren versucht:

„Die Schranken, die das Christentum der freien Selbsterfahrung gesetzt hat, wurden abgebaut, der Bereich der körperlichen Erfahrungen erweitert. Spuren der sexuell-erotischen Freuden des antiken Griechenlands lebten wieder auf; physische Lust löste sich von Werten, die ihr aufgezwungen worden waren, und wurde um ihrer selbst willen begehrt. Die zwischenmenschliche Kommunikation verdichtete, verbreiterte und vertiefte sich. Bislang tabuisierte Fragen wurden offen diskutiert, die Heuchelei nahm ab. Traditionelle Sprachregelungen brachen zusammen, und das Vokabular wurde reicher."

Dem Begründer der Psychoanalyse kam also eine Situation zu Hilfe, wie sie Erikson als Bedingung für erfolgreiche psychoanalytische Aufklärung beschrieben hatte, nämlich eine gerade noch unterdrückte, aber schon bereitliegende Bereitschaft von Bevölkerungsteilen zu einem fundamentalen Wechsel. Es war der Hintergrund, auf welchem die Psychoanalyse sich zu einer regelrechten kulturrevolutionären Bewegung entfalten konnte. Manchen schien sie nach dem ersten Weltkrieg sogar dazu berufen, im Bunde mit dem Sozialismus die soziale durch eine psychische Befreiung des Menschen vervollständigen zu können, - eine Hoffnung, die im Verlauf der 68er Bewegung noch einmal kräftig auflebte.

Aber dazwischen lag die Erfahrung einer tiefbedrückenden Ohnmacht gegenüber dem Terror der Naziherrschaft. Ernst Simmel und Wilhelm Reich hatten sich noch mit dem Versuch hervorgewagt, mit psychoanalytischen Mitteln die destruktiven Elemente der Nazi-Ideologie und des massenpsychologischen Führerkults zu entlarven. Danach konnten sie sich nur durch Flucht retten, und sie mußten eine innere Fluchtbewegung mitansehen, durch welche die Verantwortlichen der Vereinigung der Zerstörung der psychoanalytischen Institute in Berlin und später noch in Wien zu entgehen versuchten. Was ich als innere Fluchtbewegung bezeichne, waren die vorläufige Preisgabe des gesellschaftskritischen Elementes und der Versuch, die Psychoanalyse als eine gesellschaftlich neutrale Naturwissenschaft von der Seele darzustellen. Dazu bot sich die Theorie Heinz Hartmanns an, der schon seit 1927 die Psychoanalyse eindeutig der Biologie zugeordnet hatte. Vom Wiener Institut aus wurde sogar angeordnet, politische Themen aus den Analysen herauszuhalten. Aber alle theoretischen Selbstbeschränkungen und taktischen Zugeständnisse in der Praxis konnten die Vertreibung der Psychoanalyse aus ihren kontinentaleuropäischen Zentren bekanntlich nicht verhindern. Ihre in der Mehrzahl jüdischen Vertreter flohen in die Emigration. Einige wie Karl Landauer, der ehemalige Vorsitzende des Frankfurter Psychoanalytischen Instituts, starben im KZ.

Die Psychoanalyse, die nach dem Krieg vor allem in den liberalen angelsächsischen Ländern neu erblühte, war von anderer Art als jene der Vor-Hitler-Zeit. Sie errang allmählich kaum erwartete Anerkennung in der Medizin, vor allem in der Psychiatrie. Sie erweiterte ihre Kenntnisse über die frühe Kindheit, über Borderline-Störungen und Psychosen sowie über die Dynamik therapeutischer Prozesse. Sie dehnte ihren Anwendungsbereich aus auf die Therapie von Paaren, Familien und Gruppen, schließlich auf die Organisationspsychologie und -beratung. Aber der tiefsitzende Nazi-Schock hemmte sie in vielen bedeutenden Zentren, an ihre gesellschaftskritische Tradition anzuknüpfen. Erst in den 60er Jahren häuften sich Publikationen, die bei verfolgten Überlebenden schwere psychische und psychosomatische Schäden enthüllten, deren Fortwirkung bis in die zweite Generation erst nach und nach offenbar wurde. Nur sporadisch erschienen auch psychoanalytische Biographien führender Nazi-Täter. Aber es mangelte an Forschung über den massenpsychologischen Hintergrund der Nazi-Bewegung selbst und ihrer Verbrechen, die an Wilhelm Reichs „Massenpsychologie des Faschismus“ hätte anknüpfen können. Offensichtlich bestand eine Hemmung, mit der kritischen Gesellschaftsanalyse fortzufahren, wie sie Freud zwar einst gefordert und in „Massenpsychologie und Ich-Analyse“ 1920 selbst methodisch fundiert, aber dann abgebrochen hatte. Die vereinsoffizielle Ächtung der Person Reichs funktionierte wie eine gleichzeitige Tabuisierung seiner provokativen politisch-psychologischen Fragestellungen. Nur einige randständige Analytiker auf dem linken Flügel der Vereinigung durchbrachen dieses Tabu. Zu ihnen gehörten neben kleineren Gruppen in Italien, Frankreich, der Schweiz und Lateinamerika in Deutschland an der Spitze Alexander und Margarete Mitscherlich. Deren Buch „Die Unfähigkeit zu trauern“, das die Deutschen mit den Wurzeln ihrer Hitler-Ergebenheit und deren anschließender Verdrängung konfrontierte, stiftete hierzulande exakt die Unruhe, die Freud als unvermeidliche Folge derartiger Aufklärungsbemühungen prophezeit hatte.

Innerhalb der psychoanalytischen Szene ernteten die Mitscherlichs allerdings nur gedämpften Beifall wie vor ihnen der ehemalige Buchenwald-Häftling Bruno Bettelheim, der aus seiner eigenen Erfahrung heraus die Psychoanalyse davor gewarnt hatte, mit Hilfe einer allein auf die Innenwelt konzentrierten Persönlichkeitstheorie die gesellschaftliche Realität zu sehr auszublenden, die Menschen eher zu entpolitisieren und in ihrer Widerstandskraft nicht hinreichend zu unterstützen. Identische Bedenken meldete auch der bedeutende Entwicklungspsychologe Erik Homburger Erikson an, der sich in der McCarthy-Ära durch besondere Zivilcourage hervorgetan hatte. Marie Langer und Paul Parin, die beide im antifaschistischen Widerstand aktiv gewesen waren, haben die gesellschaftskritische Fragestellung konsequenterweise auch auf die psychoanalytische Subkultur selbst ausgedehnt. Denn natürlich können Psychoanalytiker nicht gesellschaftliche Prozesse motivanalytisch untersuchen, ohne die Wirkung von Macht- und Abhängigkeitsverhältnissen in der eigenen Community zu reflektieren.

Die deutsche Psychoanalyse erlebte in der Reformära der 70er Jahre, die mit dem Namen Willy Brandt verbunden war, noch einmal einen bemerkenswerten Auftrieb und eine Wiederbelebung hochfliegender Hoffnungen aus den 20er Jahren. Zahlreiche Schriften der älteren Analytiker wurden als Raubdrucke Bestseller. Bemerkenswerte psychosoziale Reformprojekte wurden von Psychoanalytikern initiiert. 36 Psychoanalytikerinnen und Psychoanalytiker beteiligten sich in Westdeutschland an der Konzeptualisierung neuer Modelle psychosozialer Prävention und Versorgung und übernahmen dabei auch Supervisions- und Fortbildungsaufgaben. Ausbildungsinstitute wie das Sigmund-Freud-Institut in Frankfurt wurden von Bewerbern bestürmt. Und die Psychoanalyse erlebte eine akademische Anerkennung wie nie zuvor und nie später.

Aber der Trend in Richtung einer offeneren Gesellschaft hielt nicht lange an. Es sind allmählich komplexe soziologische Veränderungen eingetreten, die sich in verstärkten untergründigen Befürchtungen niedergeschlagen haben. Bereits 1930 hatte Freud in „Das Unbehagen in der Kultur" eine wachsende Unruhe und Angststimmung der Menschen festgestellt und diese mit ihrer Ahnung verbunden, daß sie sich durch neue Mittel der Naturbeherrschung selbst vollständig ausrotten könnten. Das war noch lange vor dem Offenbarwerden der Umweltzerstörung, der ethnografischen Krise und vor der Entwicklung massenmörderischer Atomwaffen.

Die Entlastung vom Kalten Krieg und die friedlichen Umwälzungen im Osten haben dann nur kurzfristig von den tieferen Angstgründen abgelenkt, die Freud angesprochen hatte. Die Konfrontation mit selbstdestruktiven Tendenzen, die sich hinter den modernen globalen Gefahren verbergen, begünstigte die Abspaltung von Bedrohungsvorstellungen und einen narzißtischen Rückzug auf das Selbst. Martin Wangh zieht eine Parallele zur Hinwendung eines Teils der Analytiker zur Narzißmusforschung und zur Selbst-Psychologie, was in der Tat als Anpassung an den genannten Trend gedeutet werden könnte. Andere Analytiker stimmen eher der Empfehlung zu, die Wangh so formuliert hat: „Obwohl wir wissen, daß Angst schädliche Abwehrreaktionen hervorbringt, müssen wir empfehlen, unseren Ängsten standzuhalten und auf die Gefahr hinzuweisen, die sie auslöst, um mit realistischer Planung auf sie zu reagieren."

Jedenfalls ist die momentane Zeitstimmung nicht mehr von der Art, wie sie einst den Entdeckungen Freuds den Weg zu bereiten half. Die genannten modernen Ängste zuzulassen und ihnen standzuhalten, ist eine schwere Zumutung, wie für alle anderen natürlich auch für die Psychoanalytiker selbst. Aber unsere Therapie würde stumpf und unsere Forschung steril und belanglos werden, würden wir uns per Anpassung dem gesellschaftlichen Verdrängungsdruck ergeben. Psychoanalyse ist und bleibt eine Wegbegleiterin zu größerer innerer Offenheit. Sie vertreibt manche beschwichtigende Illusionen, aber erweitert zugleich die Chance, klarer gesehenen, auch schmerzlichen Wahrheiten konstruktiver zu begegnen. Von der Hoffnung auf die Fähigkeit und die Kraft, diese Chance zu nutzen, wird es abhängen, wie sich das Vertrauen in die Psychoanalyse künftig entwickeln wird.

Prof. Dr. Dr. Horst-Eberhard Richter
Zentrum für Psychosomatische Medizin
Friedrichstr. 28
35392 Gießen

Familiale Reaktionsformen auf die Frühgeburt von Kindern und auf ihre intensivmedizinische Betreuung

Andrea Himmelreich

Die Frühgeburt des Kindes wird von den Eltern meist als schockartiges Erlebnis empfunden. Die Dramatik der Situation wird gesteigert durch die häufig noch stattfindende räumliche Trennung der Mutter von ihrem Kind nach dessen Verlegung in ein Perinatalzentrum. Dann kann die Mutter ihr frühgeborenes Kind erst nach einigen Tagen auf der perinatalen Intensivstation besuchen. Nach dem Erstkontakt mit ihrem Frühgeborenen berichten oft beide Elternteile von einem für sie schockierenden Bild, da sie nicht genügend vorbereitet wurden auf den Umfang der intensivmedizinischen Eingriffe bei der Betreuung ihres Frühgeborenen: auf die Schläuche zur Beatmung, auf eine Magensonde sowie auf das Monitoring der medizinischen Überwachungsgeräte.

Eine Mutter beschrieb ihren ersten Eindruck von der nicht mehr als 700 g wiegenden Tochter folgendermaßen:

> „Wir sollten sie anfassen und streicheln. Und das ist mir eben auch sehr schwer gefallen, sie anzufassen. Sie sah aus wie ein kleiner nackter Vogel, der aus dem Nest gefallen ist."

Eine andere Mutter berichtet von ihrer Enttäuschung: „Du hast keinen Bauch, und eigentlich hast du dein Kind gar nicht. Die Schwangerschaft war und war nicht. Dann das ganz winzig kleine Frühchen im Glaskasten: mein Kind".

In diesem Beitrag bilden die theoretischen Ansätze zu den Formen der familiären Reaktion auf die Frühgeburt und auf die intensivmedizinische Betreuung frühgeborener Kinder die Basis für weiterführende Überlegungen. Welchen Einfluß kann die Frühgeburt einerseits auf die Elternbeziehung zum Kind und andererseits auf die Partnerbeziehung der Eltern haben? Abschließend wird untersucht, welche Präventionsmaßnahmen das Risiko möglicher Störungen verringern können.

Der Beitrag basiert auf eigenen Hospitationen in mehreren neonatologischen Intensivstationen im deutschsprachigen Raum sowie auf Interviews mit dort tätigen Ärzten und Krankenschwestern. Außerdem wurden vier halbstrukturierte Interviews mit Eltern von Frühgeborenen einer eigenen qualitativen Untersuchung ausgewertet.

1. Medizintechnische Vorbemerkungen

Ein lebendes Neugeborenes mit einem Schwangerschaftsalter von weniger als 37 abgeschlossenen Wochen (p.m.) wird als Frühgeborenes bezeichnet (Martius 1988, S. 444; Rauh 1987, S. 131). Bedingt durch Struktur und Funktion der unreifen Lunge wird als „natürliche" untere Grenze der Lebensfähigkeit die 24. Schwangerschaftswoche angenommen (Gmyrek 1987, S. 379). In der Bundesrepublik Deutschland werden 6 % - also jährlich 50.000 - Kinder zu früh geboren (Müller-Rieckmann 1993, S. 14). Sie machen ca. 2/3 der Säuglingssterblichkeit aus. In den letzten Jahren haben verbesserte medizintechnische Bedingungen die Sterberate der Frühgeborenen stark vermindert.

Die Ursachen der Frühgeburt betrachtet man als ein multifaktorielles und komplexes Syndrom, in dem Wehen und Geburt am Ende einer Kette von verschiedenen Ursachen stehen (Halberstadt 1987, S. 6). Nur bei 50% der Mütter von Frühgeborenen ist eine eindeutige Ursache festzustellen (Martius 1988, S. 445).

Eine zeitgeschichtliche Betrachtung der medizintechnischen Entwicklung der Betreuung von Frühgeborenen zeigt (vgl. Silverman 1986; Marx 1986), daß sich die Haltung des Pflegepersonals gegenüber den Eltern verändert hat. Vor mehreren Jahrzehnten waren die Möglichkeiten der Eltern zur Betreuung ihres Frühgeborenen stark eingeschränkt.

Vor allem durch Arbeiten der Kinderärzte Klaus und Kennell (1987) sowie von Cramer (1987), Kaplan und Mason (1960) wurde auf die Belastung des Familiensystems durch eine Frühgeburt hingewiesen. Durch deren Erkenntnisse hielten psychologische Gesichtspunkte in vielen Stationen zunehmend Einzug. Seit Anfang der 90er Jahre wird auf vielen Frühgeborenenstationen das „minimal handling" immer stärker praktiziert. Pflegerische Aufgaben, das An- und Ausziehen der Kinder, die Temperaturkontrolle und der Windelwechsel werden auf ein Minimum reduziert und für das Kind schonend durchgeführt.

Die Medizintechnologie hat bei der Betreuung und Pflege von Frühgeborenen in den letzten zwanzig Jahren entscheidende Fortschritte gemacht. Damit drängte sich die medizinische Intensivüberwachung - trotz zunehmend schonenderer Behandlung - zwischen die Eltern und ihr Frühgeborenes, insbesondere durch die Einschränkung des Körperkontaktes als Folge von Beatmung und Elektrodenüberwachung.

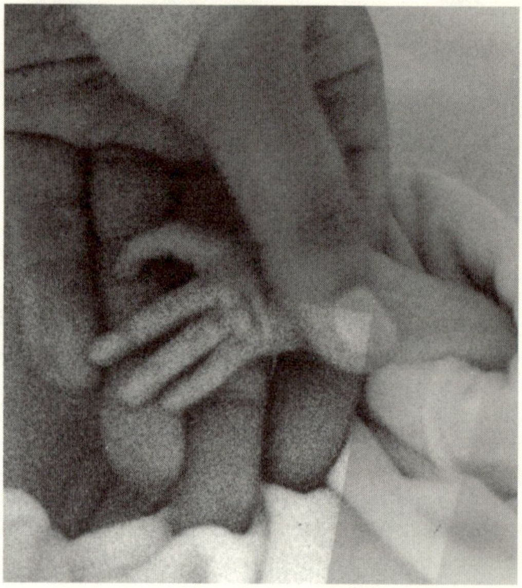

Neben dem Ausmaß der Frühgeburtlichkeit bestimmen andere zentrale Aspekte den Entwicklungsverlauf des Kindes und dessen Auswirkungen auf das Familiensystem. Bedeutsame Determinanten sind Mißbildungen, Organdefekte, chronische Krankheiten und Entwicklungsstörungen (vgl. Lauth 1986; Rauh 1986) sowie die Totgeburt oder der Tod des Frühgeborenen in den ersten Wochen nach der Geburt (vgl. Lothrop 1993; Lutz et al. 1991).

Die üblichen Umstellungsschwierigkeiten, welche innerhalb der Familie nach einer normalen Geburt entstehen (vgl. Schneewind 1983, Gloger-Tippelt 1988) werden durch die Frühgeburt eines Kindes intensiviert. Häufig entstehen über das normale Maß hinausgehende Beziehungsstörungen zwischen Eltern und Kind sowie innerhalb der Paarbeziehung.

In der Literatur werden zwei extreme Formen der Reaktion genannt, die vermehrt bei ehemaligen Frühgeborenen festgestellt worden sind: das Hospitalismussyndrom (vgl. Böse 1992; Klicpera et al. 1985) und die Kindesmißhandlung bzw. Vernachlässigung des Kindes (kritische Diskussion siehe Steinhausen 1976; neuere Untersuchungsergebnisse siehe Christensen et al. 1991).

2. Theoretische Konzepte hinsichtlich der erschwerten Bindung der Eltern an ihr Kind

Zunächst erfolgt ein Überblick über fünf theoretische Zugangsweisen:

2.1. Die „Psychoanalytische Narzißmustheorie"

Cramer (1987) macht die Dynamik der veränderten mütterlichen Selbstachtung verständlich. Im Laufe der Schwangerschaft findet demnach ein Wechsel der Besetzung des Ungeborenen von narzißtischer Liebe zur Objektliebe statt. In den ersten Schwangerschaftsmonaten empfindet die Mutter ihr ungeborenes Kind als einen Teil ihres Selbst. Mit den ersten spürbaren Bewegungen des Kindes nimmt sie das Ungeborene als ein eigenständiges Wesen wahr und besetzt es zunehmend mit Objektliebe. Bei Müttern von Frühgeborenen kommt es zu einem Zeitpunkt, an dem die Mutter ihr Kind überwiegend noch mit narzißtischer Liebe besetzt (als wäre das Kind ein Teil ihres Organismus), zu einer Trennung. Damit stellt die Frühgeburt für die Mutter eine Erschütterung ihrer Selbstachtung dar. Sie wird als Verlust eines Teils des eigenen Körpers, als Verletzung ihrer körperlichen Integrität und so als Zeichen innerer Minderwertigkeit wahrgenommen. Cramer behauptet, daß das Frühgeborene als ein fremdes Wesen wahrgenommen wird und daher auch leichter zurückgewiesen werden könne (Cramer 1987, S. 223 f.). Bedingt durch die übliche Trennung nach einer Frühgeburt gebe es eine Abwartephase, in der die Mutter nicht an das Kind denken wolle. Der Rückzug von Gefühlsbesetzungen gegenüber dem eigenen Kind sei um so ausgeprägter, je länger diese Phase anhält. Ihr Abschluß habe eine zentrale Bedeutung: Ist der Rückzug von Gefühlsbesetzungen irreversibel, führe dies vermutlich zu Deprivationssyndromen (Entwicklungshemmungen, evtl. Kindesmißhandlung). Bei einer normal verlaufenden Mutter-Kind-Beziehung beginne mit dem ersten Kontakt des Kindes der Beziehungsbruch zu „heilen" (Cramer 1987, S. 228).

Es kann gefolgert werden, daß die Mutter ihr Kind erst akzeptieren kann, wenn sie die narzißtische Kränkung durch die Frühgeburt und die physische Unvollkommenheit des Neugeborenen überwunden hat.

2.2. Das Konzept der vier psychologischen Aufgaben

Caplan beschreibt die psychische Situation der Mutter nach einer Frühgeburt folgendermaßen: „During such periods there is a temporary disorganization of personality functioning, and, during the subsequent reorganization phase, new, lasting, and sometimes drastically changed personality patterns are possible." (Caplan 1960, S. 365). Als Problemlösungsmodell ermittelten Kaplan und Mason (1960) vier psychologische Aufgaben für den Verlauf einer Krisenbewältigung:

1) Während der Entbindung bereitet sich die Mutter auf den möglichen Verlust des Kindes vor und reagiert daher mit einer antizipatorischen Trauerreaktion: „... she still hopes the baby will survive but simultaneously prepares for its death" (Kaplan und Mason 1960, S. 543). Die Mutter zieht sich damit zum Teil aus der bisher aufgebauten Beziehung zurück.
2) Die Mutter muß das Gefühl der Unzulänglichkeit verarbeiten, daß sie den Säugling

nicht termingerecht gebären konnte. Nachdem relativ sicher ist, daß das Kind überlebt, muß die Mutter bis zur Entlassung des Kindes weitere Aufgaben lösen:

3) Die Wiederherstellung der Beziehung zum Kind.
4) Die Mutter muß es als einen vorübergehenden Zustand ansehen, daß ihr Frühgeborenes besondere Eigenarten und Bedürfnisse hat, und sich dementsprechend verhalten.

Aufgrund eigener Interviews mit Müttern von Frühgeborenen erscheint eine zusätzliche psychologische Aufgabe von Bedeutung: Die Mutter muß die oft monatelange Ungewißheit bewältigen, ob ihr Kind sich normal entwickeln wird, denn schwere körperliche und / oder geistige Beeinträchtigungen sind nicht von vornherein auszuschließen.

Cramer bezieht sich auf Veröffentlichungen von Caplan et al. (1965) und faßt die dort beschriebenen Bewältigungsmechanismen der Eltern wie folgt zusammen:

> „Sie müssen die Fähigkeit besitzen, das Problem realistisch zu begreifen (d.h. über einen kognitiven Bewältigungsmechanismus verfügen); sie müssen sich ihrer Gefühle bewußt und in der Lage sein, sie zu artikulieren (d.h. die Situation affektiv bewältigen können); und sie müssen imstande sein, sich der Hilfe anderer zu versichern (als sozialer Bewältigungsmechanismus)." (Cramer 1987, S. 219).

2.3. Vier Abwehrmechanismen nach Bölter

Für die emotionale Krise der Frühgeburt lassen sich vier hypothetische Abwehrmechanismen differenzieren. Sie stellen Warnsignale dar, wenn sie nicht nur kurzfristig auftreten, sondern als konsistentes Merkmal der Affektabwehr (Bölter 1984, S. 66).

- Verleugnung von schmerzlichen oder Unlust bereitenden Tatsachen und Gefühlen, d.h. äußere Realitäten und die Wahrnehmung emotionaler Vorgänge werden verleugnet.
- Affekt-Isolierung: der Zusammenhang zwischen dem affektiven und dem kognitiven Anteil eines Ereignisses oder Gedankens wird aufgelöst, der affektive Anteil verdrängt oder verschoben und so das gesamte Ereignis nur sachlich-rational betrachtet.
- Projektion von Schuld: neben der Abwehr von Schuldgefühlen durch Reaktionsbildung, Verdrängung oder Isolierung ist die Projektion möglich: die eigene Schuld wird abgelehnt und auf andere Personen oder sachliche Gegebenheiten übertragen.
- Regression aus der Objektbeziehung: die akute psychische Belastung ist so groß, daß sich die psychische Organisation eines Menschen auf einer genetisch früheren Stufe der Objekt-, Libido- bzw. Ich-Entwicklung reorganisiert (Bölter 1984, S. 67).

2.4. Einflußfaktoren auf die Bindungsprozesse nach Klaus und Kennell

Nach zehnjährigen Beobachtungen haben Mitte der 70er Jahre Klaus und Kennell auf die Bedeutung der frühen Mutter-Kind-Bindung und auf die Folgen einer frühen Trennung von Mutter und Kind nach der Geburt hingewiesen. Aus der Verhaltensforschung abgeleitet, bezeichnen sie die kurze Zeitspanne unmittelbar nach der Geburt als „sensible" Phase. Sie werten diese als besonders prägend für die Bindung der Eltern an das Kind. Als Beweis für die Existenz der „sensiblen" Phase in den ersten Stunden nach der Geburt, die das spätere mütterliche Bindungsverhalten stark beeinflußt, dienen ethologische Beobachtungen des Pflegeverhaltens bei höheren Säugetieren und insbesondere eine Untersuchung von Klaus und Kennell bei Müttern normalgeborener

Kinder. Nach einer Modifizierung der Betreuung nach der Entbindung zeigten diese ein positiveres mütterliches Verhalten. Bereits sechzehn Stunden zusätzlicher Kontakt der Mutter zum Kind in den ersten drei Lebenstagen des Kindes verbesserten das mütterliche Verhalten für die Dauer eines Jahres (Klaus und Kennell 1987, S. 85 ff.).
Mit ihrem Konzept der „sensiblen" Phase haben die Autoren in vielen Krankenhäusern in den USA und Europa Veränderungen insbesondere der Trennungspraktiken nach der Geburt oder zumindest eine Sensibilisierung für das Thema erreicht. Es gibt aber auch noch heute eine kontroverse Diskussion (vgl. Zusammenfassung der Diskussion in: Bölter 1984, S. 60 f.).

Für einen möglichst frühen Kontakt der Mutter zu ihrem frühgeborenen Kind spricht, daß dadurch übersteigerte Ängste der Mutter hinsichtlich des Gesundheitszustandes ihres Kindes abgebaut werden können und die Mutter darin unterstützt wird, das Gefühl zu entwickeln: „Dies ist mein Kind".

Klaus und Kennell fassen die wichtigsten Faktoren zusammen, die das mütterliche und väterliche Verhalten gegenüber dem normal- oder frühgeborenen Kind beeinflussen (Klaus und Kennell 1987, S. 32). Nicht variable Faktoren sind die Lebensgeschichte (z.B. welches Verhalten die Eltern selbst in ihrer frühen Kindheit bei ihren Eltern erlebten, Erfahrungen mit früheren Schwangerschaften), die Übernahme der Praktiken und Werte der eigenen Kultur, die Persönlichkeitsmerkmale (z.B. die Fähigkeit des einzelnen, Streß zu ertragen, sowie sein Bedürfnis nach Zuwendung), die Beziehung zur Herkunftsfamilie und zum Partner sowie das Wesen des Kindes (z.B. sein Temperament, seine Gesundheit). Veränderbare Faktoren sind das Verhalten von Ärzten, Schwestern und anderen Krankenhausbediensteten sowie krankenhausübliche Praktiken (z.B. die Trennung oder das Zusammenbleiben von Mutter und Kind in den ersten Lebenstagen).

In diesem Modell wird die Trennung von Mutter und Kind gleichrangig neben das Verhalten des Krankenhauspersonals und neben die krankenhausüblichen Praktiken gestellt, die verändert werden sollten, um die Bindungsprozesse zu unterstützen.

Der Arzt könne als Vertrauensperson die Bindungsprozesse zum Kind positiv oder negativ beeinflussen. Daher sei eine offene Kommunikation zwischen den Eltern und dem betreuenden Arzt sowie ein an den Bedürfnissen der Eltern orientiertes tägliches Gespräch notwendig. Klaus und Kennell betonen, daß die Mutter des Frühgeborenen auf den ersten Besuch der Intensivstation und auf weitere Entwicklungen vorbereitet werden müsse. Bevor pessimistische Äußerungen erfolgen, müsse die emotionale Beziehung zwischen Eltern und Kind gefestigt sein.

2.5. W. Ernest Freud: Psychodynamisches Verständnis von Perinatologie

Der Psychoanalytiker Freud ordnet dem Fötus und ebenso der Mutter eine aktive, schwangerschaftsbestimmende Rolle zu. Für den Verlauf der Schwangerschaft sei vor allem bedeutend, wie die Schwangerschaft von der Mutter emotional besetzt wird (Kathexis). Wichtige Faktoren sind, ob die Frau in ihrer Kindheit Konflikte hinreichend verarbeiten konnte und sie später die Konflikte um die Akzeptanz der Weiblichkeit verarbeitet hat. Die frühe Mutter-Kind-Beziehung hat ihren Beginn demnach nicht erst im Kreißsaal, sondern bereits in der „Kinderstube" der schwangeren Frau.

Wichtig sei zudem, daß die Interaktion zwischen der Mutter und dem Föten harmonisch ist. Freud bezieht sich auf Ergebnisse von Rice (vgl. Rice 1977), wonach Kontaktbedürfnisse im intrauterinen Leben voll befriedigt werden (Freud 1987, S. 10). Der Fötus erwarte nicht nur eine Stimulierung durch die Mutter, sondern er beteilige sich an einer wechselseitigen Interaktion mit ihr. Grundsätzlich habe der Fötus einen „Interaktionshunger", nämlich das Bedürfnis nach einem Wechsel von Homöostase und Veränderung (Freud 1987, S. 11). Freud sieht den Fötus nicht nur als Interaktionspartner, sondern sogar als die Schwangerschaft beherrschend an. In seinem Denkmodell haben beide Beteiligte einen aktiven Part. Bei der Interaktion zwischen dem Föten und der Mutter kann es zu einem Entwicklungs-'Kurzschluß' kommen (Freud 1992 b, S. 9). Daher fordert Freud ein prophylaktisches Programm innerhalb der Schwangerenvorsorge. Schon bei ersten Anzeichen von vorzeitigen Wehenbestrebungen soll die Schwangere für die wechselseitige Mutter-Fötus-Beziehung sensibilisiert werden. Um die emotionale Besetzung der Schwangerschaft zu stärken und eine Verbesserung der pränatalen Bindung zu erreichen, zieht Freud Bonding-Förderungsmöglichkeiten in Betracht. Ergebnisse einer Studie von Sosa et al. von 1980 über die Wirkung einer Doula - einer wohlwollenden Begleitperson („supportive lay woman") - überträgt er auf schwangere Frauen, die von vorzeitigen Wehenbestrebungen betroffen sind. Er vermutet, durch eine Doula könnte auch bei einer Frühgeburt erreicht werden, daß perinatale Komplikationen gemindert werden, die durchschnittliche Wehendauer verkürzt wird und die medikamentöse Indikation reduziert werden kann.

Die Frühgeburt beschreibt er als ein für die Eltern traumatisches Erlebnis, das durch die darauffolgende Trennung der Mutter vom Kind verstärkt werde. Seine Schlußfolgerung ist: „Solange Trennung die Parole bei der Frühgeborenen-Intensivpflege ist, sind wir meines Erachtens auf dem Holzweg: Frühchen brauchen ihre Mütter noch viel mehr als gesunde Neugeborene. Trennung beeinträchtigt die psychologische Immunität, und Zusammensein mit der biologischen Mutter schützt gegen Anfälligkeit für einige Erkrankungen im iatrogenen Bereich." (Freud 1991a, S. 6 f.).

Wichtig sei eine professionelle Unterstützung bei der Verarbeitung des Erlebnisses, daß ihr Kind unattraktiv aussieht und nicht normal reagiert. Hinzu komme der „Klinik-Kultur-Schock" (Freud 1991 c, S. 59), womit er vermutlich meint, daß die Eltern auf das anonyme, hochtechnisierte Arrangement auf den Frühgeborenenstationen nicht vorbereitet sind und es daher zu einem Schock kommt. Das Stillen des Frühgeborenen sieht er als natürlichstes Förderungsmittel zur Konsolidierung der Mutter-Baby-Beziehung an (Freud 1986 b, S. 19).

Klinikdynamik und Mutter-Kind-Beziehung: „Whose Baby?-Syndrom"

Eine Erklärung dafür, warum es in der Perinatologie eine Diskrepanz zwischen den Möglichkeiten des Umgangs der Eltern mit dem Frühgeborenen und ihrer praktischen Umsetzung gibt, umschreibt Freud mit dem „Whose Baby?-Syndrom". Änderungen in Struktur und Organisation der institutionalisierten Geburtshilfe seien schwer zu erreichen. Die Ursachen dafür müsse man nicht in äußeren Umständen (wie Raum-, Geld- und Personalmangel) suchen, sondern vielmehr in unbewußten Prozessen, z.B. in Besitzansprüchen des Pflegepersonals gegenüber dem Frühgeborenen. Als „Whose Baby?-Syndrom" (abgekürzt mit WBS) faßt Freud demnach eine Konstellation von Verhaltensweisen, Haltungen und Tendenzen solcher Personen zusammen, die neben den Eltern Besitz- und Machtansprüche an das Frühgeborene stellen. Unbewußte Ursachen - die er als innere Realitäten bezeichnet - verhindern dabei eine Umsetzung neuerer Erkenntnisse. Dieses Syndrom sei tiefenpsychologisch mit dem sogenannten Gebärneid der Männer und mit einer emotionalen Überbesetzung der analen Phase verbunden. Die Männer hätten sich aus diesen Gründen das Gebiet der Geburtshilfe aufgeteilt: „... Männer beherrschen den 'Markt' nach der Devise: Babys vor der Geburt gehören dem Geburtshelfer, Babys nach der Geburt gehören dem Pädiater ..." (Freud 1986 a, S. 187). Demgegenüber stehe das weibliche Personal der

Frühgeborenenstationen auf unbewußter Ebene im Wettbewerb mit den Müttern der Frühgeborenen.

Im Unterbewußtsein sei also das gesamte Pflegepersonal davon überzeugt, daß die Frühgeborenen der Klinik gehören, solange sie in der neonatologischen Intensivstation sind, weil man dort die Verantwortung für deren Wohlergehen trägt und mehr Erfahrung in der Behandlung hat.

Für die künftige Frühgeborenen-Intensivstation fordert Freud, daß die Eltern ein persönliches Territorium erhalten (z.B. Umkleidezimmer) und als vollwertiges Mitglied des Pflegeteams akzeptiert werden. Zehn realisierbare Forderungen zur Betreuung von Eltern und Frühgeborenen wurden 1993 auf einer Fachtagung von den Teilnehmern - u.a. W.E. Freud - erarbeitet und als „Frankfurter Thesen“ (Paritätisches Bildungswerk Bundesverband e.V., 1993) bezeichnet.

2.6. Untersuchungsergebnisse zur Känguruh-Methode

Weil das Känguruhjunge im Beutel des Muttertiers Geborgenheit findet, wird als Känguruh-Methode der direkte Hautkontakt durch das stundenweise Tragen oder Liegen des Frühgeborenen zwischen den Brüsten der Mutter (bzw. an der Brust des Vaters) verstanden. Freud bezeichnet die Känguruh-Methode als ein Förderungsmittel, welches das Wiedereinschalten des Frühgeborenen in das ihm vertraute Milieu der mütterlichen biologischen Rhythmen ermögliche (Freud 1992 a, S. 78 f.). Es werde eine Symbiose zwischen dem Elternteil und dem Frühgeborenen hergestellt: Das Frühgeborene hört den Herzschlag, die Gefäßgeräusche und die Atmung des Elternteils. Es riecht die Haut und erlebt körperliche Wärme und Nähe zum Elternteil (optimale Temperaturregelung). Das Kind macht die Bewegungen der Bezugsperson passiv mit und bekommt so Bewegungs- und Gleichgewichtsanregung. Andererseits nimmt der Elternteil kleinste Veränderungen im Befinden und Verhalten seines Kindes wahr.

In Bogotá (Kolumbien) wurde die Känguruh-Methode entwickelt und geprüft. Ihr Ziel war, daß die Mütter sehr früh die Pflege ihres Kindes übernehmen und ihr Kind von Anfang an mehrere Stunden täglich, direkt am Körper liegend, herumtragen. Zehn „commandments“ (Gebote) bewirken ein vorsichtiges Behandeln des Kindes (Anderson et al. 1986, S. 807 f.). Die UNICEF gab von 1979 bis 1981 finanzielle Unterstützung für eine Vergleichsstudie zwischen der Inkubator-Therapie und der Känguruh-Methode. Die Sterberate für Kinder zwischen 1000 g und 1500 g von 35 % konnte durch die Einführung der Känguruh-Methode auf 8% reduziert werden. Ermutigt durch dieses Ergebnis, wurden nun auch Kinder zwischen 500 g und 1000 g so behandelt. Dabei ist eine Überlebensrate von 72% dieser „Känguruh-Babies“ erzielt worden (Eldering 1993, S. 21).

Ergebnis einer Studie von 1984 war, daß die zwischen den Brüsten der Mutter getragenen Kinder weniger Probleme mit Atempausen hatten als Kinder im Brutkasten. Durch den Körperkontakt blieb der Kreislauf der Frühgeborenen stabil, und es war weniger Sauerstoffzufuhr nötig. Die Mütter entschlossen sich eher zum Stillen, produzierten mehr Milch, stillten ihre Kinder länger und nahmen ihre Kinder früher mit nach Hause. Die Infektionsrate wurde durch die Känguruh-Methode nicht erhöht (Anderson 1989, S. 663). Eine andere Studie zur Wirkung der Känguruh-Methode ergab 1989, daß diese Kinder rascher an Gewicht zunahmen. Die Eltern dieser Kinder zeigten eine größere Bereitschaft, ihr Kind zu besuchen und mit ihm zu spielen oder zu schmusen (v. Schoenaich 1992, S. 1 f.).

Nach den ersten Veröffentlichungen wurde die Känguruh-Methode in vielen Krankenhäusern in Westeuropa eingeführt - eine Studie der UNICEF von 1988 erwähnt Holland, Schweden, Finnland, Dänemark und

Deutschland (Anderson 1989, S. 663 ff.). Das Programm aus der Klinik in Bogotá wurde meist nicht vollständig übernommen. Es wird in deutschen Krankenhäusern u. a. in Augsburg, Magdeburg und Halle (verifiziert durch eigene Hospitation bei Dr. Klaube) erprobt. Viele Frühgeborene schaften so die Anpassung an die äußere Umwelt aus eigener Kraft. Dies kann sowohl den Kindern als auch den Eltern viel Leid ersparen - und den Krankenkassen viel Geld.

3. Empirische Ergebnisse zur psychosozialen Dimension von Frühgeburt

Eine vorzeitige Geburt wird als unerwartetes Schockerlebnis und als Krisenerlebnis bzw. „critical life event for the family" beschrieben (Kalmár et al. 1991, S. 2), welches sich im Vergleich zu einer normalen, termingerechten Geburt anders auf das Familiensystem auswirkt. Die Eltern werden meist ziemlich plötzlich mit Bedingungen konfrontiert, die von einer normalen, termingerechten Geburt stark abweichen. Dies sind beispielsweise der Notfallcharakter der Geburt und der Verlust der normalen Mutterrolle durch die notwendige medizinische Intensivpflege des Kindes (Kunert et al. 1993, S. 536). Die Eltern sind weder in der Einstellungs- noch in der Verhaltensebene auf diese Mutter- bzw. Vaterrolle hinreichend vorbereitet (Hantsche et al. 1992, S. 131).

Das Ausmaß der Unreife und der Lebensgefährdung des Frühgeborenen, das Vorhandensein von Fehlbildungen oder Erkrankungen, ferner Art und Ablauf der Geburt sowie psychische und körperliche Erschöpfung der Eltern beeinflussen den Grad der traumatischen Erfahrung. Wird das Kind per Kaiserschnitt geboren, kommt für die Frau neben der Trennung vom Kind die Enttäuschung über die nicht miterlebte Geburt hinzu. Interviews mit Müttern von Frühgeborenen ergaben, daß die emotionale Haltung der Mütter durch drei Gefühlskategorien, nämlich Angstgefühle, Niedergeschlagenheit (Schweigen, Müdigkeit, Energieverlust, Schlafstörungen) und Insuffizienzgefühle (Gefühle des Ungenügens), repräsentiert wird (Hunziker und Largo 1986, S. 248). Die Mutter sieht sich als Verursacherin der Leiden des Kindes, weil sie es nicht termingerecht zur Welt bringen konnte. Viele Frauen machen sich Vorwürfe, sie hätten durch eine Fehlhandlung die Frühgeburt ausgelöst (Hantsche et al.1992, S. 132). Schilderungen von Müttern haben gezeigt, daß deren Gefühle gegenüber dem Frühgeborenen nach der vorzeitigen Trennung vorübergehend stagnierten. Durch die Trennung waren konkrete Erfahrungen mit dem Kind nicht möglich (Hunziker und Largo 1986, S. 250).

3.1. Situation der Eltern in der kritischen Phase

In der Trennungsphase der Mutter vom Kind kann sich der Vater aktiv für das Kind einsetzen und wichtige Funktionen übernehmen: die des Botengängers oder Vermittlers sowie eine Organisations-, Puffer- und Unterstützungsfunktion (Hantsche et al. 1992, S. 132).

Die Begegnung mit dem Kind ist für viele Eltern ein Schlüsselerlebnis, so daß sie sich auch noch Monate später an den ersten Anblick und die Eindrücke auf der Station erinnern (Hunziker und Largo 1986, S. 248). Die Mütter haben sich nun selber von der Lebendigkeit ihres Kindes überzeugt, doch können latente Zweifel auftreten, daß das Frühgeborene ihr Kind sei. Der Erstkontakt mit dem Kind kann Entfremdungsgefühle auslösen, weil das Baby nicht den üblichen Erwartungen entspricht. In einigen Fällen können sogar Haß und Todeswünsche im Vordergrund stehen, weil den Eltern die Perspektive des Weiterlebens ihres Kindes momentan nur leid- und qualvoll erscheint.

3.2. Interaktion der Eltern mit ihrem Frühgeborenen

Probleme entstehen für die Eltern im Umgang mit ihren Frühgeborenen, da diese oftmals zumindest vorübergehende Auffälligkeiten haben im Bereich der Regulation der Aufmerksamkeitszustände, der Wahrnehmung und Verarbeitung von Reizangeboten sowie eine höhere Irritierbarkeit zeigen (Sarimski 1992, S. 35). Die spezifischen Verhaltensmerkmale des frühgeborenen Kindes erfordern daher von den Eltern eine „sensible" Anpassung ihres Verhaltens. Für das Frühgeborene ist eine Balance zwischen Stimulation und Reizabschirmung wichtig. Es sollte die Möglichkeit haben, seine Aufnahmebereitschaft selber zu steuern. Viele Mütter versuchen jedoch, ihre Schuldgefühle gegenüber ihrem Kind durch ein besonders aktives, stimulierendes Verhalten zu kompensieren. Eine Anleitung und Aufklärung der Eltern kann Frustrationsgefühlen vorbeugen. Die Entwicklung der Be-

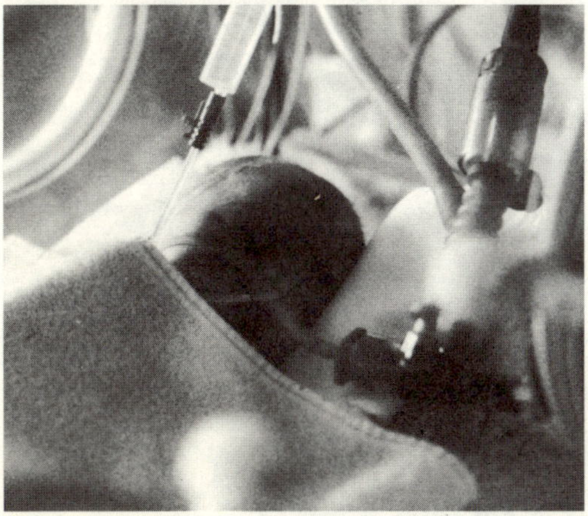

ziehung zum Kind wird häufig dadurch beeinträchtigt, daß eine sichere neurologische Beurteilung bei Neugeborenen schwierig ist, weil festgestellte pathologische Syndrome sich wandeln und sogenannte Durchgangssyndrome auftreten können (Hantsche et al. 1992, S. 130). Prognostische Aussagen werden erst nach dem ersten Vierteljahr verläßlicher.

Eine positive Phase kurz vor und nach der Entlassung des Kindes aus dem Krankenhaus wird in einigen Studien als „Flitterwochen"-Periode beschrieben: Die Stimmung der Mutter ist durch Hochstimmung gekennzeichnet (Blake et al. 1975, S. 275; Kunert et al. 1993, S. 536). Blake stellte fest, daß die euphorische Phase gedämpft wird durch die steigende Erschöpfung und ein wachsendes Inkompetenzgefühl der Eltern. Durch die einsetzende Responsivität des Kindes kommt es einige Zeit später zu einer Phase der Zufriedenheit und zunehmenden Selbstvertrauens.

Nach dem ersten Besuch der Eltern zieht sich oft der Vater zieht aus der Versorgung des Kindes zurück, so daß in der Triade Vater-Mutter-Kind die Mutter-Kind-Beziehung enger wird. Gespräche mit Vätern drei und sechs Monate nach der Frühgeburt ergaben, daß sich bei der Mehrzahl der Väter inzwischen die emotionale Haltung gegenüber den mit der Frühgeburt verbundenen Ereignissen verändert hatte (Hunziker und Largo 1986, S. 249). In einigen Beziehungen wurden Rivalitäten der Eltern um das Kind spürbar. Meist hatte sich der Vater in der ersten Versorgungsphase einen theoretischen und praktischen Vorsprung im Umgang mit dem Frühgeborenen angeeignet (Hunziker und Largo 1986, S. 248).

Nachgewiesen wurde, daß sich eine größere Unterstützung der Mutter durch den Vater in den ersten sechs Monaten nach der Frühgeburt nicht nur günstig auf die Stimmung der Mutter, sondern auch auf die Beziehung der Eltern zum Kind ausgewirkt hat (Hunziker und Largo 1986, S. 251). Entscheidend ist bei diesem Prozeß, wie der Vater auf die Beanspruchung der Mutter reagiert: Ob die nachgeburtliche Trauer der Mutter von ihrem Mann als angemessene Reaktion verstanden wird und er die Überforderung und daraus resultierende gereizte Stimmung der Partnerin respektiert; ferner, ob er darauf mit Aufmerksamkeit und einer ausgleichenden Zuwendung reagiert (Beckmann 1990, S. 88). Diese Unterstützung

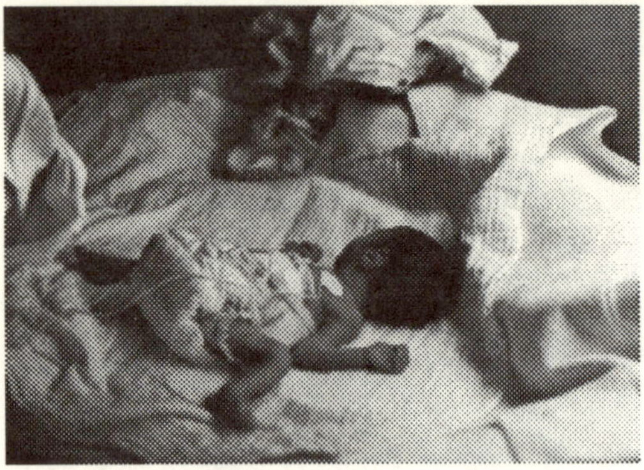

Frühgeborenes (6 1/2 Monate) mit 1045 g Geburtsgewicht, 39 cm

ist für die Mütter besonders wichtig, wenn das Frühgeborene das erste Kind ist („Erstkind-Probleme" - wie bei normalen Kindern).

3.3. Ergebnisse der Gießener Studie

Zu der Gießener Längsschnittstudie von 1982-1987 liegt eine Reihe von Veröffentlichungen vor (Beckmann et. al. 1989; Beckmann 1990; Neuhäuser, Beckmann und Pauli 1990; Bäcker 1991), deren Ergebnisse hier zusammengefaßt werden. Bei diesem Projekt wurde untersucht, ob es statistisch signifikante Zusammenhänge zwischen der kognitiven und neurologischen Entwicklung von Risikokindern einerseits und ihrer familiären Umwelt andererseits gibt.

Festgestellt wurde, daß das soziale Netzwerk offenbar einen bedeutenden Einfluß auf die Entwicklung des Kindes hat. Bei einer günstigen Prognose waren häufiger persönliche Beziehungen zu Freunden und Eltern anderer Kinder vorhanden (Beckmann et al. 1989, S. 146-147).

Ergebnis der Studie ist ferner, daß neben der Befindlichkeit einer Mutter, die sich überfordert, erschöpft und gereizt fühlt, eine große Bedeutung auch die Tatsache hat, ob sie dieses Gefühl ausdrücken kann. Ein vorherrschend depressives Familienklima hat einen ungünstigeren Einfluß auf die neurologische Entwicklung des Kindes als ein autoritäres oder individuiertes Klima.

Da lediglich der Einfluß des in der Familie vorherrschenden Klimas auf die kindliche Entwicklung erhoben wurde, blieben Erziehungseinflüsse der Elternteile, die das Familienklima nicht vorherrschend bestimmen, unberücksichtigt. Auch den Rollen der Eltern in der Paarbeziehung wurde keine große Bedeutung beigemessen. Ob die Partner komplementäre oder symmetrische Rollen einnehmen, kann aber von unterschiedliche Auswirkungen auf das Familienklima und auf das emotionale Empfinden des Kindes haben.

Mit zunehmendem Alter verlieren die biologischen Entwicklungsrisiken des Kindes an Einfluß, während die psychosozialen an Einfluß gewinnen.

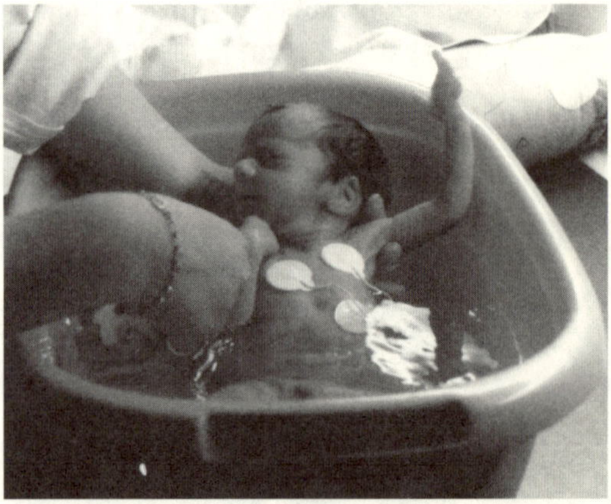

Das Kind wurde nach einer Woche das erste Mal von den Eltern gebadet (das Gewicht war mittlerweile unter 1000 g).

4. Ergebnisse einer eigenen qualitativen Studie

Interviews mit vier Elternpaaren wurden in Anlehnung an die Interpretation nach der dokumentarischen Forschungsmethode von Bohnsack (Bohnsack 1991 und 1992) ausgewertet. Anschließend wurden die Ergebnisse der einzelnen Interviews in einer themenbezogenen komparativen Analyse gegenübergestellt.

a) Biographische Lebensplanung der Paare

Die Auswertung der biographischen Lebensplanung ergab, daß bei der Mehrzahl der Paare das Angebot einer professionellen Unterstützung durch Einzelgespräche oder eine Gruppe sinnvoll gewesen wäre. Als wichtig für die Paarbeziehung stellte sich heraus, daß eine problembezogene Kommunikation auch nach der Frühgeburt aufrecht erhalten wird und hierzu eine Anleitung erfolgt.

b) Beziehungsaufbau zum Kind

Die interviewten Mütter hatten nur geringe Schwierigkeiten, beim ersten Besuch körperlichen Kontakt zum Kind herzustellen. Sehr ausdrucksstark haben sie den ersten Anblick des Kindes beschrieben - was die Bedeutung des ersten Besuches für die Eltern bestätigt. Dennoch war der Beziehungsaufbau der Mütter zu ihrem Kind durch anfängliche Schwierigkeiten bestimmt. Zwei Frauen konnten nur durch eine gedankliche Ausklammerung der Realität (verdrängt wird z.B. die Meinung des Arztes) in der Zeitspanne handlungsfähig bleiben, in der das Überleben ihres Kindes noch gefährdet war.

Im Gegensatz dazu stehen die anfänglichen Schwierigkeiten der drei Väter, bereits körperlichen Kontakt zum Kind aufzunehmen. Zudem war ihnen kurz nach der Geburt des Kindes nicht klar, daß sie durch körperlichen Kontakt und Übernahme von Pflegearbeiten zur Gesundung ihres Kindes beitragen.

c) Kommunikation mit den Ärzten

Die Entwicklung der Beziehung der Eltern zu ihrem Kind hängt offenbar stark von den Prognosen der Ärzte ab. In drei Fällen stellte sich die Aufklärung durch die Ärzte als situationsunangemessen dar mit der Folge, daß die Kommunikation mit ihnen die Eltern zusätzlich belastete oder verunsicherte.

Dem gesamtem Pflegepersonal sollte daher vermittelt werden, daß es durch Äußerungen und Prognosen über das Kind die Entwicklung einer festen Beziehung der Eltern zu ihrem Kind entscheidend beeinflussen kann.

d) Wechsel auf die Nachsorgestation

Die Verlegung ihres Kindes von der Intensivstation auf die Nachsorgestation haben die Elternpaare als problematisch empfunden, da sie dort nicht mehr die gleichen Möglichkeiten hatten, an der Pflege ihres Kindes teilzunehmen. Die Eltern regten an, durch Personalschulung den Übergang besser zu gestalten.

e) Klinikentlassung des Kindes

Bei zwei Frauen war anscheinend neben der Frühgeburtlichkeit des Kindes das Ausfüllen der für sie neuen Mutterrolle ein Verunsicherungsfaktor. Drei Mütter berichteten nicht nur davon, daß die Umstellung bei der Entlassung des Kindes schwierig war, sondern äußerten auch, daß ihnen dabei die Unterstützung ihrer Männer weitgehend gefehlt hat. Gerade die ersten Monate nach der Entlassung des Kindes aus dem Krankenhaus sind für die Eltern eine sehr schwierige Zeit. Die Veränderung des Familiensystems erfordert vielfach eine professionelle Unterstützung. Sinnvoll wäre zudem eine grundsätzliche Veränderung der Vaterrolle in der Weise, daß durch eine professionelle Unterstützung die Sensibilisierung des Mannes für die Bedürfnisse seiner Frau erreicht wird und das Paar eine problembezogene Kommunikation über die Zeit der Klinikentlassung des Kindes hinaus aufrechterhält.

Hauptergebnis der Interviews ist, daß die Zufriedenheit der Ehepartner mit der Paarbeziehung maßgeblich Einfluß darauf hat, ob die Familie das Schockerlebnis der Frühgeburt kompensieren kann. Schlußfolgernd läßt sich für die Praxis ableiten, daß gerade bei Familien, in denen starke Spannungen zwischen den Partnern bestehen, und bei nicht vollständigen Familien flexibel auf die individuellen Probleme des Familiensystems eingegangen werden sollte.

5. Ergebnisse eigener Hospitationen

In der medizinischen Unterstützung von Frühgeborenen und deren Nachbetreuung findet man jeweils andere Schwerpunkte. Auf Interventionsprogramme in den USA (vgl. Sandall 1991) sei an dieser Stelle verwiesen.

Im folgenden werden Ergebnisse von eigenen Hospitationen dargestellt. Im Vordergrund des Interesses stand die pädagogisch-psychologische Betreuung der Eltern und des Kindes, also weniger die medizinische Versorgung.

a) In zwei Berliner Perinatalzentren - der Charité und dem Benjamin-Franklin-Krankenhaus (früher: Klinikum Steglitz) - steht die medizintechnische Versorgung der Frühgeborenen im Mittelpunkt. Das Frühgeborene wird als „hilfloser" Patient angesehen, als ein nicht kompetenter Säugling, der vor allem ärztlicher und pflegerischer Hilfe bedarf. Anhand der Ergebnisse einer medizinischen Vierundzwanzig-Stunden-Überwachung des Kindes wird von ärztlicher Seite die Therapie des Kindes festgelegt.
Es war festzustellen, daß man in beiden Kliniken zunehmend versucht, die Genesung des Kindes durch eine schonende Behandlung und durch das Einbeziehen der Eltern zu fördern.

b) Das „Hannover Modell" der kinderärztlich geleiteten Frühgeborenen-Elterngruppe von Dr. Neubauer (Neubauer 1987 und 1992) im „Krankenhaus auf der Bult" in Hannover und der Fortsetzung der Elterngruppe im Sozialpädagogischen Zentrum u.a. durch den Psychologen Wachtendorf erscheint paar- bzw. familienzentriert: Grundgedanke ist, daß die Paarbeziehung bzw. das Familiensystem professionell gestützt werden muß. Ausgegangen wird davon, daß in der Klinikphase der Gesundheitszustand des Frühgeborenen durch den Einsatz von Medikamenten und Technik weitestgehend zu fördern ist. Darüber hinaus wird als wichtig für die Entwicklung des Kindes und die Familiensituation angesehen, daß die Eltern eine Krisenbegleitung durch eine professionell geführte Gruppe erhalten. Diese Begleitung hat einen psychotherapeutischen Charakter. Es werden gleichzeitig Familienkonflikte und Beziehungsprobleme der Eltern aufgearbeitet.

c) Das „Wiener Modell" der Frühgeborenenbetreuung von Dr. Marcovich - damals beim Mautner Markhof'schen Spital - ist als kindzentriert zu bewerten. Das Frühgeborene steht als Persönlichkeit und nicht als hilfloser Patient im Mittelpunkt der Betreuung. Zudem erscheint dieses Konzept „kindgeleitet", denn die Bedürfnisse des Frühgeborenen bestimmen die Therapie und das Handeln (genauere Informationen über die Methode und Erlebnisberichte von Eltern vgl. Rinnhofer 1995). Man sieht hier das Frühgeborene als sich aktiv mit den Menschen und Dingen seiner Umwelt auseinandersetzend an. Die Wünsche, Bedürfnisse und Fähigkeiten des Frühgeborenen bestimmen seine Therapie. Diese geht aus von der Kompetenz des Kindes, seine Atmung und Nahrungsaufnahme selber zu regulieren. Nicht vorgesehen sind eine konzeptionell gestaltete Betreuung der Eltern sowie eine Unterstützung bei der Aufarbeitung des Erlebnisses der Frühgeburt und ihrer möglichen Ursachen. Anscheinend ist der Bedarf dafür durch das „Wiener Modell" verringert.

d) Die beiden sozialpädagogisch geleiteten Frühgeborenengruppen des Landesverbandes des Deutschen Kinderschutzbundes in Berlin sind klar individualzentriert. Nicht die Familie steht im Mittelpunkt, sondern die Frau als Individuum. Unter sozialpädagogischer Moderation kann sie ihre Erlebnisse mit anderen Betroffenen besprechen. Die Gruppe ist nicht krisenbegleitend, sondern eher zur Aufarbeitung der Krise gedacht, da die meisten Frauen erst nach der Entlassung des Kindes aus der Klinik zur Gruppe kommen. Die Mutter-Kind-Beziehung soll durch die Gruppe gestärkt werden. Dies soll auch präventiv dem Schutz der Kinder gegen Kindesmißhandlungen dienen, weil Beziehungsstörungen minimiert werden.

Diese vier Modelle der Unterstützung unterscheiden sich durch ein jeweils anderes „Bild vom Frühgeborenen“ und weiter durch unterschiedliche konzeptionelle Schwerpunkte. In der Mitte steht entweder die Frau als Individuum, die Paar- oder Familienbeziehung oder - kindzentriert - das Frühgeborene. Entsprechend dem Bild vom Kind gibt es auch unterschiedliche Auffassungen von der Rolle des Betreuungspersonals.

6. Schlußfolgernde Überlegung zur konzeptionellen Gestaltung

Bei konzeptionell gestalteten Unterstützungsangeboten für das Familiensystem des Frühgeborenen sollten a) „eine Längsschnittdimension“ und b) eine „Querschnittdimension“ in Betracht gezogen werden.

Längsschnittdimension bedeutet in diesem Zusammenhang, die Unterstützung des familialen Systems als Prozeß zu sehen. Aufgrund des kritischen Lebensereignisses, das für die gesamte Familie unvorhergesehen eintritt, muß eine Umorientierung im Handeln und Denken der Familienmitglieder stattfinden. Diese haben zu verschiedenen Zeitpunkten unterschiedliche Aufgaben zu bewältigen. Deshalb wird nicht eine kurzfristige Krisenbegleitung, sondern eine über mehrere Jahre andauernde Unterstützung der Familie der familialen Gesamtsituation am besten gerecht.

Gleichzeitig muß man innerhalb des Verlaufsprozesses die Situation der Familie betrachten (Querschnittdimension). Belastende Situationen - wie beispielsweise der erste Besuch beim Frühgeborenen - bewirken Veränderungen und erfordern Anpassungen innerhalb des Familiensystems. Hierauf kann extern stabilisierend eingewirkt werden, indem die Familienmitglieder unterstützt werden. Wichtig ist hierbei die Beachtung der familialen Bedingungen und Bedürfnisse, beispielsweise durch eine stärkere Einbeziehung des Vaters in die Känguruh-Methode oder durch das Ermöglichen des Kontaktes von Geschwistern. Es gilt, auch die Kommunikation innerhalb der Familie - neben den Kontakten innerhalb des sozialen Netzwerkes - zu fördern, um so die Bewältigung des kritischen Lebensereignisses zu unterstützen (z. B. gemeinsame Entwicklung eines Konzeptes zur Betreuung außerhalb der Klinik durch mehrere Perinatalzentren).

Bei der Betreuung von Eltern frühgeborener Kinder müssen flexible Angebote in Abhängigkeit von deren Lebenssituation und Wünschen möglich sein, da sie mehr als starre Modelle eine angemessene Unterstützung bieten.

7. Anregungen für die Praxis

Nötig ist ein gezieltes Arrangement der Betreuung der Eltern eines Frühgeborenen auf der Intensivstation zu den unterschiedlichen Zeitpunkten. Dieses muß neben einer professionellen Unterstützung der Eltern durch Psychologen oder Pädagogen auch das Verhalten des Krankenhauspersonals umfassen.

7.1. Psychosoziale Betreuung von Risikoschwangeren

- Perinatalzentren verdienen wegen der räumlichen Nähe von Frühgeborenem und Mutter sowie der Betreuung beider durch spezialisiertes Krankenhauspersonal eindeutig den Vorrang gegenüber dem System der getrennten Versorgung von Frühgeborenem und Mutter in unterschiedlichen Häusern.
- Die Vorbereitung auf eine mögliche Frühgeburt sollte neben der Risikoschwangeren auch deren Lebenspartner integrieren (oder auch eine andere wichtige Bezugsperson bei Alleinlebenden). Diese Vorbereitung müßte

- eventuell neben einem Videofilm - ein Gespräch mit den Ärzten und dem Pflegepersonal der Intensivstation beinhalten, um das Paar auf den Alltag einer Intensivstation vorzubereiten. Informiert werden sollte über die Bedeutung der elterlichen Anwesenheit für das Kind und über mögliche Unterstützungsangebote für die Familie. Durch Beschreibung von Entwicklungsverläufen einzelner Frühgeborener können eventuell auftretende Probleme angedeutet werden. Erlebnisberichte anderer Eltern, die einige Monate vorher eine Frühgeburt erlebt haben, können den Eltern Mut machen.

7.2. Gestaltung der Zeitphase um die Frühgeburt

- Wenn eine Trennungsphase der Mutter vom Kind nicht zu vermeiden ist und die Mutter ihr Kind aus medizinischen Gründen nicht gleich nach der Geburt sehen und berühren kann, dann sollte die Mutter neben den erforderlichen Informationen ein Foto vom Baby erhalten. So hat sie bereits vor dem ersten Besuch beim Kind auf der Intensivstation eine bessere Vorstellung vom Aussehen ihres Kindes. Dies unterstützt, daß die emotionale Beziehung der Mutter zu ihrem Kind in der postnatalen Phase aufrechterhalten wird.

7.3. Gestaltung des Erstkontaktes mit dem Frühgeborenen

- Eine gezielte Vorbereitung des Ehepaares vor dem ersten Besuch beim Kind erscheint unbedingt notwendig. Zu empfehlen ist ein gemeinsames Gespräch mit dem behandelnden Arzt oder mit einer Schwester, die das Elternpaar bei dem ersten Kontakt begleitet. Interaktionsprobleme der Eltern mit ihrem Kind werden vermindert, wenn die Eltern auf die speziellen Schwierigkeiten der Kommunikation mit ihrem Frühgeborenen vorbereitet und für dessen kommunikative Signale sensibilisiert werden.
- Der erste Besuch beim Kind sollte beziehungsfördernde Impulse geben. Daher ist zu empfehlen, den Eltern unbegrenzte Möglichkeiten zur Kontaktaufnahme mit ihrem Kind einzuräumen: möglichst kurze Trennungsphase, offene Besuchszeiten, Einbeziehung der ganzen Familie (d.h. keine generellen Beschränkungen des Besuches nach Verwandtschaftsgraden, sondern nach der Wichtigkeit des Besuchenden für die Eltern). So kann bei den Eltern das Gefühl der Mitverantwortung gestärkt werden. Es gilt, die Eltern so an die Pflege und Versorgung ihres Kindes heranzuführen, daß sie einen Teil davon selbst übernehmen können.

7.4. Begleitende Maßnahmen, solange das Kind auf der Intensivstation ist

- Die Elternbetreuung durch den Arzt sollte adäquat zur Situation gestaltet werden, indem neben medizinischen Aspekten die Gesamtsituation genügend berücksichtigt wird. Neben geeigneter Aufklärung der Eltern ist eine offene Kommunikation mit den Ärzten wichtig. Dabei muß sich das Gespräch an den Bedürfnissen der Eltern orientieren und hauptsächlich durch einen festen Ansprechpartner geführt werden.
- Wünschenswert ist eine an der Lebenssituation der Eltern orientierte und von ihnen selbst getroffene Entscheidung für eine von einem Arzt und einer Krankenschwester geleitete Elterngruppe, für eine Selbsthilfegruppe von Eltern oder für mehrere Einzelgespräche mit einem Arzt, Psychologen oder Pädagogen. Solche Hilfe wäre auch, daß Geschwister des Frühgeborenen in einem Kindergarten des Krankenhauses stundenweise betreut werden.
- Die in den „Frankfurter Thesen" (Paritätisches Bildungswerk Bundesverband e. V.,

1993) genannten Forderungen hinsichtlich eines schützenden Rahmens für Frühgeborene und Eltern auf der Intensivstation sowie der Akzeptanz der Eltern als kompetente Partner sollten in die Praxis umgesetzt werden. Die baulichen Bedingungen von Intensivstationen sollten - so auch Freuds Forderung - besucherfreundlich sein: Neben Rückzugsmöglichkeiten für Eltern und für das Pflegepersonal sollte es Schließfächer, Dusch- und Umkleideräume sowie soziale Treffpunkte (zum Tee- und Kaffeetrinken) und die Möglichkeit der Übernachtung für Eltern geben (Freud 1991 c, S. 66).

- Die wechselseitigen Interaktionen zwischen Mutter und Kind, die für die pränatale Phase charakteristisch sind, sollen auch postnatal fortgesetzt werden. Die Känguruh-Methode, das Stillen und die Verwendung von Tonbandkassetten (z.B. mit den Herztönen der Mutter) geben wichtige Impulse für die Beziehung beider Elternteile zu ihrem Kind und fördern die Gesundung des Kindes. Zusätzlich zu einer geeigneten Ausstattung (z. B. bequeme Liegen für die Eltern) sind vor allem auch die räumlichen Voraussetzungen zu schaffen.
- Zudem sollte die Festigung der Vater-Kind-Beziehung stärker berücksichtigt werden. Die Ergebnisse der „sanften Pflege" in Wien haben gezeigt, daß die Känguruh-Methode durch das direkte Einbinden des Frühgeborenen in die Rhythmen der Mutter bzw. des Vaters zur Stabilisierung der Eltern-Kind-Beziehung beiträgt. Sie hat positive Effekte für die Gesundung und für die psychologische Entwicklung des Frühgeborenen durch das Gefühl von Geborgenheit und Vertrauen zu den Eltern.

7.5. Gestaltung des Übergangs auf die Nachsorgestation

- Eine gezielte Zusammenarbeit der Ärzte und der Krankenschwestern der Intensivstation und der Nachsorgestation muß unterrichten über den Gesundheitsverlauf des zu verlegenden Kindes und welche Pflegemaßnahmen die Eltern des Kindes bereits übernommen haben, damit sie diese weiterhin ausführen. Dazu dient ein erstes Gespräch der neuen Ansprechpartner (behandelnder Arzt und Stationsschwester) mit den Eltern. Die Nachsorgestation sollte die Eltern nicht durch für sie neue Einschränkungen im Kontakt mit ihrem Kind behindern.

7.6. Betreuung in den Folgejahren

- Sinnvoll ist eine krisenbegleitende und auf die individuellen Bedürfnisse des Paares abgestimmte Unterstützung, die zeitlich über die Entlassung des Kindes aus der Klinik hinausgeht. Hausbesuche durch dafür geschulte Sozialarbeiter können eine den Lebensumständen der Familie angepaßte Unterstützung sein. Vor allem im ersten Vierteljahr nach der Klinikentlassung kann eine Belastung der Familie durch die Ungewißheit, ob sich ihr Kind normal weiterentwickelt oder Entwicklungsstörungen erkennbar sind, durch Beratungen aufgefangen werden.
- Die nachsorgliche Betreuung sollte durch ein Zentrum erfolgen, in dem neben einer ärztlichen Betreuung (etwa durch Information über entwicklungsfördernde Maßnahmen wie beispielsweise Krankengymnastik) auch Sozialarbeiter und Psychologen Informationen geben, z.B. über Möglichkeiten der finanziellen Unterstützung und Förderungsangebote.

7.7. Das Krankenhauspersonal betreffende Aspekte

- Freuds Forderung, daß Eltern von Frühgeborenen auf den Intensiv- und Nachsorgestationen einen Hotelgästen vergleichbaren Status haben sollten (Freud 1991 c, S. 66) und Entscheidungen mitbestimmen dürfen, müßte das Krankenhauspersonal akzeptieren. Auch sein Vorschlag hinsichtlich einer Spezialisierung des Pflegepersonals für einzelne Gebiete (z.B. als Berater für das Stillen oder Babymassage) sollte verwirklicht werden, damit Eltern einen festen Ansprechpartner haben. Vermutlich würde damit auch die berufliche Motivation der Pflegekräfte gesteigert.

- Das Krankenhauspersonal sollte eine positive Einstellung zur Anwendung der Känguruh-Methode, zum Einsatz von Tonbandkassetten und zum Stillen haben. Es müßte sich

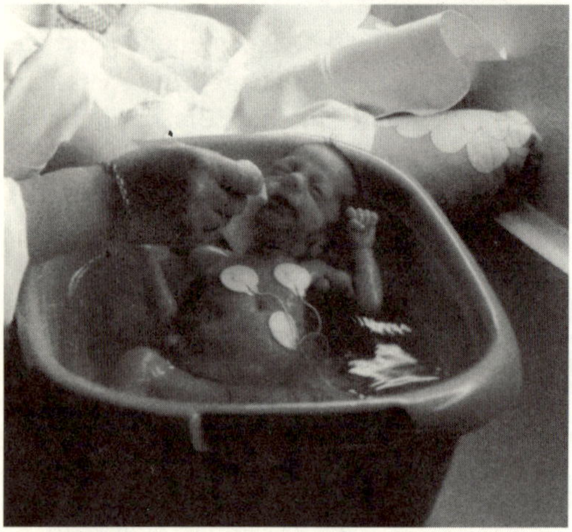

am Prinzip des „minimal handling" (zurückhaltende Pflege und Therapie des Kindes) orientieren. Durch Supervision oder Balint-Gruppen könnte das gesamte Pflegepersonal professionelle Unterstützung erhalten. Es gilt, die Kommunikation unter den mit der Versorgung Frühgeborener beschäftigten Personen zu fördern und eine institutionsübergreifende Kooperation anzustreben.
- Durch Teilnahme an geeigneten Fortbildungen sollte das Krankenhauspersonal u.a. für mögliche Abwehrmechanismen der Eltern sensibilisiert werden. Anhaltend auftretende Abwehrreaktionen von Eltern müßte das Pflegepersonal den Pädagogen oder Psychologen als „Warnsignal" mitteilen. Besonders wichtig erscheint die Unterrichtung des Personals hinsichtlich des Umgangs mit Eltern von sterbenden Frühgeborenen.

7.8. Aufgaben der Zukunft

Das Fehlen der emotionalen Bewältigung des Erlebnisses der Frühgeburt wird häufig zum Ausgangspunkt für Beziehungsstörungen zwischen Eltern und Kind. Unklar ist jedoch weiterhin, wie hoch der prozentuale Anteil von Fällen ist, in denen es zu Beziehungsschwierigkeiten zwischen den Eltern und dem Frühgeborenen kommt, wie lange diese anhalten und in welcher Weise sie sich auf die Persönlichkeitsentwicklung des Kindes auswirken können. Neben einer Störung der emotionalen Bindung an die Eltern kommt der Verlust des Urvertrauens in Betracht.

Aufmerksamkeit verdient die folgende Aussage eines Vaters: „Für mich stand die Intensivstation immer am Ende des Lebens, nie am Anfang." (Dohme 1986, S. 93). Solche Empfindungen der Eltern von Frühgeborenen sollten künftig berücksichtigt werden. Den Eltern muß mit Hilfe des Pflegepersonals und professioneller Kräfte ermöglicht werden, die neonatologische Intensivstation als eine Möglichkeit für den guten Anfang des Lebens anzusehen. So können sie leichter schon dort zu ihrem frühgeborenen Kind eine emotionale Beziehung aufbauen. Die durch Frühgeburt eines Kindes erforderliche psychosoziale Adaptation der Persönlichkeit aller Familienmitglieder kann damit ebenso gefördert werden wie das interaktive Wechselspiel in der sozialen Umwelt.

Literatur

Anderson, G.C. (1989): Skin to Skin: Kangaroo Care in Western Europe. In: American Journal of Nursing, 89, H.5, 1989, S. 662-666.

Anderson, G.C.; Marks, E.A.; Wahlberg, V. (1986): Kangaroo Care for Premature Infants. In: American Journal of Nursing, 86, 1986, H.7, S. 807-809.

Bäcker, A. (1991): Risikogeborene: Entwicklung und Eltern-Kind-Beziehung. In: Psychosozial, 14, H.2, 1991, S. 96-105.

Beckmann, D. (1990): Hirnentwicklung und psychosoziale Balance bei Risikokindern. In: Geistige Behinderung, 29, 1990, S. 83-93.

Beckmann, D.; Neuhäuser, G.; Pauli, U. (1989): Psychologische Determinanten neurologischer Symptome und neurologischer Syndrome bei Kleinkindern. In: Jacobi, P. (Hrsg.): Jahrbuch der Medizinischen Psychologie in der Neurologie. Band 2, Berlin, Heidelberg (Springer Verlag), S. 139-156.

Blake, A.; Stewart, A.; Turcan, D. (1975): Parents of Babies of Very Low Birth-Weight: Long-Term Follow-Up. In: Porter, R.; O'Connor, M.A. (eds.): Parent-Infant Interaction. Ciba Foundation Symposium, Vol. 33, 1975, Amsterdam (Associated Scientific Publishers), S. 271-288.

Bölter, D. (1984): Zur Psychologie der Frühgeburt. In: Psychotherapie, Psychosomatik, medizinische Psychologie, 34, 1984, S. 59-69.

Böse, S. (1992): Hospitalismus - Ein aktuelles Problem?" In: Monatsschrift für Kinderheilkunde, 140, 1992, S. 876-879.

Bohnsack, R. (1991): Rekonstruktive Sozialforschung. Einführung in Methodologie und Praxis qualitativer Forschung. Opladen (Leske und Budrich).

Bohnsack, R. (1992): Dokumentarische Interpretation von Orientierungsmustern: Verstehen - Interpretieren - Typenbildung in wissenssoziologischer Analyse". In: Meuser, M.; Sackmann, R. (Hrsg.): Analyse sozialer Deutungsmuster - Beiträge zur empirischen Wissenssoziologie. Pfaffenweile (Centaurus-Verlagsgesellschaft).

Caplan, G. (1960): Patterns o Parental Response to the Crisis of Premature Birth. In: Psychiatry, 23, 1960, S. 365-374.

Caplan, G.; Mason, E.A.; Kaplan, D.M. (1965): Four studies of crisis in parents of prematures. In: Community Ment. Health Journal, 1, 1965, S.149-161.

Christensen, M.; Altemeier, W.A.; McLaughlin, F.J.; Dietrich, M.S.; Tucker, D.D. (1991): Effects of Maternal Self-Concept, Parity, and Marital Status on Development of the Vulnerable Child Syndrome. Paper presented at the Biennial Meeting of the Society for Research in Child Development (Seattle, WA, April 18-20). Bezugsquelle: ERIC Document Reproduction Service, Springfield, Virginia.

Cramer, B. (1987): Die Reaktion einer Mutter auf eine Frühgeburt. In: Klaus, M.H; Kennell, J.H.: Mutter-Kind-Bindung. Über die Folgen einer frühen Trennung. München (DTV), S. 218-233.

Dohme, B.; Stahl, J.; Stumpf, U.von; Guss, I. (1986): Umgang mit den Eltern kranker Früh- und Neugeborener. In: Die Schwester - Der Pfleger, 25, H.2, 1986, S. 93-94.

Eldering, G. (1993): „Känguruh-Babies". Die Känguruh-Methode zur Behandlung frühgeborener Kinder. In: Benjamin Journal „Das Frühchen", 1, 1993, S. 21-22.

Freud, W.E. (1986 a): Die Frühe Mutter-Kind-Beziehung. In: Fervers-Schorre, B.; Poettgen, H.; Stauber, M. (Hrsg.): Psychosomatische Probleme in der Gynäkologie und Geburtshilfe 1985. Berlin, Heidelberg, New York, Tokyo (Springer), S. 183-191.

Freud, W.E. (1986 b): Beobachtungen des Psychoanalytikers auf Neonatologischen Intensiv-Stationen (NIS). In: Humana Information, Aktuelle Schriftreihe, Ausgabe III., Workshop Psychosoziale Beziehungen auf Frühgeborenen-Intensiv-Stationen am 26.4.1986 in Neuß, Humana Milchwerke Westfalen, S. 11-26.

Freud, W.E. (1987): Pränatale Beziehung und Bindung. In: Kind und Umwelt, 56, 1987, S. 3-19.

Freud, W.E. (1991 a): Wie ich zu den Frühgeborenen kam und Kommentar zu vier Krakauer Beiträgen. In: Kind und Umwelt, 70,

1991, S.1-9.
Freud, W.E. (1991 c): Die Vorbereitung „frühgeborener Eltern“ auf die erste Begegnung mit ihren Frühchen. In: Elterngruppe Frühgeborener, Lukaskrankenhaus Neuss, Kluitmann G. (Hrsg.): Psychosoziale Betreuung des Frühgeborenen. Lukaskrankenhaus Neuss, S. 59-70.
Freud, W.E. (1992 a): Gedanken zur Prophylaxe der Frühgeburtlichkeit. In: Paritätisches Bildungswerk Bundesverband e.V. (Hrsg.): Frühgeborene Kinder - „Frühgeborene Eltern“. Prävention, Begleitung in der Anfangsphase und spätere Aufarbeitung. Dokumentation einer Fachtagung der Fortbildungsreihe Start ins Leben. Heidelberg (Mattes), S. 71-81.
Freud, W.E. (1992 b): Auf der Suche nach einem besseren Verständnis von vorzeitigen Wehenbestrebungen I. In: Paritätisches Bildungswerk Bundesverband e.V. (Hrsg.): Frühgeborene Kinder - „Frühgeborene Eltern“. Prävention, Begleitung in der Anfangsphase und spätere Aufarbeitung. Dokumentation einer Fachtagung der Fortbildungsreihe Start ins Leben. Heidelberg (Mattes), S. 7-14.
Gloger-Tippelt, G. (1988): Schwangerschaft und erste Geburt: psychologische Veränderungen der Eltern. Berlin, Köln, Mainz (Kohlhammer).
Gmyrek, D.; Amon, K. (1987): Das sehr untergewichtige Neugeborene (< 1500g): Bedeutung, Strategie, untere Grenze, ethische Probleme, Betreuung. In: Kinderärztliche Praxis, 55, 1987, S. 379-387.
Halberstadt, E. (1987): Frühgeburt: Einleitung zum Thema. In: Wulf, K.H.; Schmidt-Matthiesen, H.; Halberstadt, E. (Hrsg.): Frühgeburt- Mehrlingsschwangerschaft. Klinik der Frauenheilkunde und Geburtshilfe. Band 6, 2. Aufl., München, Wien, Baltimore (Verlag Union u. Schwarzenberg), S. 3-10.
Hantsche, B.; Henze, K.-H.; Piechotta, G. (1992): Psychosoziale Aspekte bei der Frühgeburt eines Kindes - eine Bestandsaufnahme. In: Praxis der Kinderpsychologie und Kinderpsychiatrie, 41, H.4, 1992, S. 129-139.
Hunziker, U.A.; Largo, R.H. (1986): Betreuung von Risikokindern: Eltern-Kind-Beziehung im ersten Lebensjahr. Eine deskriptive Studie. In: Monatsschrift für Kinderheilkunde, 134, 1986, S. 246-252.
Kalmár, M.; Harkányi, A.; Boronkai, J. (1991): Mother's Retrospections of Premature Childbirth. Paper presented at the Finno-Hungarian Symposium on Child and Family Research (2nd, Budapest, Hungary, 1991). Bezugsquelle: ERIC Document Reproduction Service, Springfield, Virginia.
Kaplan, D.M.; Mason, E.A. (1960): Maternal Reactions to Premature Birth Viewed as an Acute Emotional Disorder. In: American Journal of Orthopsychiatry, 30, 1960, S. 539-552.
Klaus, M.H.; Kennel, J.H. (1987): Mutter-Kind-Beziehung. München Erstausgabe 1976 (Deutscher Taschenbuch Verlag).
Klicpera, Chr.; Schwarzenbach, H.; Warnke, A. (1985): Deprivation und ihre Folgen. In: Remschmidt, H. (Hrsg.); Schmidt, M.H.: Kinder und Jugendpsychiatrie in Klinik und Praxis. Band 2, Kap. 12, Stuttgart, New York (Thieme), S. 350-364.
Kunert, V.P.; Schmidt-Rathjens, C.; Hoppe-Graff, S.; Hormuth, S.E.; Sontheimer, D.; Linderkamp, O. (1993): Emotionale Probleme von Müttern Frühgeborener. In: Sozialpädiatrie, 15, H.9, 1993, S. 536-539.
Lauth, G. (1986): Familiäre Adaptation an die Behinderung und ihre psychologische Unterstützung. In: Wiedl, K.-H. (Hrsg.): Rehabilitationspsychologie. Stuttgart, Berlin, Köln (Kohlhammer), S. 101-116.
Lutz, G.; Künzer-Riebel, B. (1991): Nur ein Hauch von Leben. Eltern berichten vom Tod ihres Babys und der Zeit ihrer Trauer. Frankfurt a. M. (Fischer Taschenbuch).
Lothrop, H. (1983): Gute Hoffnung - jähes Ende. 3. Aufl., München (Kösel).
Martius, G. (Hrsg.) (1988): Lehrbuch der Geburts-

hilfe. Stuttgart, New York 12.Aufl.(Georg Tieme).

Marx, F. (1986): Die Entwicklung der Säuglingsinkubatoren. Eine medizin-technische Chronik. In: Der Kinderarzt, 17, H.6, 1986, S. 955-964.

Müller-Rieckmann, E. (1993): Das frühgeborene Kind in seiner Entwicklung. München, Basel (Ernst Reinhardt).

Neubauer, A.-P. (1987): Gruppenarbeit mit Frühgeborenen-Eltern. In: Monatsschrift für Kinderheilkunde, 135, 1987, S. 504-507.

Neubauer, A.-P. (1992): Ärztlich geleitete Frühgeborenen-Elterngruppe. In: Paritätisches Bildungswerk Bundesverband e.V. (Hrsg.): Frühgeborene Kinder - „Frühgeborene Eltern". Prävention, Begleitung in der Anfangsphase und spätere Aufarbeitung. Dokumentation einer Fachtagung der Fortbildungsreihe Start ins Leben. Heidelberg (Mattes), S. 63-70.

Neuhäuser, G.; Beckmann, D.; Pauli, U. (1990): Zur Entwicklung sogenannter Risikokinder. Ergebnisse einer Längsschnittuntersuchung. In: Frühförderung interdisziplinär, 9, 1990, S. 1-11.

Paritätisches Bildungswerk Bundesverband e.V. (1993): „Die Grundbedürfnisse von frühgeborenen Kindern und ihrer Familien": 10 realisierbare Forderungen („Frankfurter Thesen"). Start ins Leben-Fachtagung Eltern von frühgeborenen Kindern (19.-21.5.1993).

Rauh, H. (1986): Frühförderung bei geistig behinderten Kindern: entwicklungspsychologische Grundlagen. In: Wiedl, K.-H. (Hrsg.): Rehabilitationspsychologie. Stuttgart, Berlin, Köln (Kohlhammer), S. 43-54.

Rauh, H. (1987): Frühe Kindheit. In: Oerter, R.; Montada, L.: Entwicklungspsychologie. München, Weinheim (Psychologie Verlags Union), S. 131-203.

Rice, R.D. (1977): Neurophysiological Development in Premature Infants Following Stimulation. In: Developmental Psychology, 13, H.1, 1977, S. 69-76.

Rinnhofer, H. (Hrsg.) (1995): Hoffnung für eine Handvoll Leben: Eltern von Frühgeborenen berichten. Erlangen (Fischer).

Sandall, S.-R. (1991): Developmental Interventions for Biologically At-Risk Infants at Home. In: Topics in Early Childhood Special Education, 10, H.4, 1991, S. 1-13.

Sarimski, K. (1992): Interaktionsprobleme mit frühgeborenen Säuglingen. In: Paritätisches Bildungswerk Bundesverband e.V. (Hrsg.): Frühgeborene Kinder - „Frühgeborene Eltern". Prävention, Begleitung in der Anfangsphase und spätere Aufarbeitung. Dokumentation einer Fachtagung der Fortbildungsreihe Start ins Leben. Heidelberg (Mattes), S. 33-48.

Schneewind, K.A. (1983): Konsequenzen der Elternschaft. In: Psychologie in Erziehung und Unterricht, 30, 1983, S. 161-172.

Schoenaich, P. von (1992): Der Einsatz der „Känguruh-Methode" bei atemgestörten Frühgeborenen. In: Förderkreis für Früh- und Risikogeborene: Frühgeborene Kinder - Frühgeborene Eltern. Vorträge des 1. Workshops des Förderkreises für Früh- und Risikogeborene und der II. Kinderklinik des Krankenhauszweckverbandes Augsburg am 4. April 1992, S. 1-4.

Silverman, W.A. (1986): Frühgeborene als Ausstellungssensation. In: Der Kinderarzt, 17, H.2, 1986, S. 235-256.

Sosa, R.; Kennell, J.H.; Klaus, M.H.; Robertson, S.; Urrutia, J. (1980): The Effect of a Supportive Companion on Perinatal Problems, Length of Labor, and Mother-Infant Interaction. In: The New England Journal of Medicine, 303, H.11, 1980, S. 1-13.

Steinhausen, H.-Chr. (1976): Psychologische Aspekte der Neonatologie: Zur Entwicklung von Frühgeborenen. In: Monatsschrift für Kinderheilkunde, 124, 1976, S. 570-576.

Dipl.-Päd. Andrea Himmelreich
Maaßenstraße 8
10777 Berlin

AutorInnen

Brähler, Elmar, Prof. Dr., geb. 1946. Studium der Mathematik und Physik in Gießen, 1976 Promotion an der Universität Ulm für theoretische Medizin, 1980 Habilitation für Medizinische Psychologie an der Universität Gießen. Seit 1994 Leiter der selbständigen Abteilung für Medizinische Psychologie und Medizinische Soziologie, 1. Vorsitzender der Deutschen Gesellschaft für Medizinische Psychologie. Prof. Dr. Elmar Brähler, Universität Leipzig, Selbständige Abteilung für Medizinische Psychologie und Medizinische Soziologie, Liebigstr. 21, 04103 Leipzig

Ebrecht, Angelika, Dr. phil., Dipl. Psych., geb. 1957, Studium der Germanistik, Politischen Wissenschaft und Psychologie; Klinische Psychologin - Psychotherapeutin BDP; 1984-1988 Wissenschaftliche Mitarbeiterin am Psychologischen Institut der FU Berlin; 1989-1990 Wissenschaftliche Mitarbeiterin am Wissenschaftszentrum Berlin für Sozialforschung (WZB); seit 1991 Wissenschaftliche Assistentin für Politische Psychologie am FB Politische Wissenschaft der FU Berlin; seit 1990 Tätigkeiten als psychologische Gutachterin und Psychotherapeutin. Arbeitsbereiche: Politische Psychologie und Philosophie, Psychoanalyse, Wissenschaftstheorie, Psychologiegeschichte, kulturelle Anthropologie, ästhetische Theorie, feministische Theorie.

Geyer, Michael, geb. 1943, Prof. Dr. sc., med. Facharzt für Psychiatrie und Neurologie, Facharzt für Psychotherapie, Lehrstuhl an der Universität Leipzig, Direktor der dortigen Klinik und Poliklinik fürPsychotherapie und Psychosomatische Medizin. Vorsitzender der Gesellschaft für Psychotherapie, Psychosomatik und Medizinische Psychologie e.V., wissenschaftliche Arbeiten auf dem Gebiet der Psychosomatik, des Psychologischen Prävention und der Psychotherapieprozeßforschung. *Prof. Dr. Michael Geyer, Klinik und Poliklinik für Psychotherapie und Psychosomatische Medizin, Karl-Tauchnitz-Str. 25, 04107 Leipzig*

Heim, Robert, geb. 1952, PD Dr. phil., lebt als Psychoanalytiker und Sozialwissenschaftler in Frankfurt am Main und in Zürich. Er lehrt als außerplanmäßiger Professor Psychoanalyse und Sozialpsychologie an der Universität Hannover. Arbeiten zur Theorie und Praxis der Psychoanalyse mit besonderer Berücksichtigung ihrer Anwendungen in Gesellschaft und Kultur. Letzte Buchveröffentlichung: Die Rationalität der Psychoanalyse (1993).

Hessel, Aike, geb. 1964, Dr. med., Studium der Medizin an der Universität Leipzig, 1995 Promotion an der Universität Leipzig, seit 1993 als Ärztin in Weiterbildung zur Fachärztin für Psychotherapeutische Medizin an der Klinik und Poliklinik für Psychotherapie und Psychosomatische Medizin der Universität Leipzig.
Dr. med. Aike Hessel, Klinik und Poliklinik für Psychotherapie und Psychosomatische Medizin, Karl-Tauchnitz-Str. 25, 04107 Leipzig

Himmelreich, Andrea, geb. 1968 in München, Pädagogikstudium an der Freien Uni Berlin, derzeit PEKIP-Ausbildung und Soziologiestudium.
König, Hans-Dieter, geb. 1950, Dr. phil. habil., Privatdozent am Fachbereich Gesellschaftswissenschaften der J. W. Goethe-Universität

Frankfurt a. M., vertritt dort zur Zeit eine Professur für Soziologie und Sozialpsychologie. Arbeitsschwerpunkte: Analytische Sozialpsychologie und politische Psychologie, Kultur- und Mediensoziologie, Sozialisationsforschung, Methoden hermeneutischer Sozialforschung.

Richter, Horst-Eberhard, geboren 1923, studierte Medizin, Philosophie und Psychologie; Dr. phil. und Dr. med. Nach seiner Ausbildung zum Psychiater und Psychoanalytiker Praxis und Lehrtätigkeit in Berlin. 1962 Berufung auf den Lehrstuhl für Psychosomatik in Gießen, 1973 bis zu seiner Emeritierung im Jahre 1992 Geschäftsführer Direktor des Zentrums für Psychosomatische Medizin. Mitbegründer und Vorstand der Deutschen Sektion der Internationalen Ärzte für die Verhütung des Atomkrieges (IPPNW). Seither Leiter des Sigmund-Freud-Institutes, Frankfurt a. M. Buchveröffentlichungen u. a. *Eltern, Kind und Neurose*, *Patient Familie*, *Die Gruppe*, *Lernziel Solidarität*, *Flüchten oder Standhalten*, *Der Gotteskomplex*, *Zur Psychologie des Friedens*, *Russen und Deutsche* (1990), *Umgang mit Angst* (1992). *Bedenken gegen Anpassung (1995)*

Richter, Yvonne, geb. 1968, Dipl.-Soz., 1987-1992 Studium der Soziologie, Psychologie und Theaterwissenschaften an der Universität Leipzig, 1992-1993 Studium der Soziologie an der Universität Pierre Mendès France, Grenoble. Seit Dezember 1993 wissenschaftliche Mitarbeiterin in der Abteilung Medizinische Psychologie und Medizinische Soziologie der Universität Leipzig. Forschungsschwerpunkte: Familie, ungewollte Kinderlosigkeit, Sterilitätsbehandlung, Reproduktionsverhalten, Rollen- und Identitätsveränderungen bei Frauen im Zusammenhang mit Arbeitslosigkeit.
Dipl.-Soz. Yvonne Richter, Universität Leipzig, Selbständige Abteilung für Medizinische Psychologie und Medizinische Soziologie, Liebigstr. 41, 04103 Leipzig

Streeck-Fischer, Annette, Dr. med., Chefärztin der Abteilung Klinische Psychotherapie von Kindern und Jugendlichen des Krankenhauses tiefenbrunn bei Göttingen, Kinderpsychiaterin, Psychoanalytikerin, Lehr- und Kontrollanalytikerin der DPG, DGPT, seit 1980 Lehrauftrag an der Universität Göttingen.

van Gisteren, Ludger, geb. 1957, Dr. phil., Soziologe und Mediziner, Psychoanalytiker (DPV) in eigener Praxis, einige Jahre Mitarbeiter von A. Lorenzer in Projekten zum Methodentransfer der Psychoanalyse in Verbindung mit den Nachbarwissenschaften; Arbeitsschwerpunkte: Psychoanalytische Sozialforschung, psychoanalytische und sozialwissenschaftliche Methodologie, Psychosomatische Medizin; zahlreiche Rezensionen, Veröffentlichungen: "Körper, Szene und Erleben" Ffm. 1991; Hrsg.: „Geschlechterbegegnung: Viele Orte- wenig Raum“ Frank-furt/Main 1995.

Wirth, Hans-Jürgen, Dr. rer. soc., Dipl.Psych., Psychoanalytiker (DPV), geb. 1951, Studium der Psychologie und Soziologie, dreijährige Weiterbildung in psychoanalytischer Familien- und Sozialtherapie. 1982 - 1987 wissenschaftlicher Mitarbeiter in einem Forschungsprojekt über Jugendprotest. 1985 - 1991 Hochschulassistent am Zentrum für Psychosomatische Medizin der Universität Gießen. Zur Zeit selbständig als Psychoanalytiker und als Verleger. Buchveröffentlichungen u. a.: *Die Schärfung der Sinne. Jugendprotest als persönliche und kulturelle Chance*, Frankfurt 1984 (Syndikat/Athenäum); (Hg.): *Nach Tschernobyl - regiert wieder das Vergessen?* Frankfurt 1989 (Fischer, Psychosozial-Verlag); als Co-Autor: *Zwischen Gewalt und Resignation. Jugendprotest in den achtziger Jahren*, Leverkusen 1989 (Leske und Budrich)